REPÈRES POUR LES HOMMES D'AUJOURD'HUI

Du même auteur

Les Exclus, Editions du Seuil, 1974.

Rapport au Président de la République sur l'information économique et sociale, Documentation française, 1979.

Les Cerisiers d'Ighil, Fayard, 1981.

Le Tiers-Monde peut se nourrir, Fayard, 1984.

Les Enjeux de la fin du siècle, Desclée de Brouwer, 1986 (ouvrage en collaboration).

Mon Algérie tendre et violente, Plon, 1994.

Quand l'État disjoncte, La Découverte, 1995.

René Lenoir

REPÈRES POUR LES HOMMES D'AUJOURD'HUI

Fayard

Impression réalisée sur CAMERON par BRODARD ET TAUPIN La Flèche
pour le compte des Éditions Fayard en octobre 1998
Imprimé en France – Dépôt légal : octobre 1998 – N° d'édition : 2097 – N° d'impression : 1314V-5
ISBN : 2-213-60244-1 – 35-57-0444-01/6

SOMMAIRE

PRÉFACE

Ma vie a été prodigieusement riche en rencontres humaines et en responsabilités. Si je le rappelle au moment de livrer ces méditations au public, c'est pour justifier de propositions avancées par référence à des expériences vécues.

Je n'ai pas la prétention d'avoir conduit mon destin. La sympathie, l'amitié, la disponibilité ont fait plus que tout calcul. Ce qui explique la variété de mes activités, partagées entre le nord et le sud de la planète.

Je m'étonne de cette existence bâtie dans le mouvement d'une liberté fragile, avertie sans être réduite à l'évidence, éclairée sans être déterminée, pliée sans être écrasée, laissant l'aiguillon du doute contester les certitudes. Dans toute recherche, toute action, n'y a-t-il pas du jeu, aux trois sens du terme : plaisir, espace et risque ? Sans ce jeu, tout ne serait-il pas donné d'avance et pour toujours ? Vaine serait alors notre quête de beauté, de justice et de sens. Toute quête est aventure.

Cette aventure a d'abord été et elle est toujours intérieure. Je ne crois pas possible de penser la Cité mondiale du XXIe siècle à partir de considérations économiques. Nous avons tous besoin de nourriture, de vêtements et d'un toit. Nous avons tout autant besoin d'amour et de savoir qui nous sommes. À titre individuel d'abord, comme communauté ensuite. Impossible d'évoquer la Cité sans une vision anthropologique : on ne construit pas comme une ruche une société de personnes libres.

Les Grecs, qui ont inventé la démocratie à l'échelle de la Cité, les rois, qui ont construit des nations, les philosophes des Lumières, qui ont adapté la démocratie à l'échelle de ces nations, avaient tous une conception de l'homme, et ce qu'on appelle une cosmogonie.

Beaucoup d'hommes de ce temps ont perdu leurs repères : tel est le constat le plus fort qu'il m'ait été donné de faire. Ils ne se situent ni par rapport au monde, ni par rapport aux autres, ni par rapport à la société, ni par rapport au sacré. Ce qui ne saurait étonner dans un changement d'ère.

Quels points d'ancrage devons-nous conserver ? Quelle sagesse oubliée devons-nous retrouver ? Je dirai d'abord comment il nous faut « faire corps » avec l'univers, psychologiquement et physiquement. Sans être pour autant soumis à un *fatum* implacable, car science et philosophie ont découvert l'ouverture du monde, un espace où se crée du nouveau et qui fonde notre liberté.

L'homme, résonateur de l'univers, doit apprendre à habiter son corps, à sentir et à méditer sa connivence avec le monde.

Cette connivence, cependant, bute sur les deux points limites autour desquels l'esprit interroge en vain :

• le monde est vécu à la fois comme consonant et dissonant ; il subsiste un mystère du mal dont je n'éluderai pas l'étude ;

• l'homme vivant dans la durée, par la mémoire sait son corps mortel. *« Il est la seule créature qui refuse d'être ce qu'elle est »* (Camus). Aussi le sacré est-il une dimension permanente de la conscience.

L'homme est accordé au temps cosmique par son corps, au temps humain par son cœur et son âme tout au long de son apprentissage au travers des rituels de la vie sociale. Or voici que la technologie imprime à l'économie comme à la sphère culturelle et politique un temps-artefact, compressé, qui contracte aussi l'espace. Comment résister ou s'adapter à la tyrannie de l'instantané, de l'actualité ?

Secoué encore des horreurs du siècle finissant, voici que l'homme s'interroge sur la fin des temps. Le mythe du progrès, qui a soutenu l'espoir humain en Occident depuis le XVIIIe siècle, est radicalement remis en cause. Ne nous sommes-nous pas trompés de progrès ?

Alors que le génie technicien ouvre des perspectives aussi redoutables qu'exaltantes, l'humanité, sauf à se perdre, est conduite à approfondir cet univers des valeurs qui la fonde depuis près de dix mille ans.

Ayant ainsi rappelé ce qu'est l'homme, ses espoirs et les dangers qui le menacent, il m'est possible, dans la deuxième partie de cet ouvrage, de considérer la gestion de la Cité.

*
* *

La mondialisation technique, financière et culturelle s'impose à nous si fortement qu'il n'est pas possible de traiter de gestion sociale à la manière de Platon ou de Montesquieu. Mais, dans le même temps, le besoin d'enracinement se fait si fort qu'il pousse au retour vers la tribu ou la petite cité.

Il se trouve que j'ai toujours été amené à faire le grand écart entre le « local » et le « global ». Le local, ce sont mes enquêtes sur la gestion des services publics des Ardennes à la Corse, de la Vienne à la Savoie, mon travail d'élu local d'une commune de montagne, Vars, pendant dix-huit ans, la présidence de l'Association des parents d'élèves du lycée de Dourdan, qui m'a permis de vivre les heures chaudes et passionnantes de Mai 1968. Le global, c'est la fréquentation des présidents Tsiranana à Madagascar et Houphouët-Boigny en Côte-d'Ivoire, du prince Moulay Hassan, devenu Hassan II, au Maroc ; c'est la présidence d'une commission de réforme à Paris entre deux missions en Algérie ; c'est d'avoir élaboré et fait voter deux lois sociales ; ce sont mes exposés à la Banque mondiale, ou encore, tout récemment, mes rencontres avec les quatorze gouvernements de l'Union en tant qu'envoyé du président de la République, pour discuter de la sauvegarde du modèle social européen.

D'être passé sur tous les continents me permet d'avoir une vue d'ensemble, non centrée sur l'Occident, et d'appuyer mes remarques sur ce que j'ai vécu et fait. J'y souligne qu'il faut se garder de confondre universalité (celle de la pensée) et uniformité (telle que tend à l'imposer la théorie économique dominante). Car j'ai découvert l'universel à travers la diversité des peuples.

Dans cette époque d'angoisse et d'incertitude, le sentiment que de grandes forces échappent au contrôle des hommes en paralyse certains et les fait douter de l'utilité de toute politique. Mon expérience m'a prouvé le contraire : l'acharnement paie ; quand il y a une volonté, il y a une voie. Aucun de nous ne ferait un pas supplémentaire s'il ne croyait ce pas utile ou bénéfique : cela s'appelle l'espoir.

Certes, le caractère quasi sacré conféré aux règles économiques, comme la puissance des firmes internationales, sont en grande partie responsables du fatalisme des peuples. Et l'individualisme a émoussé le réflexe des citoyens. Mais la condition humaine ne se résume pas à l'*homo œconomicus*. Le marché, bon moyen de produire, ne saurait devenir une fin. « *Panem et circenses* » est une devise parfois efficace, mais bien courte, de gouvernance.

La conscience planétaire qui émerge doit conduire à énoncer non pas seulement les règles de cette guerre économique « propre » appelée concurrence, mais celle d'une civilisation pacifiée. Le développement alors concernera tout l'homme et le tout de l'homme.

Les tout derniers chapitres de ce livre nouent fortement ses deux parties et lui confèrent sa logique d'ensemble.

PREMIÈRE PARTIE

L'homme et le monde

1.

Un monde sans repères

Il est tard. Rue des Francs-Bourgeois, les voitures se font rares. Dans le bar, un client somnole encore sur son verre... Madeleine nettoie le comptoir. Elle pleure. Germaine, qui finit de débarrasser les tables, la surveille du coin de l'œil. « Va faire une bêtise, celle-là, faut que j' lui parle. »

Quand elle avait cinq ans, Madeleine dormait dans une cave. Sa mère, remariée à une brute, l'attachait dans la journée sur une chaise, lui mettait un bandeau sur les yeux et lui répétait : « Tu n'es rien, tu n'es rien. » Des voisins, beaucoup plus tard, ont découvert une adolescente apeurée, meurtrie, analphabète, l'ont arrachée à son martyre, lui ont offert le gîte et le couvert et donné des rudiments de lecture et d'écriture.

Et elle a dû gagner sa vie. Elle a vingt-huit ans. Ce soir, elle veut mourir. Elle le dit à Germaine entre deux sanglots. En dix ans, elle est passée d'une chambre insalubre à une autre, d'un travail mal payé à un autre, objet de railleries ou de désirs qui la blessent dans leur expression sans tendresse. « Je suis là », dit doucement Germaine. « Le soir, le dimanche, répond Madeleine, tu as Jean, ton ami, et bientôt tu auras un enfant. Moi, je souffre du bruit de voisins dont je ne connais même pas le visage, et de la solitude même au milieu de ces hommes qui boivent, fument et parlent d'un tas de choses que je ne comprends pas. Je ne sais ce que je fais sur terre. Je ne sais pas qui je suis. Je veux en finir. Peut-on vivre et n'être à personne, pas même à soi ? »

Le hasard ou la providence font que Germaine a entendu parler d'un centre de lutte contre l'isolement et de prévention du suicide, situé rue de la Verrerie. « Vas-y, dit-elle, il y a des dames très chouettes à l'accueil. » Et comme elle est persuasive, qu'elle a mis son bras autour de la taille de Madeleine et que cette chaude ceinture fait du bien, Madeleine promet.

Et elle y va. Jamais un escalier ne lui a semblé si dur à monter. Affronter des inconnus ! Et pour leur dire quoi, mon Dieu, avec des mots qu'on cherche sans les trouver ? La porte s'ouvre sur une femme souriante. Un regard attentif, mais qui ne guette pas, ne sollicite pas. On s'assoit. Madeleine bredouille, se reprend ; l'autre écoute, respecte les silences de Madeleine, ne pose aucune question indiscrète, puis explique ce que fait le Centre. Un premier rendez-vous est pris.

Et voici Madeleine assise par terre avec dix autres personnes en cercle. On lui montre comment bien respirer, comment se détendre. On lui apprend à habiter son corps, ce corps redouté et maltraité qui ne sert à rien ni à personne, qu'elle lave à peine et qu'elle ne pare pas.

Pendant huit jours, Madeleine a revu à chaque instant le regard de cette femme, la beauté de sa robe et le feu qui brûlait derrière elle.

Aujourd'hui, la cheminée est dans son dos, et la femme en survêtement orange est assise en face d'elle en tailleur. Elle parle. Que dit-elle, que va-t-elle dire tout au long de ces mois d'initiation, elle et les autres professionnels du Centre ?

Elle évoque d'abord l'émergence de la vie et son évolution, de l'infusoire à l'homme ; le temps vécu, celui de naître, de croître, de vivre et de mourir. Puis la différenciation des espèces, du masculin et du féminin, de l'intelligence et de l'instinct. Enfin, la complexification progressive des êtres et des systèmes, grâce à des échanges plus intenses et à une créativité jaillissante, l'endormissement parfois et la renaissance toujours possible.

L'enseignement, le travail manuel et l'expression corporelle alternent. On se mesure à la matière. On écoute de la musique, on devient sensible aux rythmes, aux formes et aux couleurs, mais on doit aussi les exprimer par la danse, le chant, le dessin, la peinture, la sulpture, la confection de vêtements, le théâtre.

Les gens qui sont là réagissent ou se taisent, parfois se racontent. Qui sont-ils ? Un mélange hétérogène d'hommes et de femmes de tous âges et de toutes classes ayant en commun d'avoir rompu depuis longtemps le dialogue avec autrui et avec eux-mêmes, et d'éprouver souvent une vraie terreur de l'autre.

Au cours de cette progression, certains de ces êtres blessés reculent soudain, se referment ; mais ils reviennent. Peu à peu, la peur s'évanouit, la sensibilité enfouie se libère, l'humour et la joie prennent une place plus grande.

Madeleine s'ouvre doucement : il y a désormais un regard posé sur elle et, dans l'intervalle entre les séances, une voix amie dont elle se redit les mots et qui la protège de l'effroi.

Elle s'exprime maintenant avec des mots qui lui manquaient. Elle entre en relation avec les autres et les écoute quand ils se confient. Elle éprouve parfois de la compassion pour eux, et, pour les hommes et les femmes qui l'ouvrent au monde, de l'admiration, de la reconnaissance et une sorte d'amour filial. L'isolement est brisé, elle est reliée aux vivants comme au monde inanimé.

J'ai rencontré Madeleine trois ans après qu'elle eut gravi l'escalier de bois du Centre. C'était une femme épanouie. Elle écrivait des poèmes d'une grande beauté. Car rompre l'isolement d'un être, c'est libérer ses forces créatrices. Et elles se mettent parfois à flamboyer. Parmi ces ingénieurs, ces employés, ces professeurs, ces secrétaires, ces ouvriers, voilà que l'un se met à écrire un traité de mathématiques, l'autre à peindre ou à composer.

Mais doués ou pas, tous et toutes ont en commun d'avoir les pieds au sol et la tête levée vers le haut. C'est en cela qu'ils sont devenus des êtres équilibrés, aptes à affronter la vie, responsables d'eux-mêmes... et même un peu des autres.

*
* *

Pourquoi raconter l'histoire de Madeleine en introduction à un livre où il me faut dire ce que je crois et ce dont je doute, les valeurs qui me font vivre, celles pour lesquelles je suis prêt à mourir ? Quand j'ai fait la connaissance de Madeleine, j'étais depuis trois ans directeur de l'Action sociale au ministère des Affaires sociales. Au travers d'enquêtes de terrain, de visites d'établissements sanitaires et sociaux et d'associations, je découvrais l'« autre France », celle des vieux mangeant du pâté pour les chats, des handicapés physiques ou mentaux sans accès au travail et sans ressources, des enfants délaissés passant de nourrices en foyers, des jeunes drogués, des gens de tous âges incapables de s'adapter à une société qui déjà évoluait trop vite, une sous-société qui se perpétuait, la reproduction sociale du malheur. En août 1973, en dix-huit jours, je dictai *Les Exclus*[1] comme un cri qui devait sortir.

Le système de protection sociale pouvait régler une partie de cette misère. C'est pourquoi, devenu ministre, je fis voter la loi en faveur des personnes handicapées, la loi sur les institutions sociales et médico-sociales, bataillai pour le relèvement du minimum vieillesse, pour le maintien à domicile des personnes âgées, pour une meilleure formation des travailleurs sociaux, et pour favoriser la vie des associations, ces porteuses d'innovation.

Il m'apparut vite que nombre de situations dramatiques ne relevaient pas d'un traitement social, mais personnel.

1. Seuil, 1974.

C'est l'être, l'esprit, le cœur qu'il fallait toucher chez ces gens qui avaient manqué une marche à un moment de leur vie, s'étaient blessés, erraient dans la nuit et se croyaient incapables de retrouver un chemin, *leur* chemin.

Ce constat est encore plus vrai aujourd'hui qu'hier. Ceux qu'on appelle « travailleurs sociaux » — assistants ou assistantes de service social, éducateurs, animateurs — ont à soutenir des personnes moins révoltées qu'effondrées, des assistés difficiles à mobiliser, accablés par la récurrence de leurs échecs, des « inutiles au monde », pour reprendre l'expression d'un tribunal de Bourgogne au XVe siècle. Ce n'est pas la maladie qui caractérise les inadaptés, mais la souffrance, avec un sentiment de honte, un manque d'énergie ou de l'agressivité.

Madeleine et ses compagnons étaient de tous âges, de classes sociales différentes, et les traumatismes qu'ils avaient subis étaient d'origines diverses. Or, malgré cette variété, la méthode qui consistait à les situer dans le monde et le flux de la vie, à les faire s'exprimer par la pensée et par le corps, aboutissait à les faire naître à leur propre vie, à révéler chez eux des potentialités insoupçonnées.

Vingt ans après, me retournant pour comprendre ce qui fait mon équilibre, je constate une similitude entre ce que fut mon initiation durant l'enfance et l'adolescence et cet apprentissage accéléré dispensé à ces emmurés atteints du mal d'isolement.

Qu'une méthode soit efficace ne signifie pas qu'elle soit la meilleure approche de la vérité de l'homme. Si elle l'est, il faut le montrer. Ce n'est pas la seule difficulté à laquelle se heurte mon entreprise. Cette réalisation de potentialités cachées de l'être pose des questions sur lesquelles achoppent science et philosophie. Impossible, en effet, d'observer des potentialités avant qu'elles ne se concrétisent.

Sont-elles simplement des possibles, des virtualités cachées qu'une intervention extérieure peut amener à la réalité ? Ces virtualités sont-elles liées à un processus biologique, à une histoire ? Mais alors, où sont-elles « stockées » ? Dans les gènes, puis dans le corps, dans l'ensemble des cellules, dans une partie du cerveau ? Il est bien difficile de répondre, et je n'y prétends pas. Mais pour l'épanouissement des personnes, les deux questions qui comptent sont : quel mécanisme répresseur les empêche d'émerger ? quel mécanisme ou message libérateur les désenchaîne ? Là, les réponses existent.

Partir ainsi du tout de l'homme dans son rapport entier à l'univers, c'est se mettre en dialogue et en contestation avec les disciplines majeures de l'époque : économie, sociologie, psychanalyse, structuralisme, théorie de l'information, linguistique. Car elles découpent l'homme en tranches, ce qui les rend certes parfois efficaces. Mais, dans le même temps, certains de leurs hérauts prétendent, par chacune, expliquer nos comportements et l'évolution sociale, prétention qui devrait suffire à les discréditer, mais leur permet d'étendre leur empire sur trop d'esprits.

Partir ainsi, c'est également se condamner à un va-et-vient entre le monde de la logique, de la raison abstraite, des sciences exactes, et celui du vivant, avec sa durée, son histoire unique, ses contradictions, son débordement continu de la réalité connue. Je tiens à ma raison comme je tiens à la richesse quasi infinie de la vie.

On m'objectera encore que l'Ulysse moderne ne se fait pas attacher au mât, qu'il préfère plonger dans le gouffre et répondre à l'appel des sirènes. C'est qu'il ne croit plus à Pénélope. Il vit de sa folie et meurt de sa raison. À celui-là on peut, je crois, faire retrouver le chemin d'Ithaque.

Il est temps de prendre la mer avec lui et avec Madeleine, elle qui est partie du degré zéro de la vie, celui de la misère et de la solitude. Elle ne m'en voudra pas d'avoir évoqué son apprentissage en contrepoint du mien, sa victoire sur la peur et l'adversité, tellement plus significative que la mienne.

2.

Faire corps avec l'univers

Depuis toujours l'homme s'étonne d'être là. Comme Omar Khayyam, poète persan du XIe siècle :

« Je suis dans cet univers mais pourquoi ? Je ne sais.
Je ne sais d'où je viens, ainsi que l'eau qui coule
Et j'en ressortirai, tel le vent du désert
Qui souffle on ne sait où, inéluctablement. »

Vous êtes là parce que Dieu a créé le monde et l'homme, répondent les trois grandes religions monothéistes, judaïsme, christianisme et islam. Encore faut-il croire en Dieu.

Croyez-vous en Dieu ? À l'aune de notre pauvre raison, l'hypothèse d'un être antérieur à un univers tiré par lui du néant est aussi peu crédible et démontrable que l'hypothèse inverse, celle d'un univers né un jour de rien.

Certes, nous savons aujourd'hui — ou croyons savoir — que l'univers est né il y a une quinzaine de milliards d'années d'une explosion appelée big-bang, à partir d'un point infiniment petit et infiniment dense d'où ont jailli des milliards de galaxies au travers d'un espace quasiment sans limite[1]. Bien qu'il s'agisse là d'un « événement », c'est-à-dire du contraire de lois se perpétuant dans l'éternité, je doute que la majorité des hommes puisse en inférer que cet univers a été *créé*. Cette majorité, comme Pascal, se sentirait plutôt écrasée et effrayée par le silence de ces espaces infinis.

Que nous disent de Dieu les mystiques ? Que leur expérience est incommunicable, ne peut être décrite ni appré-

1. Au moins quinze milliards d'années-lumière, disent les astrophysiciens.

hendée par nos pauvres mots, qu'elle est comme une lumière fugace sur un étang quand soudain, par une déchirure des nuages, fuse un rayon de soleil ou de lune. Lamartine, dans ce beau poème méconnu qu'est *Le Désert ou l'Immatérialité de Dieu*, exprime bien notre incapacité foncière à cerner une réalité divine :

« Dis donc à l'Océan d'apparaître à la goutte,
Dis à l'éternité d'apparaître au moment !

Ne mesurez jamais votre espace et le mien
Si je n'étais pas tout, je ne serais plus rien... »

Heureuse incapacité ! Si Dieu était contenu dans une équation, un théorème, une définition théologique, alors ma religion serait faite : ce serait l'athéisme !

À ce point de ma recherche, ce n'est pas l'athéisme. Le monde extérieur, tel qu'il est, concret, sensible aux yeux, à l'ouïe, à l'odorat, au toucher, ouvre la voie vers l'invisible ; la beauté, parfois, me coupe le souffle. Je suis en connivence avec les étoiles, le rocher, l'eau, le bois. Quand je chante le cantique de la Création de François d'Assise, le jaillissement de la vie, à travers ma voix, me fait croire au sens de la vie.

Selon Bergson, « chaque chose manifeste, dans le mouvement que sa forme enregistre, la générosité infinie d'un principe qui se donne. Et ce n'est pas à tort qu'on appelle du même nom le charme que l'on voit aux gestes et l'acte de libéralité divine. »

Cette connivence avec le réel me rend proche des stoïciens et de Spinoza, eux qui voyaient Dieu immanent au monde et non cause première et séparée de lui. Giordano Bruno fut brûlé vif pour l'avoir soutenu. Et pourtant, ce chemin de l'atome à l'homme, comme il est direct, évident ! Les gènes impliqués dans le développement embryonnaire sont quasi identiques de la mouche à l'homme ; aux mêmes gènes correspond toujours le même type de structures ; le monde vivant est une gigantesque combinatoire des mêmes principes.

Cette vie prend naissance à partir de la matière, s'en nourrit. L'homme est lié à sa matrice terrestre et, par elle, à l'univers entier. S'il est l'aboutissement de cette chimie universelle, comment ne me sentirais-je pas fils des étoiles ? Dès lors, le sentiment de ma contingence se relativise : je suis une toute petite chose, certes, mais mon être, généré par l'évolution de l'univers, la prolonge ; je ne suis pas séparé de l'absolu, mais porté par lui.

Si l'homme est fait de la même étoffe que le reste de l'univers, la proposition peut se retourner : cet univers qui a fait l'homme s'identifie à ce bourgeon. Ce vivant qui, seul entre tous, enterre ses morts, interroge l'éternité, cherche un sens à la vie, marque par sa recherche l'univers entier[1].

Le surnaturel est une hypothèse inutile. L'univers est fait de la même étoffe, même si nous n'en connaissons pas toute la trame. Qui d'entre nous n'a pas eu au moins une fois l'expérience d'une transmission de pensée ? Les prémonitions sont vraies, vérifiables. Les guérisons miraculeuses sont réelles, constatées, même si nous ne savons pas (ou mal) les expliquer. La querelle entre matérialistes et spiritualistes paraît aujourd'hui ridicule. Qui peut dire ce qu'est la matière ? Faite d'atomes matriciels, selon Heisenberg ? De champs relationnels en perpétuel mouvement, selon David Bohm ? Plus nous avançons en son cœur, plus elle se fait immatérielle.

Voyons ce qu'en disent les théologiens. Quand Thomas d'Aquin affirme que la destinée dernière de l'univers est intrinsèque à sa structure, il se passe de l'hypothèse d'une sur-nature. L'homme a une nature spirituelle, mais elle est créée immédiatement par Dieu, précise-t-il. En d'autres

1. Les scientifiques nomment « principe anthropique » cette influence réciproque entre l'homme et l'univers. *Cf.* John D. Barrow et J. Tipler, *The Anthropic Cosmological Principle*, Clarendon Press, Oxford, 1986.

termes, pour lui, Dieu n'a pas créé dans un premier temps une « nature pure » pour y ajouter, dans un deuxième temps, une sur-nature en changeant la fin qu'il lui aurait d'abord assignée. Il a fallu attendre Henri de Lubac pour que soit dénoncé le concept de « pure nature » et il s'en est fallu de peu que le futur cardinal ne soit lui aussi brûlé[1] !

*
* *

Bienheureux êtes-vous, disent mes voisins, d'avoir été élevé au bord de la Méditerranée lumineuse et d'y avoir bu dès l'enfance la beauté du monde ! Mais nous, hommes des villes, avons rarement cette beauté sous les yeux. Notre lot quotidien, ce n'est pas les quelques monuments du centre-ville, mais la laideur des banlieues, l'air pollué et puant, les lignes orthogonales et dures, le bruit. Comment approcherons-nous le sens du monde autrement que par un raisonnement abstrait, séduisant la raison sans emporter la conviction de l'être entier ?

Il m'est arrivé d'avoir à expliquer à des enfants pauvres de Malakoff, dans la banlieue sud de Paris, cette merveille que constitue la photosynthèse. La chaleur du soleil fait germer la graine, la sève qui monte dans la tige est bourrée de sels minéraux, le soleil les transforme en chlorophylle, c'est-à-dire en herbe ou en feuille que mangent les animaux. Pas de vie sans cette transmutation de la terre en matière vivante par la lumière.

Un garçon s'est écrié : « Sans le soleil, on pourrait pas bouffer ! » Je leur ai lu alors ce passage où, dans *La Vingt-Cinquième heure*, Virgil Gheorghiu raconte comment il

1. Ses écrits furent retirés du commerce et des bibliothèques de la Compagnie de Jésus jusqu'à ce que Jean XXIII le nomme expert au concile Vatican II.

consommait sa maigre pitance de prisonnier dans une usine d'armement en Roumanie. On lui servait quelques haricots noirs dans une écuelle. Au lieu de les avaler comme le faisaient tous les affamés autour de lui, il les prenait un à un et les mâchait lentement, méditant ce geste qui le reliait encore au reste du monde. Et il a survécu. J'ai dû ajouter quelque chose comme : « Se nourrir n'est pas bouffer, c'est célébrer les noces de la terre et du soleil », et j'ai vu s'éclairer les visages de mes jeunes élèves.

*
* *

La beauté et la raison ne sont pas seules à conduire au sens de la vie. Chers voisins, restez-vous de marbre devant ce qui se passe en Palestine, dans l'ex-Yougoslavie, au Rwanda ? Devant la torture ? Vos pères, hier, sont-ils restés insensibles à la barbarie stalinienne ou nazie ? L'homme se résigne-t-il au malheur, à l'oppression ? Antigone, Spartacus, Nelson Mandela, vous connaissez ?

La conscience morale qui nous pousse à réagir, qui refuse la résignation, serait-elle un leurre ? Autour de moi, je vois des éducateurs, des éducatrices, des bénévoles, par dizaines de milliers, se consacrer à des enfants, à des jeunes en difficulté, à des mourants, à des isolés, des délinquants, des paumés de toutes sortes. Avec patience, tact, générosité, ils s'efforcent d'épanouir un être, de l'amener ou de le ramener à l'autonomie, à la responsabilité, ou tout simplement de le réconforter. Leur travail serait-il vain ? Allez leur dire que l'homme n'est qu'une machine ! Leur vocation, qui les pousse à protéger les plus faibles, les plus désarmés, ne témoigne-t-elle pas d'un sens, celui de la solidarité, de la fraternité ?

À ceux qui me disent n'avoir ni cette vocation ni cette générosité spontanée, je conseille de méditer cette phrase de Wittgenstein : « La solution du problème de la vie, c'est une manière de vivre qui fasse disparaître le problème. »

Je dois une réponse plus longue à ceux qui jugent poétique ma connivence avec l'univers, mais insuffisante pour fonder une manière de vivre. Il faut pouvoir répondre à Jacques Monod qui écrivait : « L'homme sait enfin qu'il est seul dans l'immensité indifférente de l'univers d'où il a émergé par hasard. »

Par hasard ? Voyons cela.

3.

Merveilleux hasard

L'apparition de la vie, l'évolution de ses formes, leur convergence et leur divergence dans les espèces ne sont pas expliquées. On avance l'hypothèse du hasard, c'est-à-dire d'une suite d'accidents, le contraire d'une loi, d'un programme ou d'une logique de développement. Je la fais mienne pour l'instant.

Il y a quatre milliards d'années, donc, la Terre n'était que chaos et matière ; le Hasard planait sur les eaux. Il fit se rencontrer un atome de carbone avec de l'hydrogène, de l'oxygène et un peu de magnésium, de phosphore, de fer et de soufre : la première cellule était née. Or, à cette première, précieuse et irremplaçable petite cellule vint, toujours par hasard, ce que les philosophes, plus tard, appelleront la volonté de se perpétuer dans l'être. Elle se mit à manger, c'est-à-dire à faire la synthèse des protéines, à grossir, puis à fabriquer de l'ADN (acide désoxyribonucléique), géniale molécule porteuse d'information. Ayant ainsi fabriqué son petit ordinateur-programmateur, elle se subdivisa en deux. Ses deux enfants, à leur tour, l'imitèrent. Il est probable que cette séparation d'un seul être en deux inspira la vision romantique de l'amour due au malicieux Aristophane, telle du moins que Platon nous la rapporte dans *Le Banquet*.

Bactéries pourpres et algues bleues se multiplièrent à la surface et dans la profondeur des eaux.

Et le Hasard vit que cela était bon.

Encouragé par ce premier succès, si l'on me passe cette vision anthropomorphique, le Hasard n'en resta pas là. La mitose — ou division cellulaire —, c'était simple, mais c'était pauvre. Il prit son temps et fit apparaître chez les invertébrés primitifs une cellule mâle et une cellule femelle.

Ce furent les premiers jeux de l'amour et du hasard. Après avoir marié les infusoires, le Hasard devait se surpasser comme entremetteur. De toutes ses trouvailles, le sexe fut sans doute celle promise aux plus ingénieuses variations et inventions de formes, de couleurs, de danses, d'approches, d'accouplements.

Les enfants, on le sait, ne sont pas la copie conforme des parents, mais un mélange, une recomposition des caractères du père et de la mère, car chaque gamète n'est porteuse que de la moitié de l'héritage du parent dont elle provient. Aussi les combinaisons possibles sont-elles infinies. En inventant le sexe, le Hasard venait de créer une source quasi inépuisable de variations. Les espèces végétales et animales se multiplièrent et peuplèrent la terre et les eaux.

Et le Hasard vit que cela était bon.

Dès lors il raffina dans l'invention. Par accident, dans des espèces aussi différentes que les mollusques et les vertébrés, une membrane devint sensible à la lumière et l'ambition lui vint de se transformer en rétine, c'est-à-dire en dix couches superposées de cellules complexes. Au même moment, et toujours par accident, d'autres cellules se constituèrent en cornée à cinq couches transparentes, en sclère opaque, en iris, diaphragme que nos appareils à cellule photoélectrique s'efforcent d'imiter, en corps ciliaire, en choroïde, en cristallin, lentille biconvexe à courbure et indice de réfraction variable, en vitré, en nerf optique, enfin, pour relier le tout au cerveau. Le Hasard fit si bien les choses que ces accidents, ces mutations de membranes se produisirent au même moment de telle façon que cette prodigieuse machine à voir se mette aussitôt à fonctionner.

Et voilà que nous étions tous, mollusques et poissons, reptiles et oiseaux, quadrupèdes et bipèdes, en contact avec l'univers proche ou lointain, éblouis de couleurs et de formes, capables de capter la lumière du soleil et des étoiles et leurs reflets dans l'eau, les rayons de lune et la transparence de la nuit.

Ô merveilleux Hasard ! Seule la rose osa se plaindre. Pourquoi, dit-elle, m'avoir donné tant de paupières et pas de regard ?

Alors le Hasard se surpassa, et, dans la foulée, il inventa l'oreille et l'ouïe, la truffe et l'odorat, la peau et le toucher, non sans quelques coquetteries, quelques malices ou quelques préférences, donnant à l'escargot double sexe et des yeux portés à bout de cornes, au cheval et au daim un cristallin qui grossit la réalité, rendue ainsi plus menaçante, refusant aux dames ce qu'il accordait aux couleuvres : une peau nouvelle chaque année.

Mais le Hasard n'en était pas encore à son coup de maître. Parmi les animaux dotés de cinq sens, il choisit un bipède, l'*homo erectus*, et lui fit passer le pas de l'esprit. (Les membres de cette espèce avaient déjà, comme chez tous les animaux, une mémoire.) Dire qu'il donna l'intelligence à tous serait excessif. Mais il donna à certains le pouvoir de bâtir des concepts, des abstractions, et de s'exprimer au-travers de ces concepts. C'était là le coup du maître : le Hasard venait de se concevoir lui-même comme concept.

Et, comme c'était le septième jour, il put se reposer.

L'esprit de l'homme allait faire le reste, inventer les dieux et les diables, les mathématiques et la philosophie, l'amour courtois, la cuisine et autres arts, ces mille façons de chanter l'univers perçu au travers de nos sens subtils.

Toute religion a ses adeptes. Comment le Hasard n'en aurait-il pas eu des millions ? Ce sont eux qui s'adonnent à ses jeux. Ils ne sont pas grand-chose, n'attendent rien de leur intelligence, de leur cœur, de leur vertu, de leur patience. Ils croient que le Hasard peut changer leur vie. Mais jamais un coup de dés (*az-zahr* en arabe) n'abolira la médiocrité.

Toute religion a ses iconoclastes. Ce furent d'abord les mathématiciens : ils voulurent réduire le Hasard par le calcul des probabilités. Mais une équation jamais n'abolira le Hasard. Ce furent ensuite les savants et les philosophes. Certains avancèrent que les transformations des organismes vivants sont le fait de myriades d'accidents aux résultats incertains que la sélection « naturelle » élimine ou retient. « Et mon œil ? » répondirent les autres.

Il faut donc y retourner, à cet œil, à ce prodigieux organe, fruit possible du merveilleux Hasard. Trois théories non compatibles entre elles font appel au pur Hasard, c'est-à-dire à des accidents, pour expliquer l'évolution des espèces du simple à l'organisé : celle de Darwin, celle de Hugo de Vries, celle de Lamarck. Comment le Hasard, donc, procéda-t-il, si l'on peut ainsi s'exprimer, pour générer un organe complexe ?

Par variations insensibles, dit Darwin, qui s'accumulent et que l'action du milieu conserve ou élimine selon leur adéquation aux modifications de ce milieu. Mais ces variations, parce qu'accidentelles, ne peuvent concerner à la fois qu'une des nombreuses parties d'un organe : dans le cas qui nous occupe, la future rétine, ou la cornée, ou le cristallin, etc. Dès lors, comment peut-il y avoir concordance entre ces accidents pour produire une machine complexe ? S'il n'y a pas concordance, comment la première variation, inutile tant qu'elle est isolée, se conserve-t-elle alors que la sélection devrait la faire disparaître ? En outre, les milliards de milliards de mutations douces qu'exigent, selon les disciples de Darwin, les organogenèses tant soit peu complexes, supposent des durées infiniment supérieures à celle des temps de l'évolution terrestre. Enfin, cette évolution qui sélectionne les mutations en fonction de la performance future de l'organe qui en naîtra, de quel étrange pouvoir anticipateur est-elle douée, elle, fille du Hasard et de l'accident ?

Par variations brusques, dit Hugo de Vries. Une espèce « diverge » soudain grâce à un couple ou à quelques couples de mutants. Des caractères fondamentaux nouveaux apparaissent brusquement. Appliquée à la genèse d'un organe complexe, cette hypothèse ne marche pas. En effet, une variation brusque, sur une partie d'un ensemble, rend celui-ci inutilisable. Sauf si le Hasard fait que ces variations brusques se produisent en même temps, comme coordonnées entre elles (mais elles ne peuvent l'être réellement, puisque l'accident est cause des mutations), et ceci dans le même ordre, pour aboutir à l'œil et à la vision dans deux espèces — les vertébrés et les invertébrés — à évolutions indépendantes dans deux milieux physiques, la mer et la terre, sensiblement différents.

Pour obtenir soit la continuité de direction des mutations successives, soit la convergence de mutations brusques, il faut faire appel au génie de l'espèce... et le Hasard disparaît ! Et ce génie paraît plus nécessaire encore pour expliquer la régénération du cristallin détruit de la salamandre, soit par l'iris, s'il est intact, soit par la rétine.

Les disciples de Lamarck donnent-ils une explication plus satisfaisante ? L'action du milieu n'est jamais directe, disent-ils, c'est la réaction de l'être vivant qui crée l'adaptation aux modifications de l'environnement. Tout usage fréquent et soutenu d'un organe le fortifie et le développe. Et les nouveaux caractères ainsi acquis se transmettent par l'hérédité. Parce qu'elle fait appel à un principe interne d'orientation, cette théorie s'accommode de la convergence d'effets sur les différentes parties d'un organe complexe, sur laquelle achoppe celle des variations accidentelles brusques.

Mais, outre que l'hérédité des caractères acquis n'a pas été démontrée par l'expérimentation, cette théorie peut à la rigueur expliquer la modification d'un organe, non sa genèse. Une chose est une variation de grandeur, autre chose une modifcation profonde de forme aboutissant à une nouvelle fonction. Quel effort prolongé de l'animal — pour reprendre les termes mêmes de Lamarck — peut rendre compte du nombre prodigieux de complications, parfaitement coordonnées entre elles, nécessaires pour passer de la tache pigmentaire de l'infusoire à l'œil du vertébré ?

Les êtres vivants, certes, s'adaptent vaille que vaille aux conditions du milieu. Des types s'accusent à l'intérieur des espèces. Mais le mécanisme de la grande évolution reste à démontrer, à supposer qu'un mécanisme puisse l'expliquer.

*
* *

Les finalistes, qui pensent que les parties de la machine vivante s'assemblent au fil des temps selon un plan préconçu, auraient-ils raison ? Chamfort raillerait aussitôt : « Quelqu'un disait que la Providence était le nom de baptême du Hasard, quelque dévot dira que le Hasard est un sobriquet de la Providence. » Mieux vaut ici laisser de côté les références ou rémanences religieuses qui crispent les positions. Restons-en au niveau du raisonnement éclairé par les faits.

La physique, la chimie, puis la biologie moléculaire nous ont révélé la prodigieuse complexité du Vivant. Que le milieu ambiant qui a permis l'éclosion de la vie — et, si les premiers germes, comme le pense Fred Hoyle, sont venus d'ailleurs, du Cosmos, qu'importe, puisque la texture de l'univers est partout la même —, que ce milieu, donc, contribue à faire évoluer les formes vivantes, c'est probable. Mais évolution n'est pas genèse. L'émergence de ces formes complexes suppose, nous venons de le voir, tout autre chose que des accidents répétés : une sorte de formidable élan dans un sens précis, celui, justement, de la complexification.

Faut-il en déduire, avec les partisans de la finalité, qu'une programmation rigoureuse préside à l'évolution de la vie ?

Si les êtres et les choses ne font que réaliser un programme tracé à l'avance, nous sommes encore en présence d'un mécanisme, et d'un mécanisme qui exclut l'invention, l'imprévu, la création. À la limite, le temps devient inutile : le lis et le papillon pouvaient nous être donnés d'entrée de jeu dans leur perfection.

Or la durée irréversible est au cœur de notre expérience sensible et, sauf à refuser de descendre de l'empyrée des Idées platoniciennes dans le concret du Vivant, nous ne pouvons nous passer d'elle. C'est à travers elle que la spontanéité de la vie s'exprime, même si elle est comme bordée par les grandes lois qui régissent l'univers. Encore que ces lois, loin de tendre invariablement à la répétition, ouvrent au contraire la vie à l'invention et à la complexité. Je me réfère ici aux travaux d'Ilya Prigogine qui montrent comment les systèmes, par fluctuations à leur marge, basculent vers d'autres systèmes plus complexes.

Aussi l'idée d'évolution biologique suppose-t-elle l'unité de la vie et l'unité de l'être. Peu importe la multiplicité des espèces : elles se tiennent comme par la main, elles vivent de la même matière, se plient aux mêmes lois, se développent et se transforment dans la même durée, au cours de leur commune histoire. Et peu importe la diversité des individus : chacun est un tout, non un assemblage de pièces juxtaposées au destin disparate ; un tout à l'intérieur duquel un mouvement se continue, une évolution se poursuit.

Que pouvons-nous dire aujourd'hui d'à peu près certain sur le sens de l'évolution ? Impossible d'aller plus loin sans rappeler deux principes de la thermodynamique. Le premier introduit le concept d'énergie et la loi de sa conservation dans un système fermé. Le second introduit le concept d'entropie : dans le temps, un système évolue toujours de l'ordre au désordre, et l'entropie va croissant dans l'univers. On peut dire aussi que l'entropie est la mesure du désordre, qu'un système isolé tend vers un état de désordre maximum ou, en d'autres termes, vers la plus grande homogénéité possible[1]. Et que l'univers mourra, comme dit Boltzmann, de mort thermique, toutes les sources chaudes refroidies et toutes les sources froides réchauffées.

Voilà donc, au commencement des temps, qu'apparaisent sur notre planète des fragments de matière, tous soumis comme tels au principe d'entropie, qui soudain se composent en organismes vivants élémentaires capables d'inventer des servo-mécanismes, de générer des organes les plus sophistiqués et de se doter d'un code génétique, ce dernier supposant pour fonctionner qu'existent déjà les composantes complexes à même d'enregistrer ses instructions. Par le Hasard, tout cela, par accidents successifs ? Non : nous venons de casser la baguette de ce Hasard magicien ! Mais par un formidable élan qui organise la matière toujours dans le même sens, celui de l'interdépendance croissante des parties du Vivant, de la complexification, de ce que l'on peut appeler la néguentropie.

Ainsi ce Vivant polymorphe, inventif, imprévisible, a une constante : il est une « machine » — la seule observable pour nous — à lutter contre l'entropie universelle[2]. Et quelle machine ! Jamais le sens de sa marche ne s'inverse. Tout au long de son irréversible durée, l'être vivant accroît le flux d'informations reçues, l'enrichit et élève son niveau d'organisation. Si le Hasard avait présidé à la genèse de la vie, généreux comme il est, il aurait pu, depuis la nuit des temps, nous offrir au moins une régression, un tout petit retour vers le simple, l'inorganique, le chaos. Non : pas la moindre fluctuation dans le sens naturel à la matière inerte.

Et comme cette accumulation dans le même sens dure depuis trois milliards d'années, elle est devenue formidable.

1. En termes plus simples, l'entropie est cette chute inexorable de la chaleur vers le froid, de l'ordre vers le désordre, du complexe vers le simple, du réactif vers l'inerte.

2. L'être vivant se nourrit d'entropies négatives, écrit le prix Nobel Schrödinger.

Fermez les yeux, imaginez l'état de la planète au moment où elle s'est refroidie : elle n'est faite que de terres arides, de rocs, de lave, de mers bouillonnantes. Ô merveilleux Hasard : il mise alors un sou sur cette pauvre cellule flottant sur les eaux, sur cette algue bleue, et le voilà aujourd'hui mille et mille fois milliardaire en végétaux, en animaux et en humains, en espèces si nombreuses qu'il faut d'innombrables livres pour décrire leurs formes, leurs odeurs, leurs couleurs, leurs amours, leur croissance et leur mort ! Il suffit en fait de rouvrir les yeux.

Merveilleux coup de dés !

Plutôt que de partir de la biologie, j'aurais pu commencer par l'astrophysique. L'univers est réglé par un certain nombre de constantes (charge de l'électron, vitesse de la lumière, constante cosmique, constante de Planck, constante de la gravitation, etc.). Une seule d'entre elles viendrait-elle à faire défaut, l'univers serait autre ou ne serait pas.

Par exemple, dans les instants qui ont suivi le big-bang, si la densité de l'univers, au lieu d'être de trois atomes par mètre cube, avait été plus forte, l'expansion aurait été de quelques jours ou de quelques secondes, la gravité aurait repris le dessus, l'univers se serait effondré sur lui-même. Pour que la vie apparaisse, il faut du temps, qu'une première génération d'étoiles fabrique du carbone, que ces étoiles meurent et se condensent en planètes.

Les calculs faits avec les autres paramètres montrent qu'ils devaient *tous* être réglés avec une précision extrême, celle d'un archer qui réussirait à planter sa flèche dans une cible d'un centimètre de diamètre située à quinze milliards d'années-lumière[1].

Si le hasard est à l'origine de ce réglage parfait qui a permis d'aboutir à la vie et à la conscience, il faut, disent les

1. *Cf.* Trinh Xuan Thuan, *La Mélodie secrète : et l'homme créa l'univers*, Fayard, 1988.

astrophysiciens, imaginer l'existence d'une multitude d'univers parallèles. Grâce aux ordinateurs, des physiciens font des simulations d'univers. Ces univers-jouets, tous sans exception, sauf un parmi des milliards, sont infertiles, vides de vie et de conscience.

Le Hasard apparaît comme une hypothèse hautement improbable, justement parce que notre univers terrestre est une réussite hautement improbable ; car, comme l'écrit Hubert Reeves, « la liste est vraiment bien longue de ces coïncidences miraculeuses nécessaires pour qu'il apparaisse[1] ».

Que, par la suite, le Hasard ait joué un rôle dans la croissance de la complexité, c'est certain. Mais il n'était pas le seul joueur.

*

* *

Compte tenu des constats de la physique, de la chimie et de la biologie, je suis à peu près assuré de ceci :

Il y a dans le monde du déterminisme et il y a du hasard ; il y a des lois et il y a de la liberté ; le Vivant évolue dans un sens, non pas d'un temps abstrait, mais d'une durée irréversible où se joue la vie, ma vie.

Il y a des lois, ce sont les règles du jeu. Si elles changeaient de jour en jour, aucun être vivant ne saurait se conduire et la vie n'aurait probablement jamais existé. Ce que l'évangéliste Matthieu exprime ainsi : « Dieu fait lever son soleil sur les bons comme sur les méchants et pleuvoir sur les justes comme sur les injustes. »

Il y a de la liberté, de l'indéterminé, un champ peut-être illimité de créativité. Le pas que je fais, l'émotion qui

1. Hubert Reeves, *Patience dans l'azur*, Seuil, 1981.

m'étreint, le chant qui sort de ma bouche sont irréversibles. Ils naissent du plus profond de moi, d'une identité à nulle autre pareille ; ils la fondent.

Ce mélange de lois et de hasard fait à la fois la spécificité de l'évolution du Vivant et son *sens*.

Dieu joue probablement aux dés, mais avec ses règles. S'il avait un adversaire, j'oserais ce blasphème : Il triche[1].

Non, on dirait plutôt qu'Il *essaie* quelque chose.

Il nous faut l'imiter. L'imiter, c'est utiliser à la fois les lois et le hasard, le connu, le sûr et l'aléatoire. Hasard, je me suis gaussé de toi tout à l'heure ; mais si je ne peux pas t'adorer comme un dieu, je veux bien être attentif à tes caprices et t'avoir ainsi pour complice.

Nous sommes comme un marin sur son bateau : il sait où il va, mais les vents sont capricieux, il rencontre aussi des courants contraires ; en habile navigateur, il utilise ces vents et ces courants pour dévier le moins possible de sa route. « Si tu n'obéis pas à la barre, tu obéiras au rocher », dit un proverbe breton. La barre lui indique qu'il ne peut maintenir sans danger le cap choisi. Comme lui, nous devons obéir parfois à la raison et parfois à l'instinct, à ces signes multiples que l'univers nous envoie.

Et, pour cela, il nous faut être en accord avec lui.

Nous appréhendons le monde à la fois spontanément par notre sensibilité et consciemment par la raison. Voyons d'abord notre liaison au monde au travers de ce compagnon de toujours : le corps, capable d'ouvrir à l'esprit des portes insoupçonnées.

1. J'utilise ici le terme commode de « Dieu » à la manière d'Einstein qui n'a cessé de chercher l'esprit ou le principe unificateur de l'univers. Je ne prends parti ni sur l'existence, ni sur la nature de Dieu telles que présentées par les grandes religions.

4.

Habite ton corps

Nous souffrons parce que nous ne savons pas communiquer. Ni avec le monde, ni avec l'autre, homme ou femme, ni avec notre moi profond, presque aussi vieux que l'univers.

L'instrument premier, obligé, de cet échange nécessaire, est notre corps. Consubstantiel au monde, il nous lie immédiatement à lui, à sa beauté, à sa dureté, à sa vérité.

Il nous faut le revisiter, ce corps, car en un demi-siècle il a changé de fonctions. Il en avait essentiellement deux : celle de perpétuer l'espèce et celle de produire. La première s'est atténuée avec la contraception, la seconde avec l'importance croissante de machines travaillant pour nous jusque dans le domaine des services. Sur beaucoup d'hommes et de femmes du passé, le corps pesait par la faim, par la fatigue des travaux harassants ou des gestations répétées. Aujourd'hui, on a basculé vers un autre extrême : il ne pèse pas assez, nous n'avons pas réappris à bien l'utiliser. Pour l'homme des sociétés industrielles et urbaines, le corps est à la fois le lieu du désir et celui de l'angoisse. On demande au médecin de le conserver sain, apte au plaisir ; on demande au divertissement de ne pas nous laisser seul face à face avec ce corps inquiétant et mal dominé.

Revenons à ce qu'il est, à ce qu'il permet. Ce corps vivant nous relie d'abord à la matière inerte, notre mère. Dans matière, mère, matrice, on trouve une même racine. Sans la soupe primitive où bouillonnaient les océans il y a trois milliards d'années, nous ne serions pas.

J'ai eu le meilleur des instituteurs. Quand nous passions aux sciences naturelles, il nous découvrait le miracle de la photosynthèse. Pas d'êtres vivants sans carbone. D'où vient-il ? De l'air, qui contient seulement 0,3 % de gaz carbonique. Qui le capte ? La chlorophylle qui utilise l'énergie solaire — d'où le nom de photosynthèse — et incorpore le carbone à la plante, en même temps qu'elle relâche l'oxygène nécessaire à la respiration. La plante combine ce carbone à l'azote et à tous les minéraux que ses racines vont capter dans le sol. La matière, air ou sol, est bien la mère nourricière. Une mère inerte vivifiée par la lumière.

Et l'animal se nourrit d'herbe et de feuilles, et l'homme de l'animal, des plantes et des fruits. Pas de vie et pas d'homme sans cet ensemble complexe de minéraux, de gaz, d'énergie solaire. Nous faisons partie d'un tout indissociable où le vivant et l'inanimé se mêlent. Nous en sommes absolument dépendants, même quand nous rêvons d'autres galaxies. Un tout fragile et peut-être éphémère, ce qui devrait nous conduire à un respect absolu de son équilibre.

Nous voilà remis à notre juste place. Mais à partir de ces cellules, comme aspirées de la terre et de l'eau par la lumière, la vie a raffiné. Il suffit de lire nos grands médecins, nos biologistes pour s'émerveiller des mécanismes subtils et quasi parfaits qui régissent notre corps. De tout ce que nous savons, je ne retiendrai que deux choses :

La première est que ces mécanismes sont presque tous autorégulés, c'est-à-dire fonctionnent sans intervention de notre conscience et de notre volonté. Si je suis capable d'écrire cette page et si vous êtes capable de la lire, c'est que ni vous ni moi ne contrôlons notre respiration, notre circulation, notre digestion, nos échanges cellulaires, etc. Ainsi libérés, nous pouvons nous déplacer, travailler, nous reposer, méditer ou créer.

La seconde est que les éléments du corps, sang ou glandes, sont presque toujours à fonctions multiples, reliées entre elles. Le sang apporte aux cellules oxygène et aliments en même temps qu'il emporte leurs déchets ; le foie fabrique des globules, du fer, du sucre et sert en même temps de filtre à poisons ; les glandes endocrines freinent ou stimulent fonctions et organes en raison d'informations reçues, enrichies, renvoyées dans de continuels échanges.

Ce que l'on sait moins, c'est que la technologie a copié cette autorégulation et ces fonctions intégrées pour réaliser ses plus performantes machines. Au début du siècle, la machine n'est encore qu'un bras plus fort et plus rapide que le bras humain. Au milieu du siècle, elle tend à devenir un « être technique ». À l'origine de cette transformation, des dispositifs analogues à ceux du corps : circuits oscillateurs, basculeurs, *« push-pull »*, courants faibles, véhicules d'information et non de puissance. Pour devenir autorégulée, la machine se barde de dispositifs d'information et de mécanismes à vocations multiples. Elle ne fonctionne plus selon les lois de la causalité simple, mais selon celles de la causalité récurrente.

Pour les créer, l'inventeur a dû transposer les schémas vitaux, intuitivement perçus. Son imagination les a représentés dans leur fonctionnement total. Une auto, une locomotive sont composées de roues, d'un châssis, d'un moteur utilisables au besoin indépendamment de l'ensemble. L'être technique est indissociable, donné d'un coup. Une turbine moderne est à la fois hélice, transmission et génératrice. Cette dernière, en effet, est placée dans la conduite forcée et fait corps avec l'axe de l'hélice. L'eau fait à la fois tourner et refroidir l'ensemble ; l'huile lubrifie les éléments rotatifs, s'oppose à l'entrée de l'eau et conduit la chaleur aux parois du carter que l'eau refroidit. Ici, l'inventeur a créé des formes selon le dynamisme de fonctionnement du Vivant.

*
* *

Ce corps si bien imité reste cependant inimitable dans sa subtile liaison à l'esprit et à l'âme.

Comme pour tous les êtres vivants, il nous accoutume d'abord à la matière mère. Bosses, piqûres, déchirures, brûlures, chutes nous enseignent la résistance du monde, comme la brise, le soleil, la source, l'herbe nous apprennent ses caresses. Mais, mieux que les autres êtres, l'*homo faber*, depuis des millénaires, apprend à connaître la pierre, le bois, la tige, l'argile. En même temps que ses outils, c'est son esprit qu'il aiguise. Sa main est la première éducatrice de son cerveau.

Et voilà que son cerveau demande à la main de reproduire les images, les volumes et les sons qu'il enregistre et imagine. Quand elle polissait une pierre ou taillait une flèche, elle était, cette main, pesée du bras et de l'épaule. Tandis que le trait de charbon court sur la paroi, elle est maintenant comme suspendue à une sensation, à un mouvement intérieur ; elle est devenue plus délicate, plus nuancée, plus inventive. Ainsi en est-il du souffle subtil dans la flûte de roseau, si loin du souffle rauque du chasseur dans sa sarbacane.

C'est la danse qui lie le plus directement l'âme au monde extérieur. La danse n'a pas besoin, comme la poésie, du truchement de la parole ni de celui des sons, comme la musique. Elle est, selon Baudelaire, « la matière gracieuse et terrible animée par le mouvement ». Il faut prendre « animée » dans son sens profond : la matière, à travers la danse, trouve ou se donne une âme. Je l'ai compris en Afrique, patrie de la danse, tout comme dans l'Amérique noire.

Chez ces danseurs sénoufos qui bondissent devant moi, je remarque d'abord la souplesse, le rythme, mais ce qui m'imprègne peu à peu, c'est leur joie folle et odorante. Ils rient, le regard illuminé de cette flamme qui les brûle, qui les porte jusqu'au vertige. Certains sont beaux, mais la beauté, ici, est donnée par surcroît. L'important est le mouvement intérieur qui tour à tour rayonne, abandonné, ou explose, frénétique.

C'est sur les Hauts-Plateaux algériens, dans un village près de Berrouaghia, que j'ai le mieux saisi cette essence de la danse. La route a été longue. Je me repose, assis par terre, adossé au mur d'une maison. Devant moi, la place où tout à l'heure les femmes vont danser. La nuit tombe. La lune éclaire les façades blanchies à la chaux et creuse des coins d'ombre. Et voici que deux fillettes, dix ans, douze ans, peut-être, s'avancent et se mettent à danser pour elles-mêmes. Elles ont la grâce des elfes, mais ce sont bien des filles de la terre dure sur laquelle leur mouvement prend appui. Elles n'ont nul besoin de musique ; tout est musique dans cette ondulation qui passe de leurs jambes à leurs hanches, à leur ventre, à leurs épaules ; tout est confiance dans ces petits corps libres, tout est joie spontanée, tout est déjà appel. Jamais, peut-être, de toute leur vie, elles n'exprimeront leur communion au monde avec cette pureté sauvage. Après sont venues leurs sœurs aînées et leurs mères, accompagnées de flûtes et de tambourins. Elles dansaient bien. Mais j'avais déjà eu mon compte de bonheur avec ces petites sœurs qui, comme moi, dansaient pour elles seules.

Pour entrer en vibration, s'émouvoir, pour emporter le cœur et l'âme, s'exprimer en s'oubliant, le corps a inventé la musique et la danse. D'un roseau ou d'un boyau tendu il a sorti des sons en harmonie avec ses propres vibrations, des sons bienfaisants, stimulants ou apaisants pour ses cellules, ses muscles et ses nerfs. Et voilà que les savants et les jardiniers nous disent que les plantes y sont sensibles, à cette musique ! Elles s'épanouissent quand elle est harmonieuse, s'étiolent quand elle est brutale, discordante. Il y a comme une harmonie des sphères à laquelle tout être vivant est sensible. Depuis Orphée aux pieds de qui se couchaient les biches et les loups, nous cherchons ces mystérieuses harmoniques qui nous donnent pouvoir sur les êtres. Et, pour mieux entrer en relation avec les dieux — ou avec Dieu —, les hommes chantent aussi bien leurs supplications que leur allégresse.

Voilà pourquoi je ne sais plus qui, de mon corps ou de mon esprit, précède l'autre, éduque l'autre, exprime l'autre. Je vois que mon corps a les audaces de l'esprit, sa curiosité et, d'une certaine façon, son désir de perfection. D'où la plénitude apportée par l'acte d'amour. Et la force des liens que tissent deux corps qui s'accordent dans le jeu, la danse, l'amour.

*
* *

Entre mes semblables et moi, la communication passe d'abord par le corps. Le corps est langage ; il me permet de revêtir tous les masques pour m'exprimer : sourire tendre ou ironique, regard furibond ou amusé, sourcils interrogateurs, moue de dépit ou de dédain, raideur de la nuque ou souplesse des bras accueillants, immobilité attentive, tout ce que l'acteur traduit en contenances, poses et mimiques, et que nous jouons tous chaque jour.

À travers l'apparence, nous connaissons l'être, un moment passager de l'être. Je sens du dedans ce que pense ou ressent l'autre, parce que je suis fait de la même étoffe que lui.

Ce langage corporel est commun à tout le règne animal. Mon chat sait me montrer qu'il est vexé. Mon chien voit tout de suite à mon attitude si le moment est venu de jouer ou de se tenir à carreau.

La communication passe ensuite par la parole mêlée au geste. Le prédicateur et le conteur accompagnent le prêche et le récit de changements de ton, d'intonations, de gestes de la main, de la tête, de silences. Ils jouent. Quand je raconte une histoire à mes petits-enfants, je suis l'Ogre, le Petit Poucet, la Grand-Mère, le Loup ou le Chat botté ; ils rient et ils ont peur, ils savent que c'est un jeu, mais ils y entrent et coopèrent au spectacle. Comme tout le village, en Afrique, coopère avec le conteur, des heures durant et, tandis qu'il ricane comme le sorcier, se recroqueville devant le lion, crie comme la hyène, mime le génie du fromager qui abrite l'assemblée, le village n'est qu'une seule âme embarquée et heureuse de l'être.

*
* *

Pour qu'il s'exprime, se manifeste, pour qu'il danse, ce corps, il faut l'habiter. Ne dites pas : j'ai un corps, mais : je suis un corps.

Les écoles de relaxation, de méditation, de maîtrise de soi se sont multipliées, tel le zen. Parmi les exercices pratiqués, la « descente en soi » consiste, tout au long de respirations profondes, à fixer son attention sur chaque partie et chaque fonction du corps. Nous vivons à sa surface, nous ne savons plus l'écouter. Cette descente nous habitue à l'habiter à nouveau, à « faire corps ». Cette réappropriation, tant qu'elle dure, purge l'esprit des soucis qui l'assaillent, ces « vains bruyants » devenus parfois des complexes, nœuds impossibles à dénouer.

Un complexe est quelque chose qui vit en nous indépendamment de nous, un occupant, un *squatter*, les Grecs disaient : un « démon ». La « descente » nous en débarrasse quelques instants, révèle que nous pouvons vivre sans eux, les expulser ou au moins les tenir à distance. Elle n'est qu'un moyen parmi d'autres de se mieux porter. Comme toute discipline, elle a sa valeur intrinsèque.

Ces écoles, quand elles s'en tiennent à ces exercices simples, ont des effets bénéfiques sur des gens stressés par la vie urbaine ou l'angoisse du lendemain. D'autres ont la prétention d'y ajouter un enseignement ésotérique sous la conduite d'un gourou ; elles deviennent vite des sectes : à la libération de l'esprit succède son asservissement. Il vaudrait mieux que dans chaque famille, à l'école, dans les clubs culturels et sportifs, on apprenne aux enfants et aux adolescents à respirer, à marcher, à se détendre, à masser, à vivre en paix avec leur corps.

*
* *

À Marseille, un jour que je m'étais arrêté devant une marchande de bonbons, j'ai rempli moi-même le sac et l'aiguille de la balance s'est arrêtée pile sur le poids demandé. « Vous n'avez pas de péchés », m'a dit la marchande. Gourmand, j'en aurais mis trop ; inquiet, je n'en aurais pas mis assez. La justesse du geste est parfois un don, la plupart du temps une conquête. Pour les bonbons, c'était le hasard. Pour la montagne et pour la mer, c'est un apprentissage. Je me réjouis de voir chaque année plus nombreux les garçons et les filles escalader les calanques, les falaises du Verdon, la barre des Écrins ou l'aiguille du Dru, et d'autres s'élancer sur tous les océans. Ils se sont imposé une discipline. Ils en tireront toujours un avantage.

*
* *

Ce corps bien habité devrait devenir un « corps connaissant », un capteur subtil, largement ouvert sur le monde. Or il ne l'est pas pour tous. Quel écran invisible prive certains êtres de cette communion avec la Création ? Pour les comprendre, il faut cheminer un moment avec eux, ce que nous allons faire avec l'auteur de *L'Étranger*, Albert Camus.

5.

Ce monde qui m'étreint et que j'étreins

« Les arbres frisonnent plus finement, plus amplement, plus souplement, plus gracieusement, plus infiniment qu'homme et femme sur cette terre et soulagent davantage... Le précieux, le véritablement précieux est distribué sans le savoir et reçu sans contrepartie[1]. »

Beauté et grâce nous font signe de partout. Dans les arbres jubilant d'oiseaux et de pétales, dans la houle orangée du grand erg, dans les coraux sous la mer, dans le corps fait pour l'accueil, l'enveloppement, tout en courbes et en creux que les amoureux apprennent à reconnaître et à caresser. Qui dira la tendresse de la main ? Et celle du sourire ? Et ce puits changeant du regard dans l'attente, la prière, l'amour, la compassion ?

Dès que l'homme émerge de la glaise, il entre en poésie ; j'appelle ainsi l'art de chanter le monde sur les parois de Lascaux, les mélopées autour du feu, les statuettes de la déesse mère, les colliers, les fibules, les pectoraux, les danses. Pas un peuple qui n'ait inventé sa musique et ses danses. Et les prêtres, avec l'encens, savent qu'un parfum ne séduit pas que le corps : il peut aussi incliner l'esprit.

Quand ils ont voulu fixer la parole dans l'écrit, qu'ont fait ces grands amoureux que sont Hindous et Arabes ? Ils ont dessiné la courbe d'un col ou d'un sein, le fuseau d'une jambe ou d'un arbre, et l'écriture s'est faite ornement, enchantement pour l'œil.

Mais avant la musique, avant le chant, il y a des appels amoureux, des cris de peur et de chasse ; plus avant, il y a

1. Henri Michaux.

des sifflements de reptiles ; plus avant encore, il y a le silence de la terre et de l'eau, et dans ce sommeil de la matière inanimée, il y a déjà le chant humain, lové dans quelques molécules de phosphore et de carbone ; il y a déjà toute la puissance future de l'esprit, Homère et Aristote, les Prophètes, Shakespeare, Michel-Ange, Mozart, Einstein. De cette filiation, je ne cesse de m'émerveiller.

Formes créées ou innées de la nature et formes créées de nos mains se rejoignent ainsi dans une commune beauté, dans un don si quotidien que nous n'en avons parfois plus conscience.

Cette conscience, je l'ai toujours eue, et sans le secours de l'art. Je me souviens : c'était en Savoie, à La Féclaz, je marchais dans les prés parsemés de pins qui montent doucement jusqu'au mont Revard. Je me suis allongé d'abord sur le dos, m'imprégnant de la beauté du ciel et des grands nuages blancs qui défilaient par-delà la cime des arbres. Soudain, je me suis retourné et j'ai mis ma joue et mes mains contre la terre comme sur le sein d'une amante. Je sentais la force de la sève et de l'eau me pénétrer en même temps qu'un immense bonheur m'envahissait.

Je me voyais roulant dans l'espace, agrippé des mains et des pieds à cette planète qui m'était si bénéfique. J'imaginais aussi aux antipodes une pirogue à balancier flottant dans le Pacifique : là-bas, les hommes avaient dû faire amitié avec la mer, comme moi, ici, avec la terre et le roc.

*

* *

Ce message qui émane des formes vivantes, certains ne le reçoivent pas. Je ne parle pas de l'homme momentanément ou durablement écrasé. Du mal et de la souffrance, il sera question tout à l'heure. Non, je parle de l'homme ni plus ni moins gâté ou bafoué par l'existence que les autres, capable de comprendre que le monde peut être à la fois beau et dur, mais qui ne se sent pas en confiance avec lui, se tient hors du flux de la vie. Ainsi de Camus : *« Si j'étais arbre parmi les arbres, chat parmi les animaux, cette vie aurait un sens ou plutôt ce problème n'en aurait point, car je ferais partie de ce monde. Je serais ce monde auquel je m'oppose maintenant par toute ma conscience et par toute mon exigence de familiarité. Cette raison si dérisoire, c'est elle qui m'oppose à toute la création. »* Oui, des hommes sont étrangers au monde et à la vie. D'un côté, un émetteur de messages, l'univers ; de l'autre, des récepteurs, les êtres vivants, mais les messages ne passent pas. D'où vient la coupure ?

L'homme formé par l'enseignement occidental est comme coupé de la vie. Ses ancêtres étaient imprégnés de la tradition judéo-chrétienne. Dans la pensée juive, le monde et l'homme sont faits de la même étoffe. Le Christ identifie la vérité et la vie. Au « Je suis celui qui suis » de l'Exode répond, dans le Nouveau Testament, le « Je suis le premier et le dernier, je suis le vivant » de l'Apocalypse.

Cette tradition est peu à peu submergée depuis trois siècles par une tradition platonicienne, celle de l'abstraction, des idées, qui est le soubassement de la pensée scientifique. J'ai eu les mêmes maîtres qu'Albert Camus. Einstein venait de découvrir que $E = mc^2$. Le déterminisme triomphait. La raison que ces maîtres évoquaient et glorifiaient jusqu'à leur insu était abstraite, séparée de l'être vivant. Elle faisait reculer l'ombre dans la matière, les corps et les cieux. De la vie, de la germination, de la maturation, de la mort, il n'était et n'est toujours pas question. Ni de la valeur du témoignage des hommes par leur vie ; ni du signe, ni du symbole.

L'intellect différencie, distingue, découpe. L'homme intellectuellement formé croit voir plus clairement, mais il voit moins de choses. Plus il accède à la compréhension de lois particulières, plus l'univers perd pour lui sa signification globale. Il s'écarte des fondements instinctuels de son être, de tout ce que l'instinct appréhende directement. L'arc-en-ciel ou l'éclipse de lune ne le surprennent pas : il a la traduction scientifique de phénomènes dont il ne s'étonne plus. Et parce qu'il ne s'étonne plus, il croit le monde descriptible par des formules et identique à ces descriptions abstraites. Comment fait-il pour ne pas mépriser les poètes ?

Que le bleu ou le jaune soient le fait de vibrations de telle ou telle fréquence, je veux bien. Mais que m'importe pour mon bonheur ou ma souffrance ! La vérité de la vie, c'est la couleur telle que je l'éprouve directement, c'est le son, l'odeur, la forme. De même, l'analyse séquentielle du graphe qui schématise le mouvement de ma main ne saisit pas la réalité de ce mouvement que seul perçoit mon sens kinesthésique. C'est en cela que je ne suis pas, comme Camus, étranger au monde. La carte n'est pas le territoire, et c'est le territoire que je parcours. À pied.

Dans un premier temps, je me suis insurgé contre Descartes. Je pense, donc je suis ? Allons donc ! Je sens, donc je suis ; j'aime, je souffre, j'ai faim, donc je suis ! Mais on ne peut enfermer Descartes dans le *Cogito.* Dans les *Méditations métaphysiques,* il fait fort bien la distinction entre la conduite de la vie, pour laquelle ce serait chose ridicule de ne pas se rapporter aux sens, et la recherche de la vérité, qui suppose le passage par l'abstraction. Aujourd'hui, je conteste Descartes sur ce point-là : les déterminations géométriques ou algébriques qui tentent de décrire l'être des choses sont des idéalités, celles-ci sont inséparables de notre sensibilité. Descartes, un peu plus loin, a cette formule : *« Sentimus nos videre »* — nous nous sentons voir. J'ajoute : nous nous sentons penser, nous nous sentons être.

Mais l'être ne sait pas être ; il ne peut que s'éprouver.

*

* *

Je viens d'opposer deux sensibilités, celle de Camus (et de ceux qui, comme lui, se sentent étrangers au monde) et la mienne (de ceux qui sont en vibration harmonique avec la matière, la terre, le rocher, l'eau — paysans, artistes et artisans, grimpeurs, nageurs et navigateurs). Sommes-nous là encore dans le domaine de la raison ? La science et la philosophie peuvent-elles trancher entre deux sensibilités ? Oui, je le crois, grâce à ce savant qu'est Marcel Jousse.

De 1932 à 1937, à la Sorbonne, à l'École des hautes études, à l'École d'anthropologie, Marcel Jousse donne plus d'un millier de cours[1]. Il forge des concepts qui déconcertent à l'époque. Ils peuvent cependant s'exprimer en termes courants. L'homme est un résonateur de l'univers. Il joue ou rejoue l'univers par ses gestes. La mécanique gestuelle est faite de mouvements balancés symétriquement : haut-bas, gauche-droite, avant-arrière. Cette symétrie se retrouve dans le positif et le négatif de la charge électrique, dans le yin et le yang, dans la matière et l'antimatière, dans le féminin et le masculin. « L'unité des contraires est la loi fondamentale de l'univers », dit la sagesse chinoise. La sagesse biblique lui fait écho : « Toutes les choses vont deux par deux en vis-à-vis » (Si, 42, 25).

« L'homme est le plus mineur de tous les animaux, et c'est par le mimisme qu'il acquiert toutes ses connaissances », remarque Aristote dans sa *Poétique* (IV, 2). Il pensait à l'observation par l'enfant des gestes des adultes ou des animaux. Jousse va plus loin : il y a mimisme du fait de l'accord entre le jeu des interactions de l'environnement et

1. Pris en sténotypie par ses élèves, ils ont été en partie publiés dans *L'Anthropologue du geste*, Gallimard, 1974, et *Le Parlant, la parole et le souffle*, Gallimard, 1978.

le rejeu corporel humain : l'homme est comme un diapason. Il y a rythme du fait de la cadence oscillatoire de cette résonance : ne dit-on pas vibrer de joie, trembler de peur, de douleur, frissonner de plaisir ? Depuis deux siècles, les physiciens ont observé que les machines qui fatiguent, les moteurs qui cognent, s'usent plus vite que tout ce qui tourne rond. C'est le principe de moindre action qu'on peut traduire ainsi : la nature préfère la résonance à la dissonance, elle favorise l'accord aux dépens du désaccord. Le rire, ce réflexe salutaire, sanctionne une mauvaise adaptation au monde, dit Bergson.

On peut aussi évoquer le jeu au sein duquel se conjuguent les principes de symétrie et de dissymétrie. Dans tout jeu, les joueurs sont d'accord sur la symétrie des chances et sur la dissymétrie du résultat. Les jeux réfléchis des hommes ont probablement pour fondement les jeux de la nature, ceux qu'évoque le Livre des Proverbes, au chapitre 8, à propos de la Sagesse :

> « *Yahvé m'a créée, prémice de son œuvre [...]*
> *J'étais à ses côtés comme le maître d'œuvre*
> *Je faisais ses délices jour après jour*
> *Jouant tout le temps en Sa présence*
> *Jouant sur la surface de la Terre*
> *Et trouvant mes délices parmi les enfants des hommes.* »

Jousse aborde enfin le domaine de la parole. Dans les civilisations orales, l'enseignement est condensé en formules, atomes ou bribes de textes et de structures, calqués sur les gestes. Jousse les appelle « perles-leçons ». Dans ces civilisations, les premières, la mémorisation résulte de la correspondance entre la mécanique gestuelle et la mécanique textuelle. Le jeu du réel, réfléchi en rejeu gestuel, est comme condensé en *perles*, formules orales puis, plus tard, écrites.

Nos lointains ancêtres, dans la terreur ou l'émerveillement, ont laissé se condenser en eux des bribes de conscience, des embryons de sons, de sentiments indicibles parce que premiers, parce que précédant la parole. Quelque chose alors a gonflé dans leur poitrine, une connexion s'est faite entre leurs mains, leurs gestes, leur cerveau et leur gorge, les premiers appels, le premier chant ont jailli, et ils se sont mis à nommer toutes choses.

Évoquant les civilisations amérindiennes, Marcel Jousse dit : « Alors qu'ils ont mille gestes pour l'acte de porter, nous n'avons qu'un seul mot pour le signifier. Ce n'est pas une supériorité, c'est une imprécision. Pour ces rejoueurs concrets, il n'y a pas de gestes synonymes. Notre vocabulaire passe-partout laisse passer la vie à travers ses mailles et ne nous permet plus de comprendre l'expression vivante qui rejoue en fonction du réel. »

Dieu a tissé le monde en parlant, disent les Dogons du Mali ; c'est pourquoi étoffe se dit *soy*, qui signifie « c'est la parole » ; le nom de la poulie, *so ke ru*, signifie « parole secrète », tandis que l'étrier porte le nom de *ana ma gagan*, « ma bouche est ouverte[1] ».

Un quart de siècle après Jousse, Leroi-Gourhan a mis en lumière la filiation du geste et de la parole, la liaison entre la main, l'outil et la pensée[2].

Perles, écriture et informatique se retrouvent dans la nature. C'est d'abord le code génétique inscrit sur la molécule d'ADN. C'est aussi le modèle complexe, du type logiciel, présidant au comportement des particules, représenté par l'onde *Psi* — onde de probabilité — que la microphysique de la première moitié du siècle a mis en évidence[3]. C'est encore le code cosmique évoqué par plusieurs physiciens notoires[4].

1. Marcel Griaule, *Dieu d'eau*, Fayard, 1975.
2. Leroi-Gourhan, *Le Geste et la Parole*, Albin Michel, 1964.
3. Grâce aux travaux de Heisenberg, de Schrödinger, de Louis de Broglie et de Dirac.
4. Heinz-Pagels, *The Cosmic Code*, 1985 ; Paul Davies, *The Cosmic Blue Print*, 1987 ; Robert Ader, *The Great Design*, 1987.

En science, la pertinence d'une théorie se juge à ses fruits, à la réussite de ses applications. La pensée de Jousse a trouvé sa justification la plus tangible, la plus humaine. À la Sorbonne, parmi les centaines d'étudiants qui suivirent ses cours, Léopold Senghor et Georges Pompidou, deux futurs présidents de la République, et un Yougoslave, Petar Guberina. Celui-ci, au lendemain de la guerre, entreprit d'appliquer les théories de Jousse à la démutisation des muets et des sourds. Sa méthode, qualifiée de verbo-tonale, allait connaître un succès mondial et changer l'existence de nombreux enfants et adolescents. Elle consiste à faire mimer par le corps (ou une partie du corps) le son et le mot inaudibles ou imprononçables. Quel travail il a fallu pour retrouver les muscles mobilisés chaque fois que nous prononçons un mot ou une phrase ! Quelle étude, au théâtre, des attitudes des artistes, de leurs gestes, des expressions de leur visage !

Oui, nous savons maintenant que le Cosmos nous a enfantés. Et c'est en leur rappelant cette filiation, c'est en la rejouant par le chant, le théâtre et la danse, que nous guérissons les hommes du mal d'isolement, que nous les démutisons, que nous libérons en eux leur force créatrice endormie. Rude travail, dès lors qu'on s'adresse aux enfants de la civilisation urbaine !

*
* *

Que nous soyons fils du Cosmos n'empêche pas certains de refuser de reconnaître leur père. Me voici renvoyé à Camus qui a posé les bonnes questions, mais n'a pas eu le temps de trouver les bonnes réponses. En écrivant cela, c'est à Sartre que je pense. Sartre, apôtre de l'échec et du néant au cœur de l'être, non seulement renonce au suicide, mais, dans les derniers mois de sa vie, fait de l'espoir le signe d'une fin transcendante et absolue de l'homme :

SARTRE : *L'espoir, ça signifie que je ne peux entreprendre une action sans compter que je vais la réaliser... L'action, étant en même temps espérance, ne peut pas être dans son principe vouée à l'échec absolument sûr... Il y a dans l'espoir même une sorte de nécessité...*

BENNY LÉVY : *C'est quand même important de savoir que tu n'as pas parlé d'espoir et que, quand tu parlais de désespoir, au fond, ce n'était pas ta pensée.*

SARTRE : *La rubrique sous laquelle je rangeais ma pensée, le désespoir, m'était étrangère... Ce qui n'est pas dit dans* L'Être et le Néant, *sous cette forme, c'est que chaque homme, par-delà les fins théoriques ou pratiques qu'il a à chaque instant, qui concernent par exemple des questions politiques ou d'éducation, etc., par-delà tout cela, chaque homme a une fin, une fin que j'appellerais, si tu veux, transcendante ou absolue, et toutes ces fins pratiques n'ont de sens que par rapport à cette fin. Le sens de l'action d'un homme, c'est donc cette fin, qui a ceci de particulier qu'elle est absolue*[1].

Camus, mon ami, mon frère, j'ai cheminé auprès de toi, mais je n'ai pu te suivre jusqu'au bout. Nous avons été élevés à quelques centaines de mètres l'un de l'autre, toi à Belcourt, moi à Mustapha-Supérieur, par deux mères pauvres et laborieuses ; nous avons eu les mêmes instituteurs, nous avons couru sur le même stade. Quand tu chantais la lumière de Tipasa, je courais dans les collines de Ben Aknoun et de Sidi Ibrahim au milieu des pins et des oliviers.

J'ai en commun avec toi de ne pas m'être laissé embarquer à la Libération par la vulgate marxiste, comme si le soleil du Sahel, en nous plongeant dans la vérité intemporelle de l'univers, nous avait empêchés de croire à ces idéo-

1. « Entretiens avec J.-P. Sartre et Benny Lévy », *Le Nouvel Observateur*, mars 1980.

logies qui prennent la société comme une fièvre, le temps d'une ou deux générations. Nous n'avons pas vénéré l'Histoire.

J'ai apprécié qu'au moment d'Hiroshima, seul ou presque, tu aies soulevé des réserves d'ordre moral et écrit : *« Notre siècle est celui de la peur... La science y est pour quelque chose puisque ses derniers progrès théoriques l'ont amenée à se nier elle-même et puisque ses perfectionnements pratiques menacent la terre entière de destruction. »*

J'ai aimé ta leçon de lucidité, de solidarité, de générosité, et je constate que ceux qui te découvrent aujourd'hui sont surtout sensibles à tes récits.

Mais comment as-tu pu passer des *Noces* à *L'Étranger*, cet homme à la conscience vide qui en vient à tuer par lassitude ?

« Il n'y a qu'un problème philosophique vraiment sérieux : c'est le suicide, as-tu écrit. *Juger que sa vie vaut ou ne vaut pas d'être vécue, c'est répondre à la question fondamentale de la philosophie. »*

Or ta réflexion, sans te conduire cependant au suicide, a débouché sur le sentiment de l'absurde. On le comprend, vu ce que nous découvrions au lendemain de la guerre : la *Shoah* et le goulag. Mais tu n'as pas su — ou tu n'as pas eu le temps — de dépasser cette époque d'aberration collective. J'ai cru que tu allais trouver ta sortie vers l'oxygène, vers l'espoir fou, quand tu as écrit : *« L'homme est la seule créature qui refuse d'être ce qu'elle est. »* C'est vrai, l'homme refuse d'être enfermé dans l'homme. Tu poursuis : *« La question est de savoir si ce refus ne peut l'amener qu'à la destruction des autres et de lui-même, si toute révolte doit s'achever en justification du meurtre universel »*, et, jusqu'ici, je te suis, mais la fin de ta phrase me déconcerte : *« Ou si, au contraire, sans prétention à une impossible innocence, la révolte peut découvrir le principe d'une culpabilité raisonnable. »* Une culpabilité vis-à-vis de qui ? Des générations passées, des générations à venir, de Dieu ? La révolte contre l'absence de fins ultimes et de sens est en elle-même une réaction religieuse. Mais si elle enferme l'homme dans l'homme, elle ne le délivrera pas de l'angoisse, elle ne lui ouvrira aucun chemin vers l'espoir. De la même façon qu'un système physique fermé évolue vers le désordre. Seule une ouverture sur ce qui le dépasse peut lui montrer qu'il est plus que ce qu'il croit être, et l'amener à la plénitude.

*

* *

Quand Camus évoque le royaume et le situe sur terre, là où les hommes sont solidaires, c'est en retournant l'enseignement chrétien qui fait de nous des exilés[1]. J'ai eu la chance d'échapper au catéchisme de l'époque. Ma mère m'a enseigné Dieu sans les dogmes, elle savait parler au mendiant qu'elle secourait, elle avait la générosité discrète, la parole juste, la bonté naturelle. Elle était la foi en action dans le monde. Quant à mon grand-père que je retrouvais chaque dimanche et pour les vacances, il me faisait découvrir les plantes, les fleurs, les abeilles, les oiseaux et, le soir, allongés dans l'herbe encore tiède, les constellations[2]. Ma façon d'appréhender le sacré en a été marquée.

Le mot *innocence* revient souvent chez Camus (chez Sartre aussi). Ce qui est innocent, pur, initial, est sacré et crée en nous une béance, un appel. Une constellation dans le ciel limpide, un regard d'enfant, le sourire d'un vieil homme, tout autant qu'une abside romane, peuvent révéler le sacré. L'homme de *Noces* touche au sacré ; l'homme de *L'Étranger* s'en coupe[3].

1. *L'Exil et le Royaume.*
2. *Mon Algérie tendre et violente*, Plon, 1995.
3. Dans *Noces*, Camus célèbre la beauté et l'harmonie du monde telles que les lui révèlent les ruines romaines au bord de la mer, à Tipasa. Dans *L'Étranger*, l'homme est fermé à lui-même et à toute transcendance.

Dans *Le Malentendu*, le héros, Jan, « ne savait pas trouver la parole qu'il fallait. Et pendant qu'il cherchait ses mots, on le tuait ». On dirait que personne n'a su trouver les mots justes pour Camus. S'il veut signifier que le pire des maux est la solitude, il a raison, et c'est pourquoi, dans mon propos, je ne lâche pas la main de Madeleine.

Mais pourquoi attribuer cette solitude à l'univers ? Dans son premier essai, *L'Envers et l'endroit*, Camus s'écrie : « Je tiens au monde par tous mes gestes... », phrase qu'on dirait tirée de Marcel Jousse ; et il ajoute : « ... et aux hommes par toute ma pitié et ma reconnaissance. » Il ne sépare pas l'un des autres. Or, par la suite, il ne va cesser de les opposer : « L'absurde naît de cette confrontation entre l'appel humain et le silence déraisonnable du monde[1]. » C'est qu'il n'entend pas le chant du monde, comme Beethoven à qui parlaient les pierres du chemin.

« Dans un univers privé soudain d'illusions et de lumières, l'homme se sent un étranger[2]. » Là est le malentendu, ou plus exactement la confusion. De quel univers s'agit-il ? La terre, l'eau, le feu, les plantes et les animaux, le soleil et les étoiles n'ont pas changé. C'est la société humaine, faite d'hommes qui s'acharnent à éteindre les lumières, qui a changé. C'est sur l'origine de ce changement, de ce désenchantement, qu'il faut s'interroger.

Comme je préfère la réaction d'Épictète qui vivait à une époque aussi troublée que la nôtre et qui répondait, à propos d'un exil le menaçant : « On ne peut me chasser du monde. Où que j'aille il y a le soleil, la lune, les astres, les songes, les présages, l'entretien avec Dieu » (*Entretiens*, II, 22[3]). Il est absurde d'opposer la raison à la Création. « Les hommes sont seuls à vivre dans une communauté naturelle avec Dieu à qui ils sont entrelacés par la raison[4]. »

1. *Le Mythe de Sisyphe*, Gallimard, 1943.
2. *Idem.*
3. *Épictète et la sagesse stoïcienne*, Bayard, 1996.
4. Épictète, *Entretiens*, I, 9.

On peut le dire en termes philosophiques en oubliant Dieu et en le remplaçant par « univers ». En effet, ou bien la raison est une entité *a priori*, créée par dieu sait qui ; mais alors, par quel merveilleux hasard s'accorde-t-elle au réel ? Ou bien les fondements de la raison sont issus de notre confrontation au monde et, du coup, on comprend son adéquation au réel, son accord avec lui.

Sainte raison, c'est toi qui me conduis à bien me situer dans l'univers, à habiter mon corps lié à lui et à dire, comme Molière : « Et mon âme et mon corps marchent de compagnie[1]. »

*

* *

J'ai évoqué Sartre et Camus. Je ne peux m'empêcher de penser à l'influence qu'ont eue sur eux les « philosophes du soupçon », Marx, Nietzsche, Freud et, à travers eux, la science déterministe et mécaniste du XIXe siècle. C'est un fait constant que les avancées de la science ne sont connues du grand public qu'avec un retard considérable. Ce qui s'explique de deux façons : rude est l'effort pour s'imprégner de nouveaux concepts ; et personne ne renonce aisément à des certitudes qui étayent l'esprit. J'ai cité Jousse, encore inconnu. Mais c'est l'aventure scientifique du XXe siècle dans son ensemble qu'il faut évoquer, elle qui a conduit au renversement des paradigmes des trois siècles précédents. Si des lois déterministes implacables régissaient l'univers, un *fatum* tout aussi implacable pèserait sur chacun de nous. Or science et philosophie ont découvert l'ouverture du monde, un espace où se crée du nouveau et qui fonde notre liberté. « Dieu est subtil ! » s'est exclamé Einstein. Nous allons le constater.

1. *Les Femmes savantes.*

6.

Dieu est subtil

Mon rapport au monde est double. Il se fait d'abord directement, spontanément, par tout mon être, tous mes sens, par ma sensibilité, ma sensualité. Devant un cerisier en fleurs ou à l'écoute de la *Suite en ré* de Bach, mon être se dilate ; il se rétracte au contact de l'oxyde de carbone ou devant la laideur. Mais je ne sais pas pourquoi je suis sensible à un parfum, à un visage de femme plutôt qu'à un autre, de même qu'un joueur de tennis ne sait pas comment il retourne un service fusant à 200 km/heure. Ce premier « moi » est celui de la perception globale, de la conscience immédiate. Il me relie à l'inconscient, à mon cerveau reptilien, à l'espèce.

Mon second « moi » est celui de la conscience réflexive. L'enfant se construit peu à peu en se décentrant, en se séparant du monde, en se voyant comme objet de sa propre connaissance. Cette conscience réflexive, ou intelligence, nous a permis, depuis deux millions d'années, de nous adapter de façon toujours plus précise et complexe à notre environnement ; elle montre les rapports des choses entre elles et cherche à connaître l'étoffe même du monde matériel. Elle a donné naissance à la science, elle en est aujourd'hui comme éclairée, éblouie aux deux sens du mot. Or elle n'est qu'une parcelle, bien petite, dans l'immensité de la psyché, même si c'est elle qui permet d'interroger le tout.

Si la grande masse de l'humanité se comporte en fonction de croyances populaires, magiques et, dans le meilleur des cas, de croyances religieuses qui la relient à la nature, au monde sensible, elle baigne de plus en plus, par son environnement quotidien, dans une culture technico-scientifique. Et l'enseignement est fondamentalement tourné vers cette culture.

Il n'est donc pas indifférent de voir comment ces deux rapports au monde se concilient ou se contrarient. La description que la science fait de l'univers, mais aussi de mon corps, l'interprétation qu'elle s'efforce de donner de la liaison du corps et de l'esprit, sa quête d'unité, la place qu'elle fait ou refuse à l'aléatoire, à la liberté, son évolution en fonction de sa logique propre, mais aussi des questions que lui pose la philosophie, tout cela ne peut pas ne pas influencer mon regard et mon comportement.

Quand l'hémisphère gauche de notre cerveau, celui de la pensée analytique et logique, s'entend de plus en plus mal avec l'hémisphère droit, celui de la pensée synthétique et subjective, il en résulte un malaise chez beaucoup de gens, mais aussi une inhibition funeste. L'espèce de paralysie qui a saisi les Indiens d'Amérique latine après la conquête espagnole n'a pas d'autre origine à mes yeux : ils étaient pris entre deux cosmogonies inconciliables.

Mais cette fin de siècle est particulièrement favorable à un approfondissement du dialogue entre la science et la philosophie[1]. De lui dépendent une bonne corrélation et un équilibre entre les deux types d'appréhension du réel dont la vie nous a dotés.

*

* *

Nous sommes en 1931 à Vienne. Un jeune homme, né à Brno en Moravie, Kurt Gödel, y étudie la physique, la philosophie et les mathématiques. En ce début de siècle,

1. Comme le montrent, dans les livres des plus grands scientifiques, les références aux philosophies occidentales ou orientales.

Hilbert, le plus grand mathématicien de son temps avec Poincaré, a lancé son fameux programme. Toutes les sciences reposent, dit-il, sur les mathématiques. Et celles-ci reposent sur la logique. Si l'on veut que l'ensemble des activités humaines forme un tout cohérent et complet, la logique doit reposer sur elle-même ; on pourra alors, grâce à cette « complétude » de la logique, décider que toute affirmation est vraie ou fausse. Hilbert a modestement appelé son programme, composé de vingt-trois problèmes, « la solution finale » !

Le jeune Gödel, ayant écouté le maître, s'enferme dans sa chambre et écrit vingt-cinq pages qu'il publie sous le titre *« Sur les propositions indécidables des* Principia Mathematica *et des systèmes apparentés »*. C'est le théorème de Gödel, baptisé « théorème d'incomplétude », qui ruine l'ambition de Hilbert, car il démontre qu'une théorie ne peut contenir sa propre épistémologie, c'est-à-dire apporter la preuve de sa cohérence[1].

À vingt-cinq ans, Gödel est célèbre et marque de façon radicale la réflexion sur la science. Stimulé par ses entretiens fréquents avec Einstein, son collègue à l'Institute for Advanced Studies de Princeton, il ne cessera d'enrichir les mathématiques, la physique et la philosophie.

« 1931, c'était beaucoup trop tard pour arrêter Hitler ! » Cette boutade du mathématicien anglais Colin Hannarford montre le lien à la fois fort et caché entre la pensée scientifique et l'état de la société. Comme le montre le passage de *Mein Kampf* cité ci-après.

Ma génération a grandi dans une époque d'absolutisme et vécu le choc des idéologies dans son esprit, dans son cœur et souvent dans sa chair. D'un côté, le communisme, prétendant détenir la clé de l'évolution de l'Histoire et les

1. En termes scientifiques, on dit que : « Tout ensemble fini d'axiomes contient une proposition indécidable. » Par exemple, « la non-contradiction de l'arithmétique formelle n'est pas démontrable par des méthodes formalisables dans l'arithmétique formelle ».

forceps pour la faire accoucher plus vite : la dictature du prolétariat, le goulag et l'« aveu ». De l'autre, le nazisme, l'athéisme brun, l'ambition de construire un Reich de mille ans, un Hitler qui, dans *Mein Kampf*, transpose à l'homme sa vision mécaniste du monde : « *L'homme ne doit jamais tomber dans l'erreur de croire qu'il est seigneur et maître de la nature... Il sentira dès lors que dans un monde où les planètes et les soleils suivent des trajectoires circulaires, où des lunes tournent autour des planètes, où la force règne partout et seule en maîtresse de la faiblesse, qu'elle contraint à la servir docilement ou qu'elle brise, l'homme ne peut pas relever de lois spéciales.* » C'est aussi sur la théorie darwinienne de la sélection naturelle des plus aptes que s'appuyait Hitler : si la loi de l'évolution est celle du triomphe du fort sur le faible, de l'adapté sur l'inadapté, pourquoi ne pas accélérer l'évolution grâce à une race élue purgée des marginaux et des tziganes, mais aussi des Juifs, considérés comme la race élue concurrente ?

Je sais que Darwin était humaniste et s'est bien gardé de tirer des conséquences eugénistes de sa théorie. Mais c'est la lecture qu'en font les gens, qui compte. C'est pourquoi Simone Weil était justifiée d'écrire : « *Ou il faut apercevoir à l'œuvre dans l'univers, à côté de la force, un principe autour d'elle, ou il faut reconnaître la force comme maîtresse unique et souveraine des relations humaines aussi. Dans le premier cas, on se met en opposition radicale avec la science moderne telle qu'elle a été fondée par Galilée, Descartes et poursuivie au XVIIIe siècle, notamment par Newton, au XIXe, au XXe. Dans le second, on se met en opposition radicale avec l'humanisme qui a surgi à la Renaissance et a triomphé en 1789*[1]. »

Simone Weil, morte à trente-trois ans, n'a pas eu le temps de découvrir le retournement des paradigmes scientifiques opéré durant le XXe siècle et l'ouverture qui en résulte : dans cet univers si bien réglé, enfin un peu d'imprévu, de

1. Simone Weil, *L'Enracinement*, Gallimard, 1949.

nouveau, de création en marche, de liberté ! D'où ma jubilation à suivre cette aventure intellectuelle.

Elle n'a pas eu non plus la chance de connaître le théorème de Gödel. Car Gödel ne démontra pas autre chose que la transcendance de la vérité qui n'est pas équivalente à une proposition démontrable. Quelque part, toujours, quelque chose nous échappe ; il n'y a pas de solution finale.

Saint-Exupéry l'exprime dans une belle formule : « *Ô prisonniers, comprenez-moi ! Je vous délivre de votre science, de vos formules, de vos lois, et cet esclavage de l'esprit, de ce déterminisme plus dur que la fatalité. Je suis le défaut de l'armure. Je suis la lucarne dans la prison. Je suis l'erreur dans le calcul : je suis la vie*[1]. »

Avec Gödel appuyé par un poète, je pourrais m'en tenir là. Mais comme trop d'esprits sont encore imprégnés de conceptions scientifiques erronées, je dois m'arrêter sur l'aventure intellectuelle de ce siècle.

*

* *

Quand mon instituteur évoquait des savants, après Archimède et Léonard de Vinci, il citait Einstein, pour lui l'« indépassable » de l'époque. Or mon père était féru de sciences. À dix ans, il me parlait de Becquerel, de Marie Curie et de radioactivité. À douze ans, il me plaçait des électrodes sur le crâne pour essayer d'enregistrer les ondes de mon cerveau. C'était l'époque où j'étais obnubilé par les jambes de mon professeur de mathématiques, une ravissante jeune femme, et j'attendais avec crainte et ravissement qu'elles apparaissent sur l'écran de l'oscilloscope, ce

1. Je dois ce rapprochement à Jean Staune, secrétaire général de l'Université interdisciplinaire de Paris.

qu'elles refusèrent de faire. Première révélation de la distance entre la vie et la science ! À dix-huit ans, il me mit entre les mains un livre de Pierre Rousseau, *La Conquête de la science*, livre qui m'initia à la théorie des quantas, à la mécanique ondulatoire et au principe d'incertitude. Je l'ai encore, ce livre, et l'intitulé des derniers chapitres est éloquent : « La science gravite autour d'un axe nouveau », « La continuité s'effondre », « L'objectivité s'évanouit », « Le déterminisme se meurt », « La physique devient non laplacienne », « À l'assaut de la vieille logique »...

Pour comprendre la révolution intellectuelle ainsi décrite, il est bon de rappeler l'hypothèse que formulait Laplace à la fin du XVIIIe siècle dans un texte fameux qui montre bien que le déterminisme découle d'une croyance à l'universalité et à l'objectivité des explications mécaniques : *« Une intelligence qui, pour un instant donné, connaîtrait toutes les forces dont la nature est animée et la situation respective des êtres qui la composent, si d'ailleurs elle était assez vaste pour soumettre ces données à l'analyse, embrasserait dans la même formule les mouvements des plus grands corps de l'univers et ceux du plus léger atome : rien ne serait incertain pour elle, et l'avenir, comme le passé, serait présent à ses yeux. »*

La vision déterministe des siècles précédents va être mise à mal au début du XXe siècle par la mécanique quantique et la mécanique ondulatoire, et, vers sa fin, par les travaux d'Ilya Prigogine.

En descendant au cœur de la matière, les physiciens Niels Bohr et Werner Heisenberg découvrent qu'on ne peut connaître à la fois la localisation d'un électron et sa vitesse. C'est ce qu'on appelle le « principe d'incertitude[1] ».

Au même moment, Louis de Broglie nous met dans le même inconfort intellectuel en définissant la mécanique

1. D'excellents livres de vulgarisation sur la mécanique quantique se sont multipliés depuis une vingtaine d'années, livres auxquels le lecteur pourra se reporter. Par exemple, J.-P. Pharabod et Steven Ortoli, *Le Cantique des quantiques*, Livre de poche.

ondulatoire : la mécanique classique n'est pas applicable à l'échelle atomique parce qu'elle s'en tient à la notion de corpuscule... ce que justement n'est pas l'électron, qui est comme porté par une onde. Et voilà Descartes mis à mal, lui qui recommandait d'expliquer les phénomènes naturels par figures et mouvements : « *Les relations d'incertitude,* écrit Louis de Broglie, *expriment précisément qu'une telle description, en toute rigueur, est impossible puisqu'on ne peut jamais connaître à la fois la figure et le mouvement.* »

Ilya Prigogine, quant à lui, démontre l'imprévisibilité des phénomènes à partir de travaux sur les structures dissipatives et les systèmes chaotiques. L'irréversibilité est au cœur du réel. La durée est dans le tout, comme elle est dans la personne. Henri Bergson l'avait dit d'une phrase lumineuse : « *L'univers dure. Plus nous approfondirons la nature du temps, plus nous comprendrons que durée signifie invention, création de formes, élaboration continue de l'absolument nouveau.* » Restait à la science à le démontrer. C'est fait.

Einstein ne pouvait se résoudre à ce désordre créateur d'ordre, à cette ouverture du monde, à son indétermination. « Dieu ne joue pas aux dés », dit-il. Et quand il s'écrit : « Dieu est subtil ! », ce n'est pas pour rendre les armes, mais pour témoigner de la force d'un adversaire qui l'obligeait à chercher plus loin la clé de l'univers. Einstein croyait à la cohérence de l'univers. Sur ce point il n'avait probablement pas tort. Mais la cohérence peut résider dans le sens du mouvement et si ce sens est celui de la diversification, de la complexification, le mouvement ne produit pas de l'identique, mais du nouveau.

*

* *

Que voulez-vous que ça nous fasse, cette déroute du déterminisme, cet esprit baladeur de l'électron et du photon, cette irréversibilité des phénomènes physiques, à nous hommes souffrants qui devons gagner notre pain à la sueur de notre ordinateur, cohabiter avec une épouse désaliénée et répondre aux questions d'enfants élevés devant un écran de télévision ? Eh bien, justement, ça nous concerne directement, et de plusieurs manières.

Pendant trois siècles, les hommes de science ont expérimenté et défini des lois en laboratoire, en systèmes clos, c'est-à-dire isolés artificiellement pour l'expérimentation. Et ils ont été persuadés qu'en passant du clos à l'ouvert, dans le monde où les systèmes se touchent, interfèrent entre eux, on tombait dans le désordre, le chaos. Et voilà qu'en passant des systèmes clos à ce monde béant, ce n'est pas le chaos qu'on découvre, mais de nouvelles lois, un ordre plus complexe en train de se faire, imprévisible.

Si le déterminisme ne règne pas au cœur de la matière inerte, comment régirait-il la matière vivante ? Comme être vivant, je me sens concerné par la question. Si l'inverse était vrai, si la causalité mécanique régissait le biologique, si je n'étais qu'un « homme neuronal », une série de réactions physico-chimiques soumises aux lois de la physique de Laplace, alors la logique de Laplace aussi s'appliquerait à moi, je serais entièrement prédéterminé. Fasciste, violeur ou chauffard, aucun tribunal ne saurait me condamner, puisque la liberté n'aurait pas place dans mon comportement. Eussé-je composé la plus sublime symphonie, aucun jury ne saurait me couronner, puisque je n'aurais créé qu'en esclave de mes glandes.

Mais si je ne suis pas régi par un déterminisme implacable, si du jeu existe dans la matière inerte comme dans la matière vivante, si la vie est création continue, innovation, alors je dispose de la liberté, ou pour le moins d'un peu de liberté. Et le monde des valeurs est réhabilité, car il n'est déduit mathématiquement de rien, il est création humaine.

Pendant trois siècles, la science a cru qu'elle se développait par une logique interne et qu'au bout de ce développement, elle tiendrait la clé de l'univers. Mais elle a découvert que les lois valables à un niveau donné, dans un ordre donné, ne sont pas valables à un autre niveau, dans un autre ordre. Les disciplines scientifiques foisonnent, s'enrichissent à la manière même de ce réel mouvant et imprévu qu'elles décrivent. Voici comment s'exprime François Jacob : *« À la fin du XXe siècle, il devrait être clair pour chacun qu'aucun système n'expliquera le monde dans tous ses aspects et tous ses détails. Avoir contribué à casser l'idée d'une vérité intangible et éternelle n'est peut-être pas l'un des moindres titres de gloire de la démarche scientifique. »* Il serait plus exact d'écrire : « de la science actuelle, après que l'ancienne, trois siècles durant, a eu la prétention contraire ».

Pendant trois siècles, une partie des hommes de science ont récusé comme illégitimes les questions de la philosophie, volontiers rangée dans le même sac que l'alchimie et l'occultisme. Or elles sont non seulement légitimes, mais nécessaires au progrès de la science qui ne peut plus les éluder, nous disent Ilya Prigogine et Isabelle Stengers[1]. La valeur de la science est dans sa méthode. Une expérience doit être reproductible, un résultat peut toujours être contesté. La science détruit ses acquis au fur et à mesure qu'elle avance. Elle nous dit toujours mieux le comment des choses. La philosophie pose sans cesse la question du pourquoi. Elle peut s'enrichir des avancées de la science : savoir que le monde n'a pas six mille ans, comme le croyait Newton, mais quelques milliards d'années, donne une tout autre profondeur aux interrogations de la philosophie.

Le dialogue entre la science et la philosophie est donc sain. Cependant, elles n'ont pas vocation à être servantes l'une de l'autre : elles ne s'en féconderont que mieux. Le monde des valeurs, celui qui colore notre vie, éclaire notre conscience, et

1. *La Nouvelle Alliance*, Gallimard, 1980.

avec lequel nous sommes en contestation permanente, est incommensurable à celui de la connaissance scientifique. Descartes l'a fort joliment exprimé : « *Le monde de la science n'est pas la demeure de l'être, mais le spectacle de l'homme.* »

*

* *

Aussi le dialogue serein entre la science et la philosophie peut-il contribuer à la coexistence pacifique, en chacun de nous, de nos modes d'appréhension du monde : conscience immédiate et conscience réflexive. L'expression symbolique joue également ce rôle. Le symbole est un porteur de signes ou d'images qui entrent en résonance avec notre psyché. Peintures rupestres, croix de vie égyptienne, arche d'alliance judaïque, serpent à plumes aztèque, Christ en gloire, visage pacifié du Bouddha, toutes les religions comportent une cosmogonie implicite exprimée en images symboliques. De même, la pensée animiste multiplie des symboles apparemment déconcertants parce qu'ils émergent des profondeurs de l'inconscient et se manifestent d'abord dans le rêve, le fantasme, avant de prendre la forme que leur donne l'artiste. Elle traduit ainsi l'exact fonctionnement de notre psyché.

Toutefois, le symbole n'est riche que vécu, réintériorisé par la conscience réflexive, par une raison qui, consciente de ses limites, élabore des mythes et des rites pour mieux relier l'homme au Cosmos.

*

* *

Avons-nous fait assez de chemin pour éviter les condamnations sans appel, les anathèmes, les bûchers de l'Inquisition ?

Pas encore. Pour comprendre que la recherche du Vrai conduit parfois à des contraires apparemment inconciliables, il nous faut cheminer encore. Et revenir un instant sur un débat scientifique crucial de ce siècle.

*

* *

Nous sommes au premier tiers du XXe siècle. La mécanique quantique a montré que les constituants fondamentaux des objets, les atomes, ne sont pas des objets : on assiste à une « déchosification de la matière[1] ». Elle a montré que l'observateur interfère avec le phénomène observé : la lumière apparaît ainsi soit comme une onde, soit comme faite de corpuscules. Einstein, lui, a passé sa vie à analyser un monde objectif de phénomènes qui se déroulent dans l'espace et dans le temps, indépendamment de nous et selon des lois fixes. Et on vient lui affirmer qu'au niveau des atomes, ce monde objectif n'existe pas ; que les symboles mathématiques de la physique théorique ne peuvent reproduire, à ce niveau, que le possible, non le réel.

Rude choc ! Einstein veut bien admettre la théorie quantique comme une explication provisoire, pas comme une interprétation définitive. Avec deux autres savants, Podolski et Rosen, il formule le paradoxe EPR (du sigle formé de leurs trois initiales) : « *Imaginons,* dit-il, *deux particules nées d'une collision et qui s'éloignent l'une de l'autre à la vitesse de la lumière, soit au total 600 000 km à la seconde (300 000 + 300 000). Si la théorie quantique est exacte, l'une doit continuer*

1. L'expression est de Bernard d'Espagnat.

à influencer l'autre. Or c'est impossible : j'ai démontré qu'aucun signal physique ne peut dépasser la vitesse de la lumière. Ces deux particules possèdent une réalité distincte, elles sont séparables. »

David Bohm, éminent physicien de l'université de Londres, met au point en 1938 un protocole expérimental pour tester ce paradoxe de l'ubiquité ou de la non-séparabilité. Mais la technologie de l'époque ne permet pas ce test : il faut pouvoir photographier au milliardième de seconde. C'est seulement en 1982, à l'Institut d'optique d'Orsay, que le test a lieu dans le laboratoire du physicien Alain Aspect. Deux particules nées d'une collision se comportent comme si elles demeuraient en relation permanente et immédiate : quand le chercheur imprime un sens au *spin* de l'une, le *spin* de l'autre tourne en sens inverse[1].

Bohm en conclut qu'une partie du comportement des particules élémentaires est régie par des lois d'un autre ordre que celles de l'espace-temps, un ordre sous-jacent que nous ne connaissons que lorsqu'il s'exprime ; il l'appelle l'« ordre impliqué ». Le substrat primordial du monde n'est pas constitué d'objets, mais de champs relationnels en perpétuel mouvement.

Bernard d'Espagnat, lui, emploie le terme de *« réel voilé »*. De cette non-séparabilité ainsi prouvée, il tire une leçon fondamentale : la proposition « Le tout est plus que la somme des parties » est scientifiquement démontrée.

« Einstein s'est trompé ! » se sont empressés d'écrire les vulgarisateurs à la recherche de titres chocs. Il est vrai que même le savant le plus honnête — et c'était le cas d'Einstein — ne peut accepter de bon cœur que le sol se dérobe soudain sous ses pieds. Einstein s'est privé d'entrer dans ce jeu subtil qu'il attribuait à Dieu. Mais gardons-nous de conclure à la non-pertinence de ses théories : la théorie quantique s'ajoute à la théorie de la relativité sans l'annuler, de même que celle-

1. Disons, mais c'est une formule très approximative, que le *spin* est le sens de rotation de la particule.

ci s'ajoutait à l'astronomie newtonienne sans l'annuler. Il nous faut entrer dans un monde où deux vérités contraires coexistent, le monde de la complémentarité.

Einstein donne l'exemple. Dès 1905, dans l'article qui jette les bases de la relativité restreinte, il postule que sont vraies, *ensemble*, deux vérités apparemment contraires[1]. Et il les dépasse par une théorie d'une audace inouïe.

Au même moment, l'école de Copenhague découvre que tout observateur influence la chose observée. L'objectivité s'évanouit. La description d'une expérience doit comporter celle du système expérimental en même temps que celle du phénomène observé. Niels Bohr, qui voyait bien à quel point la physique atomique s'opposait à la physique classique, déclare un jour : « *Le contraire d'une affirmation juste est une affirmation fausse. Mais le contraire d'une vérité profonde peut être une autre vérité profonde.* »

Un peu plus tard, il donnera une définition claire de la complémentarité : « *Elle doit décrire une situation où nous pouvons saisir un seul et même phénomène par deux modes d'interprétation différents. Ces deux modes doivent à la fois s'exclure et se compléter, et c'est seulement la juxtaposition de ces modes contradictoires qui doit permettre d'épuiser pleinement le contenu visuel du phénomène*[2]. »

Bohr connaissait-il Pascal ? Je l'ignore. La pensée suivante l'aurait ravi : « *Vous venez d'affirmer une vérité ; empressez-vous de rappeler la part de vérité que contient la proposition opposée.* » Mais alors que, grâce à cette complémentarité libératrice, la pensée scientifique se trouve comme dénouée — en ce sens qu'elle peut dénouer ses nœuds de contradiction —, la philosophie a bien du mal à dépasser le principe de non-contradiction. Pascal n'est pourtant pas le premier à l'avoir fait.

1. « Il existe une loi du mouvement dont la forme reste identique en tout système de référence », proposition incompatible avec : « La vitesse de la lumière est une constante indépendante du système de référence. »

2. Werner Heisenberg, *La Partie et le tout*, Albin Michel, 1972.

Tout n'est-il que devenir, selon Héraclite, ou tout n'est-il que substance immuable, selon Parménide ? Aristote tranche : le réel est à la fois matière et forme. Cette glaise que le potier transforme en vase est matière et forme. Et l'homme, qu'est-il ? Il est fait de deux principes sans existence à part l'un de l'autre, n'existant que dans leur unité substantielle, l'un, le corps, étant matière ou puissance, et l'autre, l'âme, étant forme ou acte.

Quant à Thomas d'Aquin, c'est dans les *Questions disputées sur le mal* qu'il franchit le pas de la complémentarité : « Je ne désire que ce que je connais » est une vérité profonde où l'accent est mis sur le primat de l'intelligence ; « Je ne connais que ce que je désire » est une autre vérité profonde où l'accent est mis sur le primat de la volonté[1].

*

* *

Au terme de cette incursion dans la science de ce temps, je peux affirmer ceci : les discours sur la science et sur la religion sont différents (non isomorphes en langage scientifique). Ne les mélangeons pas. Parce que la science n'a rien à dire de Dieu, elle ne saurait ni l'interdire, ni le prouver.

Mais ces discours sont complémentaires. Ils s'enrichissent l'un l'autre. Et ce n'est pas un mince progrès que leur dialogue ait permis de cerner cette notion de complémentarité, si utile pour construire un monde de paix.

Il y a quelques années, j'avais écrit dans un carnet : « Je pense à partir de ma vie, je ne vis pas à partir de ma pensée. » J'ai toujours disposé d'une grande vitalité : il m'apparaissait évident qu'elle emportait ma pensée dans sa fougue. Je me

1. On trouvera d'excellents développements sur la complémentarité dans le livre d'Anne Chopinet, Jean-Marie Duthilleul et Henri Manteau-Bonamy, *On n'arrête pas la liberté*, Lethielleux, 1985.

suis aperçu que les choses étaient moins simples. Mes pensées rétroagissaient sur mon comportement, j'étais à la fois passion et raison, corps et esprit ; en pleine déroute, je reprenais confiance dans le « moi » souverain. Je faisais, sans le savoir, l'apprentissage de la complémentarité.

Il m'en est resté une grande sérénité et une capacité d'écoute que mes collaborateurs ou mes adversaires apprécient. La démocratie n'est pas seulement la désignation d'élus par un vote. Elle est, avant tout, dialogue permanent, ouvert, dans la rue, dans les médias, dans les livres, les clubs, recherche de dépassement des oppositions tranchées. Elle suppose une société laïque où toutes les opinions religieuses, philosophiques, scientifiques, politiques puissent s'exprimer, à la seule condition qu'elles ne contestent pas cette liberté d'opinion et d'expression. Tout cela est admis. Mais que d'excommunications encore, entre philosophes , entre scientifiques, entre politiques ! Aristote, Thomas d'Aquin, Pascal et Bohr ne seront jamais assez commentés. L'éthique de la discussion, chère à Habermas, y gagnerait.

*

* *

Voilà que nous respirons mieux. Tout n'est pas dit pour toujours. Cependant, quand nous revenons de l'astrophysique et de la microphysique au monde de la vie quotidienne, nous retrouvons son ambivalence : il peut être à la fois consonant et dissonant. Ni la sensibilité à la beauté ni la connaissance scientifique n'éliminent le mystère du mal.

7.

Monde consonant, monde dissonant

La dispute entre optimistes et pessimistes est vieille comme le monde. Je me garderai bien de l'alimenter par des arguments tirés des théories scientifiques sur le Cosmos. Évoquer la mort thermique de l'univers dans quelques dizaines de milliards d'années en devisant à la fraîche, avec des amis, sous les platanes, serait de peu d'effet. Rappeler au torturé, dans sa cellule, qu'il a la chance d'appartenir à une espèce vivante, peut-être unique dans l'univers, et qu'elle est un îlot d'entropie décroissante, risquerait d'être fort mal interprété. L'absence ou la présence possible de vie dans le reste du Cosmos ne nous est pas indifférente, mais c'est ici et maintenant, avec des poids humains, qu'il nous faut mesurer le beau et le laid, le bien et le mal. Et il nous faut parler à ceux qui sont fermés au monde parce que le monde leur est dur.

« Car moi, je ne suis pas belle », pense l'une ; « Moi, je n'ai jamais été aimé », dit l'autre ; « La vie m'a brisé, le monde m'est hostile », se plaint le troisième.

J'ai dit assez combien je me sens en harmonie avec le monde pour reconnaître le double visage de la nature. Il m'apparaît quand je parcours la montagne. Elle a pour moi deux visages bien différents.

Face à la montagne brute, « la grande », comme on dit, je me suis demandé et j'ai compris pourquoi des hommes ont éprouvé le besoin de monter des croix sur les sommets. Sur ces chaos de rocs et de glaces, sur ces bouches d'ombre aux dents aiguës, sur l'enchevêtrement d'une forêt foudroyée, sur tout ce qui coupe, roule, écrase, étouffe, ils ont voulu élever ce signe, baptiser, apprivoiser, rappeler que l'homme est chez lui dans toute la Création. J'ai parfois besoin de cette nature brute, sauvage, indomptée. Elle me rappelle le néant de l'homme, une pureté originelle qui ne gît peut-être que dans la matière inerte, et qui nous hante tous.

Mais d'autres fois, je me méfie de cette nature que n'adoucit pas le sourire humain, je sens le prix incommensurable de cette chose infime, de cette tendresse que lui ajoutent l'enfant ou le jardinier. Beaucoup de gens, en pensant aux vergers, aux champs, disent qu'ils aiment la nature ; ce n'est déjà plus la nature. La vraie se livre à elle-même un âpre, chaotique, incessant combat. Quand je l'ai contemplée quelques jours, je reviens avec joie à mes amis paysans, les jardiniers de la montagne.

Ce retour vers mes voisins, vers les hommes, est un signe. Pour ceux qui souffrent, qui ont peur, une pédagogie de la réconciliation avec le monde, avec la vie, est nécessaire. Le médiateur va d'abord être l'autre, le prochain, son regard, son oreille attentive ; puis le corps avec qui la paix est faite, habité à nouveau, affronté à l'effort et à la matière. L'éducation de la sensibilité se fait alors d'elle-même. La vie ne se rétracte plus, elle se porte spontanément vers son environnement quotidien ou lointain. Les messages du monde sont reçus.

C'est mon grand-père, plus encore que ma mère, qui m'a appris à les recevoir, ces messages. Habile jardinier, il n'avait pas besoin de parler ; il fabriquait de la beauté avec ses mains qu'il avait rudes et fortes ; mais quelle précision quand il greffait un cerisier ! Quelle délicatesse quand, sans la cueillir, il prenait une rose entre l'index et le majeur ! Il composait ses massifs comme un peintre son tableau. Parce que je l'aimais, je regardais ce qu'il regardait, je partageais ce bonheur que trahissait une lueur, dans ses yeux mi-clos, devant le jardin d'Éden recréé.

Qu'ai-je fait d'autre avec mes enfants et avec ceux que l'existence a mis sur ma route ? Je leur ai appris à voir, à écouter, à toucher. Devant un paysage, tous les enfants ne sont pas spontanément sensibles aux jeux de l'ombre et de la lumière, à la variété des couleurs, à l'harmonie des formes ou, au contraire, à leur agressivité, à la violence des contrastes. Quelques mots pendant une promenade, quelques instants de muette contemplation suffisent à cette éducation. Elle ne figure pas dans les programmes scolaires. Beaucoup d'enseignants seraient pourtant aptes à la donner. Mais avec une population urbanisée à 80 %, de quel spectacle de la nature pourraient-ils s'inspirer ? Dans une école parisienne, la maîtresse avait demandé aux enfants de dessiner des poules et des poulets : ils dessinèrent des poulets ficelés, tels qu'on les vend au supermarché ! Heureux écoliers du début du siècle qui herborisaient avec leurs maîtres le samedi après-midi !

Ne sous-estimons pas le réconfort qu'apportent la connivence avec le monde, la sympathie avec les choses, les plantes, les bêtes. Katherine Mansfield, dans une de ses nouvelles, raconte ceci : une jeune femme quitte sa maison, à la campagne, pour se rendre à la ville voisine en voiture. Ayant oublié son sac, elle rebrousse chemin. De l'entrée de sa maison, elle aperçoit son mari qui tient dans ses bras sa meilleure amie. Au bord de la nausée, elle gagne sa chambre. Elle éclate en sanglots, accroupie contre son lit, puis, comme elle suffoque, se met à sa fenêtre. Devant elle, un pommier qu'elle aime, tout en fleurs. Longtemps elle ne le voit pas. Mais, peu à peu, il impose sa présence. Avec ses milliers de pétales où joue la lumière, il est comme un chant d'allégresse, comme une prière d'action de grâces. La jeune femme, sans le vouloir, s'imprègne de cette beauté et, d'un seul coup, elle en prend conscience, elle découvre que, malgré son chagrin, elle y est sensible, qu'elle lui fait du bien, qu'elle la goûtera encore, que rien ni personne ne peut l'en priver. Et un commencement de paix se fait en elle.

Suis-je loin de ceux qui n'ont ni maison où dormir ni pommier à contempler ? Non. J'indique simplement qu'apprendre à voir, à éprouver le monde, n'est pas hors de ma condition d'homme souffrant. D'homme non séparé. Mais, puisque nous voilà dans le champ de la souffrance, elle qui, comme Dieu, ignore le riche et le pauvre, le juste et l'injuste, il faut la regarder de plus près.

S'insurger contre la souffrance banale, inhérente à toute existence, n'a pas de sens. Il y a une souffrance inséparable de la genèse de l'être, de l'effort pour vivre et maturer, pour affronter le monde et les autres. Vouloir s'en prémunir à toute force est un leurre. À vouloir garantir un petit confort, on perd un grand bonheur.

Mais que dire de l'autre souffrance, l'intolérable ? Un jour que je visitais un établissement pour malades mentaux, le directeur me montra les peintures de certains d'entre eux. L'une d'elle me coupa le souffle et j'en ai conservé la reproduction. C'est une main griffue ouverte à l'horizontale, le poignet cassé à angle droit, et, dans cette main, gît un corps désarticulé, la tête, les bras et les jambes pendant entre les doigts, véhémente apostrophe ou pitoyable offrande à quelque dieu cruel.

Je ne puis accepter l'explication « cosmique » de la souffrance que donne Teilhard de Chardin. Pour lui, c'est le « prix à payer », celui de l'évolution du multiple — entendez de la création physique et biologique — vers son unité. *« Soumise au jeu des chances dans ses arrangements, elle ne peut pas progresser vers l'unité sans engendrer le mal, ici ou là, par nécessité statistique. »* Cette vue se concilie avec ce que j'ai appelé la « souffrance banale », celle qui naît de la tension des contraires dans toute vie. Elle ne rend pas compte de la souffrance inventée, multipliée, distillée par l'homme quand il viole, torture, humilie, opprime, détruit par sadisme. L'orgueil, la méchanceté, la volonté de puissance, l'envie, la jalousie engendrent le mal depuis que l'homme existe, et ces défauts de l'âme ne sont pas la marque de l'imperfection provisoire d'un multiple en progrès vers l'unité. Les cruautés bibliques ou chinoises apparaissent même comme puériles en comparaison des chambres à gaz, de la torture sous contrôle médical, ou du mélange de torture physique et mentale pratiqué en URSS sous Staline et ses successeurs, ou par Sékou Touré au camp Boiro[1]. Mais il est vrai qu'il s'agit là d'une vue bien courte de l'évolution cosmique !

Je viens d'évoquer la torture sous contrôle médical. Encore, dans ce cas, s'agissait-il, la plupart du temps, de médecins contraints par un dictateur. Mais que dire des excès de la recherche en biologie et en psychiatrie ? *« Des médecins modernes ont pu devenir assassins par méthode et criminels par obstination. Sans être pour autant détraqués. Ce furent au contraire des meurtriers consciencieux, protégés par les alibis de l'expérience, du savoir, des institutions. Des explorateurs de ce qui est faisable. Des pionniers, des bienfaiteurs. Des noms soucieux de gloire. Qui se souciera, plus tard, des cobayes, des spasmes, des corps convulsés ? Qui se préoccupera encore du droit des gens, du respect des individus, de l'intégrité corporelle ? Quelques-uns, ou plus personne ? Décidément, ces histoires-là ne sont pas anciennes. Avec les clones, les manipulations génétiques, les reproductions artificielles, les psychotropes, la chimie du cerveau..., elles nous attendent. »* Ainsi s'exprime Roger-Pol Droit en commentant le livre de Paul Weindling, *L'Hygiène de la race*[2].

L'animal tue pour se nourrir. Ici, l'homme qui torture est un être doué d'une raison que n'irradie aucune valeur morale. Il faut s'en souvenir. Attention au petit d'homme élevé sans balises d'ordre éthique : un monstre sommeille en lui.

Je ne puis accepter davantage l'explication par la faute originelle, telle qu'on l'enseignait et qu'on l'enseigne peut-être encore au catéchisme. Deux ou trois milliards d'années avant qu'apparaisse le coupable au jardin d'Éden, l'incendie, l'inondation, l'éruption volcanique ravageaient déjà

1. Le dictateur guinéen téléphonait à ses anciens compagnons pendant leur supplice.

2. Roger-Pol Droit, « Médecins assassins », *Le Monde*, 6 février 1998.

les premières formes vivantes. Je ne voudrais pas d'un Dieu cruel qui déchaînerait ces calamités pour éduquer sa fragile créature, faite de surcroît « à son image ».

Mais, encore une fois, la question cruciale ne se pose pas à propos de cette souffrance banale, quasi quotidienne pour chacun de nous, qu'impose toute vie dans un milieu à la fois accueillant et dangereux. Elle s'impose devant cette tentation du mal que nous sentons en nous et chez notre prochain, devant sa manifestation chez des êtres que nous qualifions de maléfiques, mauvais, sadiques, cruels. En chacun de nous existe la virtualité du mal. Et si nous sommes libres, nous pouvons mésuser de notre liberté pour infliger la souffrance à des innocents. En passant le pas de l'esprit chez l'homme, la vie nous a légué le soufre en même temps que le miel, et mieux vaut ne pas essayer d'en justifier Dieu, ou l'homme, avec nos pauvres mots. Gardons simplement celui du *scandale*, qui marque un refus, et, par là même, une volonté de limiter le mal à défaut de l'éliminer.

Ce scandale, finalement, importe plus que tout. Il est le signe du refus du non-sens. Ma conscience m'oblige à ne pas douter de la nécessaire union de l'être et du bien. Même le suicidé en témoigne : une vie privée de sens, d'un minimum de joie et d'échanges, ne mérite pas d'être poursuivie. S'il récuse Dieu, c'est au nom de l'absolu de la valeur.

Mais qu'est-ce que l'absolu de la valeur sans l'absolu de l'existence ? répond Platon. Comparez, dit-il, des objets : vous les trouverez plus petits ou plus grands, moins ou plus lourds que d'autres ; les grandeurs perçues par nos sens sont toujours relatives ; mais la relation elle-même, la relation d'égalité, par exemple, a une signification invariable, elle précède la sensation dans notre esprit. L'imperfection des cercles que je rencontre dans la nature : fleurs ou flaques d'eau, m'oblige à concevoir la circularité idéale, définie par l'égalité des rayons, et en vertu de laquelle je déclarerai qu'un objet est plus ou moins rond. De même, l'imperfection des choses humaines, plus ou moins justes, plus ou moins bonnes, me fait prendre conscience que j'ai en moi l'idée du Juste et celle du Bien — en vertu desquelles je juge les actions humaines — et que mon âme les connaît de toute éternité parce qu'elles existaient avant chacun de nous, nécessaires, constitutives du monde.

Platon ainsi me rend Dieu. Il me le rend après un raisonnement, c'est-à-dire par la raison froide. C'est beaucoup, ce n'est pas suffisant pour celui que le mal prend aux entrailles. Lui conteste par une raison ardente. On voit bien, à ce point d'incandescence, que la raison n'est pas, chez l'homme, une faculté désincarnée, sereine, souveraine, de l'abstraction. Elle est souvent comme aimantée, irradiée, érotisée par quelque chose qui la précède et l'englobe.

Que faire ? La vie met en nous l'effroi et l'espoir, l'abîme et la plénitude, et laisse transparaître à la fois une bonté et un tragique des choses. Le regard que nous portons sur elles peut-il les transfigurer ? C'est ce que pensait Rilke : *« Comment oublier ces mythes antiques que l'on trouve au début de l'histoire de tous les peuples ; les mythes de ces dragons qui, à la minute suprême, se changent en princesses ? Tous les dragons de notre vie sont peut-être des princesses qui attendent de nous voir beaux et courageux. Toutes les choses terrifiantes ne sont peut-être que des choses sans secours, qui attendent que nous les secourions. »*

*

* *

Voilà qui vaut sans doute pour l'angoisse courante de gens plutôt bien portants, qui disposent de quelques biens et ont conservé des amis. Mais aux exclus de notre ordinaire humanité, au handicapé dont le corps ou l'esprit n'est pas intact, au grand malade, au sidéen, au SDF qui a descendu une à une les marches de la déchéance, qui parlera de sens et de beauté ? Vous et moi. Le regard que l'autre, mon prochain, mon frère, porte sur moi, m'aide à vivre, à être courageux, heureux, ou bien m'empêche de l'être.

Quand j'ai fait voter en 1975 la loi-cadre en faveur des personnes handicapées, j'ai commandé une série de courts métrages sur le thème « Ils sont comme vous et moi » : pas de recul dans l'ascenseur, pas de regard détourné ; un sourire, si possible. À l'époque, des parents cachaient encore leurs enfants handicapés comme une tare, une honte. Les mœurs ont évolué. Les infirmes, on les voit un peu partout, dans les écoles, les lycées, les musées, les bureaux, dans quelques entreprises, ainsi qu'au cinéma et à la télévision. Les Jeux olympiques des handicapés les ont montrés à ski sur une jambe, en fauteuil roulant au volley-ball.

La même chose vient de se produire avec les SDF, ces pestiférés, sales, quelquefois alcooliques. Les moins démolis d'entre eux, aidés de quelques bénévoles, ont eu l'idée de publier des journaux. Ils sont vendus dans la rue par des SDF. Sur 10 francs, 3 vont au journal, 7 au vendeur. Celui-ci peut payer un hébergement de nuit, se laver, faire nettoyer son linge. Du coup, le regard que les autres portent sur lui a changé : il ne se ferme pas, il s'ouvre et souvent se fait fraternel.

D'où l'importance de l'éducation du cœur et du regard. Dans la ligne d'évolution de l'homme, celle où l'instinct n'est plus le guide unique, les règles qu'il se donne peuvent seules marquer un progrès de la conscience. La vie devient ainsi culture. Les grandes religions, cœur de cette culture, ont fait de la bonté, de la miséricorde, de la maîtrise de soi, de la justice, de l'hospitalité, de la paix, du don, des valeurs fondamentales jamais remises en cause par les morales laïques, et ces valeurs contribuent toutes à diminuer la souffrance inutile.

« Je voudrais être belle pour eux », pense Madeleine. Eux, ceux et celles qui l'entourent, sont devenus ses amis. La pédagogie de la réconciliation passe par l'autre, qui peut faire tant de mal et tant de bien, et à qui l'on peut rendre ce mal et ce bien. Et pour plaire à cet autre, on commence à soigner, à parer ce corps devenu familier qui travaille, s'exerce et saura se donner le moment venu.

L'exercice de l'imagination, de la mémoire, accompagnant celui du corps, c'est toute une vie complexe qui s'éveille en Madeleine. Comment son regard, son sourire, son attitude n'en seraient-ils pas changés ? Comment la beauté qui se forme en elle ne transparaîtrait-elle pas ?

J'ai connu des adolescentes au charme gracile, des elfes en qui rien ne pesait, l'œil vif et le sourire malicieux. Je les ai retrouvées adultes, méconnaissables, une sorte d'animalité ayant envahi leur visage, alourdi son expression, terni leur regard. J'ai connu de beaux visages d'hommes et de femmes que la bestialité ou la hargne a transformés lentement. Fort heureusement, l'inverse se produit. J'ai rencontré des vieillards que leur regard lumineux transfigurait. La vie intérieure rend séduisants les êtres que la nature n'a pas doués de beauté.

Par la médiation de la sympathie, de l'amitié, de l'amour, une vie multiforme et créatrice bouillonne maintenant en Madeleine et ses compagnons. Ils entrent en culture comme on entre en religion, une culture qui les enracine dans une histoire biologique et spirituelle millénaire. Leur corps est devenu le contenant étroit d'un contenu qui grandit chaque jour. Ils sont reliés au monde dont l'opacité s'est dissipée comme un mauvais brouillard. La solitude ne bat plus au pas silencieux de leur sang.

D'où vient ce pouvoir de réconciliation de l'homme ?

*
* *

En passant de la connivence avec le monde à la souffrance, de la raison aux pulsions et de la biologie à la culture, nous avons entamé une descente au cœur de l'être. Poursuivons-la.

Une part de moi-même semble échapper à ma raison comme à mon corps : le sommeil occupe un bon tiers de l'existence et il n'est pas qu'un repos. Il est le temps d'étranges vagabondages, la porte d'entrée dans ce monde des rêves qui a intrigué toutes les civilisations et alimente toujours l'artisanat florissant des pythonisses et des psychanalystes. Le rêve, loin de séparer mon existence de l'univers, la relie au contraire à lui. Un court voyage va nous le faire découvrir.

8.

Nous rêvons pour n'être pas séparés

À cette jointure du corps et de l'âme où l'on ne sait plus ce qui vient de l'un ou de l'autre, je trouve le rêve.

Le rêve nous éclaire par images en noir et blanc ou en couleurs dans le silence. Il touche notre âme comme le fait un tableau par sa globalité. D'un portrait de Rembrandt, d'un ciel de Turner, du *Combat avec l'ange* de Delacroix, je reçois un choc qui défie l'analyse. De même de certains rêves.

Le rêve est, comme le silence, le lieu d'émergence des plus étranges figures, des plus étonnants rapprochements. Il les tire de l'onde infinie où nous baignons, abandonnés du censeur vigilant de l'esprit. Indice de transcendance, il ouvre le monde à l'homme en se faisant lumière ou nuit, eau ou feu.

Je suis sur une grève de sable immense dont la pointe se recourbe vers la mer. Dans cette courbe, une ville flamboie dans le soleil couchant ; on la dirait couverte d'or. Sur la grève s'avance un puissant attelage : un cheval blanc devant, six taureaux noirs énormes, deux à deux, au timon ; les rênes passent dans de larges anneaux fixés dans leurs naseaux. Ils tirent un char bas et long, aux roues de bois pleines, que dirige debout un jeune homme vêtu d'une courte tunique. Sur le char, un bateau, comme une nef viking. La proue, en forme de crosse, couronne l'aurige. L'attelage passe au trot rapide devant moi, les naseaux des taureaux fument et leurs yeux étincellent de colère impuissante.

Si je m'adresse à un psychanalyste, il va chercher — ou plus exactement me faire chercher — dans chaque image de ce rêve prise isolément, des signes, des relations avec des situations et des personnes étrangères à ce rêve, afin qu'apparaissent, par ce travail de déchiffrement, des sentiments refoulés par la conscience éveillée. Le rêve n'a pas de sens en lui-même, n'exprime pas une expérience originale. La signification s'épuise par l'analyse psychologique, elle-même fondée sur le postulat que le désir refoulé, issu des pulsions de vie *(Éros)* et de mort *(Thanatos)*, s'accomplit grâce à la nature hallucinatoire du rêve.

Si je m'adresse à une personne versée dans l'interprétation des rêves, que me dira-t-elle ? L'aurige, c'est vous. Les taureaux noirs, ce sont vos passions, vos pulsions. Le cheval blanc symbolise votre « moi » souverain, qui les domine. L'être aurait ainsi le pouvoir de se forger des symboles, de se parler à lui-même en songe. Tout ce que la vie quotidienne, tout ce que le spectacle aujourd'hui dépourvu de signes lui refusent, il se l'offrirait royalement en rêve.

C'est déjà mieux. Ce rêve et ceux que je vais évoquer ne sont pas des rêves du soir, fantasmes nés dans un corps appesanti et traversé d'humeurs, imprégnés des fumets et fumées d'un trop bon repas, rêves de désirs qu'évoque Platon dans un passage fameux de sa *République.* Non, ce sont des rêves royaux du matin, quand l'âme lance ses rêts dans l'espace infini de la pensée et de la vie universelle.

Je gravis une montagne dont le sommet m'attire irrésistiblement. J'en attends une sorte de béatitude. À mi-chemin, je trouve un gros village plein de vie dont la rue fait deux lacets. C'est un lieu d'échanges intenses ; on y tanne le cuir, on y bat le fer ; chevaux, vaches et mulets s'y bousculent. Les maisons sont d'un bois bruni par le froid. J'avance et, malgré mon désir d'aller plus loin, je m'éveille. J'ai fait plusieurs fois ce rêve et jamais je n'ai pu dépasser ce village d'une autre époque ou d'un autre pays.

Je tiens dans mes bras un homme blessé, allongé sur une table. Il souffre et il a peur. Manifestement, c'est un fugitif, mais j'ignore pourquoi il fuit et qui le poursuit. Il sort maladroitement de sa poche un petit instrument tranchant ; je comprends qu'il veut se tuer et je l'en empêche... Il se transforme alors en chien royal, assis, poitrine droite, oreilles dressées, serein ; je l'entoure toujours de mes bras ; je prends conscience qu'ils sont maintenant inutiles, et les laisse retomber.

Je marche dans un endroit en pénombre, comme un sentier forestier. Devant moi, un tigre rechigne à avancer et se retourne en montrant les dents. Je fais un signe discret à un lion qui chemine en retrait de moi. Il bondit vers le tigre et l'oblige à avancer. Le tigre tourne la tête en retroussant les babines mais avance.

Dans de tels rêves, je compose comme le ferait un peintre ou un poète. En effet, je crée de la beauté. Quand j'évoque la grève immense, la ville d'or, l'attelage fabuleux, je ressens encore un choc esthétique. J'ai pu composer ce tableau vivant, ce film avec le sable, la mer, la ville, le cheval, les taureaux, le char, les anneaux, la tunique, la nef, la lumière. Ainsi, une puissance créatrice m'habite, apte à travailler hors du contrôle de la conscience éveillée, à puiser au fond de ma mémoire les matériaux les plus étranges, les plus disparates, à composer à partir d'eux et à me parler puisque, par sa force, un tel rêve m'éveille et que je me souviens.

Les trois autres rêves n'ont apparemment pas de raison d'être, si ce n'est leur richesse. Ils font appel à l'imagination qui, dit Spinoza, est liée à l'idée et à la constitution de l'âme[1]. Or l'imagination est une forme spécifique d'expérience et de connaissance. Nous rêvons pour exercer notre liberté ou, plus exactement, pour reconstruire le monde grâce à une liberté qui se fait imagination créatrice.

Quand, dans un rêve, apparaît une époque passée, avec des détails ne prêtant à aucune confusion, une autre hypothèse vient à l'esprit. Ce sont des souvenirs de ma vie, puisque je n'ai jamais vu de nef tirée sur un char à roues

1. *Éthique*, L. II, axiome 3.

pleines. Des souvenirs d'une existence antérieure ? Il faudrait croire à la métempsychose, ou à la réincarnation. Je n'y crois pas. Souvenirs alors de mes ancêtres, stockés dans mes gènes et resurgissant ainsi du fond des âges ? Notre cerveau reptilien, dont on dit qu'il a stocké une expérience immémoriale de l'espèce, vient bien de nos gènes. Qui peut aujourd'hui tracer la limite des informations et messages dont nos gènes sont porteurs ?

Deux rêves de ma filleule Nadine paraissent conforter cette hypothèse. Vous appuyez sur le bouton de votre TV et vous recevez les émissions du moment. Nadine s'endort et reçoit les ondes du passé, celles de l'Égypte :

> *Premier rêve :*
>
> « Tout au fond d'un temple, dans la pénombre, des gens arrivent ; leurs torches éclairent des colonnes peintes ; ils portent des vêtements longs, plissés, des perruques, leur maquillage est raffiné et leurs pectoraux d'or et de pierres scintillent.
>
> Quand ils sont tous là, une prêtresse s'adresse à eux : elle va leur dévoiler la raison pour laquelle elle leur a demandé de venir à une heure aussi tardive. Elle se tourne vers le mur du fond. Il est recouvert d'or, avec un œil immense en son centre. "Notre civilisation, dit-elle, c'est cet œil, symbole de notre connaissance du monde ; elle va disparaître. Selon les signes, une autre civilisation va s'installer dans ce pays ; elle aura pour symbole un croissant qui représente seulement une partie de l'œil, donc de la connaissance dont l'autre partie disparaîtra. Nous devons dès à présent quitter cette terre, puisque notre temps ici est fini."
>
> Elle dispose alors les gens en cercle, mais il en manque pour atteindre le nombre nécessaire, et il faut faire vite. Elle fait donc ajouter des figures humaines grandeur nature. Quand tout est en place, comme il convient, elle prononce des paroles magiques et le

temple, ainsi que tout ce qu'il contient, disparaît en implosant dans une lueur rouge orangée. Puis l'endroit où se dressait le temple apparaît, vide de toute trace. Il ne reste que quelques traînées roses dans le ciel où le soleil se lève. À la vue de l'étrange lueur, des paysans sont accourus. Ils comprennent que leur temple, leur prêtresse et leurs dieux sont partis sans les emmener, et ils pleurent. »

Deuxième rêve :

« Je suis un oiseau. Je vole dans un ciel bleu et limpide. Je vois des montagnes enneigées, des lacs, des forêts immenses, des océans et les fleuves qui s'y jettent en traversant de vastes plaines.

Soudain, j'aperçois dans le fond d'une vallée un éclat pareil à celui d'un miroir au soleil. Intriguée, je descends pour voir ce dont il s'agit. À mesure que je m'approche, je distingue de plus en plus d'éclats qui semblent provenir de la sombre carapace de gros insectes, des scarabées géants, entassés dans cette vallée et qui se cognent les uns aux autres en se déplaçant.

M'approchant encore, je découvre qu'il s'agit d'hommes engoncés dans des armures ; ce sont elles qui étincellent au soleil. Les casques ont de larges visières sur les côtés, ce qui empêche les hommes de voir autrement que devant eux. Aussi se bousculent-ils dès qu'ils se meuvent, et se combattent-ils confusément. Placé au-dessus de la mêlée, je m'étonne de l'absurdité de leur situation. Pourquoi rester entassés dans cet endroit alors que le monde que je viens de survoler est si vaste ? Mais je comprends qu'ils ne peuvent en sortir pour l'instant, enfermés comme ils sont dans ces horribles armures. Je reprends mon vol et décide de monter droit vers le soleil, à travers le ciel bleu. Quand je l'aurai atteint et serai en lui, je pense

> que je pourrai m'y reposer en paix pour toujours. Je monte sans cesse jusqu'à ce que je pénètre dans une zone lumineuse intense où je me fonds. »

Les rêves d'élévation et de félicité trouvées dans l'envol sont fréquents. Les étoiles font rêver et montrent le chemin, le soleil réchauffe et fait mûrir les récoltes. Qu'il médite ou prie, l'homme souvent tourne ses regards vers le ciel. Peut-être cette attitude resurgit-elle dans les rêves ascensionnels. Le second rêve de Nadine n'a donc rien d'exceptionnel, sinon la vue « humoristique » de l'humaine cohue et, peut-être, l'absorption dans le soleil. Il a, en revanche, valeur anthropologique. L'axe vertical a une forte signification existentielle : on le gravit dans l'effort ou la joie, il débouche sur la lumière ; on le descend dans l'angoisse, vers les terres sombres où l'homme s'enlise. Il est ascension et chute. Ce type de rêve est même à la limite de l'ontologie dans la mesure où il révèle un mode d'être affronté au monde.

Il n'en va pas de même du premier. Nadine est sensible au sacré. Son sens du sacré s'exprime dans son rêve égyptien. Elle en a fait d'autres de ce type. Celui-ci est riche par les symboles, et curieux par l'annonce de la civilisation arabe à venir. Ou bien Nadine, comme beaucoup d'entre nous, crée de la beauté en rêvant, et s'offre ce que la vie quotidienne lui refuse. Ou bien ce sont des informations stockées dans les gènes et transmises sur trente générations qui émergent.

« Les informations stockées dans l'ensemble des gènes d'un être humain rempliraient une bibliothèque de plusieurs milliers de volumes », écrit le prix Nobel Manfred Eigen qui, sur la complexité du vivant, avance des chiffres vertigineux.

Que peut signifier pour nous le fait que nos gènes soient porteurs d'images et de symboles à travers des millénaires ? Que l'inconscient collectif, cher à Jung, existe bien ? Certes. Mais, plus profondément, qu'un individu peut porter en lui les schémas d'une civilisation qui n'est pas la sienne.

*
* *

Il y a dans le rêve comme le rassemblement de fragments de vie épars, oubliés, fragments sans quoi notre être ne serait pas ce qu'il est. Il y a aussi contact avec un substrat commun à toute existence, plus riche que le réel quotidien saisi par la conscience éveillée, substrat d'où vont jaillir comme l'éclair, entre un nuage et un arbre, des virtualités indiscernables par d'autres voies, débouchant quelquefois sur la création ou la prophétie.

Freud n'a pu dépasser un postulat de la psychologie de son siècle, à savoir que le rêve n'est qu'un assemblage d'images qu'explicite une analyse psychologique. Aussi la psychanalyse n'explore-t-elle qu'une dimension — importante, certes, mais ni exclusive ni fondamentale — de l'univers onirique : celle du passage d'un passé déterminant à un présent qui le symbolise. Freud sait bien que l'image du rêve cache plus qu'elle ne montre ; mais ce n'est pas seulement, comme il le croit, parce qu'elle émerge de puissances souterraines. C'est surtout parce que nous ne pouvons aller au sens du rêve directement, sans médiation, parce que nous ne devenons présents au monde qu'à travers le film du rêve où ce monde se fait. L'imaginaire est ainsi une forme originale d'expérience qui engage tout l'homme.

Mais que vaut cette forme ? Tant que nous appartenons au singulier, nous sommes dans l'illusion, dit Hegel. Nous sommes dans la vérité dans la mesure seulement où nous participons au savoir divin, universel. Or quoi de plus singulier, de plus propre à ma personne, apparemment, que le rêve ? Et quoi de plus collectif que la pensée éveillée ?

Eh bien, je renverse la proposition ! L'homme vigile, éveillé au sens banal du mot, est souvent dans le singulier : chaque fois qu'il se croit individu autonome, libre, porteur d'une vérité bien à lui. Le rêve, au contraire, s'il incorpore du particulier — fragments d'images, de souvenirs —, est d'abord le mouvement qui pousse l'être vers le tout, un tout qui dépasse la pensée conceptuelle et que, pour l'instant, j'appellerai la vie. Une vie qui est conjonction du Logos et du Cosmos.

Nous rêvons pour n'être pas séparés.

Ni dans l'espace ni dans le temps.

9.

Les animaux, « nos frères intérieurs »

Avec le rêve, nous avons pénétré dans le lieu du sommeil, la chambre, l'intimité de la maison. Nous y trouvons des animaux qui rêvent comme nous et manifestent des émotions semblables aux nôtres.

Sur la plupart des continents, jamais l'homme, par ses cathédrales conceptuelles et techniques, n'a été aussi loin de l'animal. Jamais il n'a été aussi près de lui dans sa maison, lié à lui par une affection souvent aussi profonde et plus durable que celle qu'il accorde à ses semblables. Cette familiarité avec les animaux domestiques manifeste l'unité de l'espèce animale, dont nous sommes. Elle nous conduit à nous interroger sur ce qui nous distingue d'eux, sur ce qui nous constitue hommes.

La façon dont les animaux se comportent entre eux et avec les humains, la faculté de contemplation face à l'univers dont certains font preuve, nous fournissent de précieux indices dans cette recherche.

On se rend de menus services entre animaux. L'aigrette, oiseau minuscule, cure les dents du crocodile qui grogne de plaisir. Encore s'agit-il ici d'intérêt bien compris. Mais qui de nous n'a été surpris et ému de constater l'unité du monde vivant au travers de l'affection que se portent des animaux d'espèces différentes ? J'ai vu dormir l'un contre l'autre un chat et un lapin, jouer à se poursuivre à tour de rôle un chien et un agneau, un fox-terrier et un canard, une chatte adopter et nourrir un bébé écureuil en plus de ses chatons. J'ai sous les yeux la photo d'un jeune tigre et d'un chinchilla devenus inséparables au parc animalier de Broxbourne, en Angleterre.

J'ai été témoin d'un exemple de tendresse quasi filiale entre une petite chatte et un vieux chat. Quand Marquise, à cinq mois, entre dans la famille, Mao, le patriarche de vingt ans, commence par lui apprendre les bonnes manières : un jeune chat s'efface devant l'adulte, ne joue pas avec ses moustaches, mange à son tour, etc. Quelques mois plus tard, l'ancêtre en est à ses derniers moments. Il n'a plus la force de recouvrir ses excréments ; Marquise s'en aperçoit et le fait consciencieusement pour lui. Arrive le dernier jour. Mao est allongé et ne peut plus se relever. Alors Marquise s'approche, lui fait en le léchant une toilette minutieuse, puis passe une patte autour de son cou, met sa petite tête contre la sienne et lui tient chaud jusqu'à la dernière minute.

Nos animaux familiers expriment à leur manière les sentiments humains. Ils ont leur caractère, leur tempérament. Ils aiment, sont jaloux, fidèles ou infidèles, fiers ou humbles. Il faut voir l'air de dédain de ma chatte devant un hérisson, ce goinfre malodorant et mal léché. Je croise sur son chemin de retour la chienne de mon fils qui a vadrouillé en zone interdite : sa queue exprime si bien son sentiment de culpabilité, et son regard sa grande repentance, que j'hésite entre le rire et la sévérité. Gorilles et chimpanzés savent rire et pleurer. On observe dans beaucoup d'espèces le dévouement et, chez les femelles, le sens du sacrifice, comme chez cette mère pécari qu'une émission documentaire nous a montrée affrontant seule deux jaguars[1].

On comprend que nous ayons fait des animaux nos auxiliaires : pour garder un troupeau et une maison, jadis pour voyager au loin, et en Asie pour transporter les troncs d'arbres. Mais aussi pour guider un aveugle, pour aider une personne handicapée dans les gestes de la vie courante. Admirables labradors ! Et pour rompre le froid de la soli-

1. « Les quatre dromadaires », *France 3*, 1997.

tude, quel meilleur compagnon trouver qu'un chien ou un chat ?

L'attachement d'un animal à une personne s'exprime parfois de façon spectaculaire. Le marquis de Faletans, attaché d'ambassade à Moscou, rend visite à son ami Victor Hugo. Le chien du poète, un caniche nommé Baron, prodigue au marquis des marques d'amitié.

— Je vous envie, dit ce dernier, d'avoir un chien aussi beau et aussi gentil.

— Si Baron vous plaît, emmenez-le, il est à vous !

La fidélité et le flair de Baron avaient, pour Victor Hugo, une contrepartie fort gênante : où que se cachait ce grand cavaleur, on le retrouvait grâce à son chien ! D'où le cadeau...

Baron ne fit pas de difficultés à suivre le diplomate qui, huit jours plus tard, reprend la route de Russie.

Quelque temps après, lettre du marquis : Baron a disparu, toutes les recherches ont été vaines, il a probablement été volé.

Des mois passent. Une nuit, la servante du poète est réveillée par des gémissements. Elle se lève, va jusqu'à la porte et reconnaît la voix de Baron. Il est là, squelettique, les pattes en sang, mort de faim et de fatigue.

Victor Hugo, bouleversé, écrit au diplomate qu'il ne se séparera plus de Baron. Un peu plus tard il écrira : « *Le chien, c'est la vertu qui, ne pouvant se faire homme, s'est faite bête*[1]. »

De cette liaison, j'ai une expérience directe. Mon fils Frédéric débarque un jour chez moi avec une petite boule de poils noirs, une chatte appelée Bambou. Il nous la confie durant un long séjour à l'étranger. Ma porte dispose d'une chattière. Bambou entre et sort à sa guise, découvre le

1. Rapporté par Jean Prieur, *L'Ame des animaux*, Robert Laffont, 1986. Et Rupert Sheldrake, *Sept expériences qui peuvent changer le monde*, Éditions du Rocher, 1995.

jardin, grimpe aux arbres, chasse ses premiers mulots. Avec moi, elle est la tendresse même. À son retour, après un essai infructueux, Frédéric prend conscience que cette petite sauvage sera désormais malheureuse dans un appartement, et il la confie à sa sœur Marie-Pierre qui vit dans le Vercors au milieu de vingt hectares de forêt. Bambou se promène et revient partager le repas du soir. Environ sept mois passent quand Marie-Pierre m'annonce par téléphone qu'elle est obligée de quitter le Vercors et part le lendemain matin en voiture pour Paris. « Mets Bambou dans un panier, lui dis-je ; seule, elle ne survivra pas en altitude. Nous la reprendrons à Bois-le-Roi. — Je vais essayer, si elle revient à la maison. » Puis, après un silence : « Elle n'a pas reparu depuis trois mois. »

Je m'isole alors dans mon bureau et, pendant vingt minutes, je m'adresse à Bambou qui erre dans la forêt à 600 km de moi : « Reviens, petite Bambou, reviens chez Marie-Pierre. Je t'aime. C'est maintenant que tu te sauves. Tu vas mourir, seule dans la montagne. Reviens. Je t'aime. » Au bout de vingt minutes d'« émission » en direction du Vercors, je me sens fatigué. Début de nuit tourmenté, puis sommeil paisible. Sept heures, le téléphone sonne, c'est Marie-Pierre : « Bambou est rentrée, je la ramène. »

Elle est dans un triste état, ma petite chatte, amaigrie, une patte déchirée et tuméfiée. Il faut l'opérer, puis refaire son pansement pendant quinze jours. Mais la tendresse est là, et la guérison rapide. Quel accueil quand je rentre le soir ! Elle danse sur le bord de mon bureau comme pour s'élancer dans mes bras. Une fois sur mes genoux, elle me prend le visage entre ses pattes et m'embrasse sur le front, les joues, le nez, la bouche. Le grand amour, quoi ! Cette fois, elle ne quittera plus son petit royaume, à ma grande joie.

Les sceptiques diront que c'est pur hasard si elle est revenue, après trois mois d'absence, dans les heures qui ont précédé le départ définitif de ma fille. Tous ceux qui ont vécu en connivence avec un animal penseront avec moi que le « mental » de l'homme et celui de certaines bêtes — chien, chat, cheval, dauphin — communiquent, et ce, indépendamment de tout langage.

Qu'en pensent les philosophes, les éthologues, les neurologues ?

*
* *

Le *Zhuangzi* est une œuvre chinoise du IVe siècle avant J.-C., comparable aux Upanisad indiennes ou aux écrits présocratiques grecs. C'est un chef-d'œuvre philosophique et poétique, qui procède par anecdotes et apologues. Voici celui de la joie des poissons :

Tchouang-Tseu, le philosophe, et son ami et rival le sophiste Hui Shi contemplent une rivière du haut d'une passerelle.

Tchouang-Tseu : « Voyez comme sautent allègrement les poissons. »

Hui Shi : « Vous n'êtes pas un poisson, comment sauriez-vous ce qu'est le plaisir des poissons ?

— Vous n'êtes pas moi, d'où savez-vous que je ne sais pas ce qu'est le plaisir des poissons ?

— Je ne suis pas vous et je ne sais pas ce que vous savez. Je sais du moins que vous n'êtes pas un poisson et donc que vous ne savez pas ce qu'est le plaisir des poissons.

— Poussez vos raisonnements un peu plus loin, si vous le voulez bien. En me demandant : Comment sauriez-vous ce qu'est le plaisir des poissons ? vous avez admis que ce que je sais, je le sais ; c'est pourquoi vous m'en avez demandé raison ; et moi je vous réponds : Je le vois du haut de cette passerelle[1] ! »

1. C. Larre, *Les Chinois. Esprit et comportement des Chinois comme ils se révèlent*, Lidis, 1981.

La faiblesse de Hui Shi, c'est de reconnaître sa connaturalité avec Tchouang-Tseu, sans laquelle il ne pourrait pas communiquer avec lui. La force de Maître Tchouang-Tseu, c'est de se placer sur le terrain de la connaturalité de tous les êtres vivants, vérité fondamentale du taoïsme.

À la question : « Quel effet cela fait-il d'être une chauve-souris ? », le philosophe américain Thomas Nagel répond : « Jamais nous ne pourrons sortir de notre tête, l'objectivité est ici impossible. » Nagel n'a sans doute jamais vécu avec un animal familier. Ma chatte sait le mouvement que je vais faire (me lever de mon bureau ou aller dormir) avant même que je l'esquisse. Je sais, par son attitude, ce qu'elle va faire ou me demander.

En ce moment où j'écris, un merle s'est posé sur la pointe d'un bouleau, une place qu'il affectionne dès qu'il fait beau. Il chante à tue-tête. Si ce n'est pas de la joie, je veux bien être damné ! Maître Tchouang-Tseu se serait réjoui avec les dauphins jouant autour d'un bateau. Le jeu est partout dans le monde animal et qu'est-ce que le jeu, sinon l'exubérance de la vie, la joie ? Les ours blancs contemplent, paraît-il, le coucher de soleil sur la banquise[1]. J'ai vu le chien-loup de mon enfance hurler à la lune quand elle était pleine. Le verbe *hurler* n'est d'ailleurs pas le bon, il faudrait dire se plaindre à la lune, ou l'implorer, ou l'interroger. Ce grand luminaire dans la nuit limpide le troublait comme il troublait la bande de ses ancêtres loups et la horde des nôtres.

Pour indiquer cette similitude de réaction entre l'homme et l'animal, et mieux appréhender ce qu'un animal pense ou ressent, psychologues et éthologues ont inventé un terme : le principe de charité. Ce principe contraint l'interprète à prêter rationalité, cohérence et consistance au sujet inter-

1. Jeffrey Moussaïeff-Masson et Susan McCarthy, *Quand les éléphants pleurent. La vie émotionnelle des animaux*, Odile Jacob, 1997.

prêté. Si j'avais eu voix au chapitre, je l'aurais appelé principe de sympathie[1].

Sympathie, c'est beaucoup, penseront ceux qui ne sont pas spontanément attirés par les bêtes. Disons alors : compassion. La compassion devrait être la plus universelle des vertus. Bouddha le dit. Montaigne le dit à propos de la cruauté, qu'il exècre. Rousseau le dit en usant du terme de pitié[2]. La compassion nous ouvre à l'ensemble des êtres souffrants, hommes ou animaux. Manquer de compassion, c'est être inhumain. Je cherchais le propre de l'animal, et je trouve celui de l'homme[3].

Mais est-ce bien celui de l'homme seulement ? Un souvenir poignant me revient en mémoire. J'avais dix-sept ans. Je vivais mon premier chagrin d'amour. Assis à l'écart, à l'ombre d'un amandier, je pleurais. Alors mon chien-loup, compagnon joyeux de mes courses à travers la campagne, est venu poser sa tête sur ma cuisse, puis, découvrant mes larmes, s'est mis à me lécher le visage. J'ai pris sa tête entre mes mains, j'ai plongé mes yeux dans les siens et je me suis plaint à lui, mon ami. Une telle détresse a envahi son regard que j'en ai oublié la mienne. Il a poussé une sorte de gémissement que j'ai compris ainsi : « Ô maître, comment peux-tu souffrir ? Je me tiens à la porte de ton monde ; en m'aimant tu m'y fais entrer ; j'y ai trouvé le bonheur jusqu'ici. Et voilà que tu me révèles que tout n'y est pas joie et lumière. Je souffre avec toi... » À cet instant, nous avons éprouvé de la compassion l'un pour l'autre.

1. Mais il est vrai que ce principe vaut pour tout interprète et tout interprété, ce qui doit se traduire parfois par de l'antipathie !

2. « Mandeville a bien senti qu'avec toute leur morale, les hommes n'eussent été que des monstres si la Nature ne leur eût donné la pitié à l'appui de la raison. » *Discours sur l'origine et les fondements de l'inégalité parmi les hommes.*

3. Je ne connais pas de plus belles pages sur la compassion envers les bêtes souffrantes que celles de Francis Jammes : *De la charité envers les bêtes,* Mercure de France, 1903.

Loin de faire preuve de compassion, nos éleveurs productivistes infligent de grandes souffrances aux animaux. Qu'il faille tuer des animaux pour nous nourrir, c'est depuis toujours une loi de la nature, et les animaux carnivores le font aussi. Jusqu'à une époque récente, poules, canards, veaux et cochons vivaient en semi-liberté dans les fermes. Il n'en est plus ainsi dans les élevages industriels. Les animaux coincés dans des cages étroites, dans la pénombre, alimentés de sorte à prendre le maximum de poids chaque jour, bourrés de médicaments, souffrant de soif, de diarrhées, de démangeaisons, ne quittent leur prison de fer ou de bois que pour l'abattoir. Et si quelque parlementaire humain demande une législation plus sévère à l'encontre de ces pratiques cruelles, il est vite rappelé à l'ordre au nom de la concurrence à soutenir.

Aussi faut-il se réjouir de l'existence en France de l'Œuvre d'assistance aux bêtes d'abattage[1] (OABA), longtemps présidée par le professeur Étienne Wolf, membre de l'Académie française et de l'Académie des sciences, dont la pugnacité a fini par porter quelques fruits. Dès sa création en 1961, l'OABA avait reçu le soutien d'Édith Piaf, de Michel Simon, de Marguerite Yourcenar, puis, un peu plus tard, du prix Nobel, Alfred Kastler[2] et de plusieurs ministres. Depuis, en application d'une loi de 1957 réprimant la cruauté envers les animaux, les condamnations devant les tribunaux ne sont pas rares.

Cependant, avec ces pratiques cruelles, nous n'avons pas encore touché le fond de l'horreur : l'expérimentation sur l'animal. Que des chercheurs en arrivent à trancher les cordes vocales de chiens pour ne pas les entendre hurler, en dit long sur les traitements qu'on leur fait subir. La télévision, dans les années 80, montra quelques images (volées à des laboratoires ?) de petits singes terrorisés au fond de leur

1. OABA, Maison des vétérinaires, 10, place Léon-Blum, 75011 Paris.
2. Alfred Kastler et Michel Damien, *Le Grand Massacre*, Fayard, 1981.

cage : on leur envoyait des décharges électriques d'intensité croissante pour mesurer la résistance du corps. À croire que ces « chercheurs » sont à la solde des polices qui, ici et là, de par le monde, torturent à l'électricité. Aucune autre émission ne suivit : la première avait été trop intolérable pour le public. La Science pouvait continuer d'avancer en paix !

Le professeur Théodore Monod présida le 26 octobre 1978, à La Pitié-Salpêtrière, une réunion œcuménique sur l'animal à laquelle participaient les représentants de cinq religions. Il y déclara : « *Nous pouvons nous scandaliser du silence des Églises pendant pratiquement deux mille ans, en dépit de l'exemple de quelques saints. Si l'Évangile se tait, il suffirait cependant que l'esprit des Béatitudes soit pris au sérieux par les chrétiens pour que nos frères différents, si cruellement traités jusqu'ici et dont le sang crie contre nous, trouvent place aussi sur la montagne sainte où "Il ne se fera ni tort ni dommage" et où les soupirs de la Création se verront enfin exaucés.* »

Monod ne pouvait choisir meilleure expression que : « dont le sang crie contre nous ». Dans l'Égypte antique, l'éthique commandait de ne pas faire de mal à l'animal. D'après une inscription, un roi défunt fut admis au royaume des morts pour les motifs suivants : « Il n'y a aucune plainte d'une oie contre N. ; il n'y a aucune plainte d'un bœuf contre N. » L'oie et le bœuf représentaient ici le monde animal tout entier[1].

On pourrait citer aussi les excuses que les Indiens d'Amérique du Nord présentaient au daim ou au caribou qu'ils venaient de tuer : « Je n'ai pu faire autrement, il me fallait nourrir ma famille. »

Mais où sont donc les barbares ?

Il me faut cependant quitter ce registre où le cœur prévaut, pour une analyse d'un autre ordre. Cette unité de

1. Eugen Drewermann, *De l'immortalité des animaux*, Cerf, 1993.

l'espèce animale entraîne-t-elle une identification de l'homme et de l'animal ?

*

* *

Pas de meilleure illustration de la continuité de l'espèce animale que ce « paradis animal de l'esprit » qu'évoque Hegel. Mais si nous le ressentons comme un temps d'innocence, comme un paradis perdu, c'est que nous en sommes sortis. En quoi sommes-nous « autres » ?

Les animaux ont-ils un esprit au sens où nous l'entendons ? Ont-ils une conscience, se représentent-ils ce qu'ils sont par rapport au monde et aux autres êtres qui les entourent ? Montaigne le croit, qui évoque leur capacité de communiquer avec des congénères, celle de certains d'entre eux d'imiter le langage humain, celle de résoudre des problèmes exigeant la possession d'un « trait dialecticien ».

Descartes conteste ces arguments. La capacité d'envoyer des signaux ne prouve pas un lien avec une intelligence de type humain. Il voit l'animal comme une machine spécialisée, donc incapable d'atteindre à l'universalité et à la créativité de la raison humaine.

Depuis un demi-siècle, éthologues, psychologues, neurologues tentent d'approfondir ce débat, sans réussir à se mettre d'accord[1].

Selon Gregory Bateson, l'esprit serait une qualité structurelle de tous les systèmes complexes : il ne pourrait donc être dénié à l'animal. Davidson et Quine s'opposent sur le concept de croyance. L'animal doit pouvoir se représenter qu'il peut avoir tort, ce qui revient à remettre en cause ce

1. Ce cheminement de la recherche est décrit avec minutie par Joëlle Proust, *Comment l'esprit vient aux bêtes*, Gallimard, 1997.

qu'il croyait. Tel est le cas quand il est surpris, la réalité n'étant pas ce qu'il attendait.

Golfie, la chienne de mon fils, a été élevée pendant quelques mois avec Bambou, la chatte. Elle sort dans le jardin, aperçoit un chat et se lance à sa poursuite. Elle se retourne, aperçoit Bambou sur un banc, se précipite sur elle et pile net devant sa compagne de jeu. Golfie fait donc parfaitement la distinction entre l'espèce chat, animal qu'il faut courser, et l'individu Bambou, appartenant certes à cette espèce, mais qui est son amie. N'est-ce pas cela, la capacité de représentation ?

Depuis mon enfance, j'ai vu et entendu des chiens et des chats soupirer ou gémir en rêvant. Quand cela nous arrive pendant le rêve, n'est-ce pas que des images, des situations heureuses ou pénibles remontent à notre esprit ? Pourquoi en serait-il différemment pour les animaux ? C'est le sentiment de Darwin : « *Pouvons-nous être certains qu'un vieux chien doté d'une excellente mémoire et de quelque imagination, comme le montrent ses rêves, ne médite pas sur les plaisirs de ses chasses passées ? Ce serait une forme de conscience*[1]. »

Mais les animaux ne parlent pas. Le langage serait-il donc le propre de l'homme ? L'enfant-singe ne vocalise pas, ne cherche pas à imiter les premières paroles entendues, comme le fait l'enfant humain. Un ménage de primatologues, les Hayes, se sont efforcés d'apprendre à parler à leur guenon, Gua. Au bout d'un an d'efforts, elle n'avait appris que quatre mots. C'est alors qu'un autre ménage, les Gardner, installés dans le Nevada, eurent une intuition géniale : si le singe n'imite pas les sons, il imite les gestes. Ils apprirent donc à une jeune guenon, Washoe, le langage gestuel des sourds-muets. Washoe réussit à manipuler 160 signaux. Les Gardner firent venir un professeur habitué aux sourds-muets, sans lui dire ce qui l'attendait.

1. Charles Darwin, *L'Expression des émotions chez l'homme et les animaux*, Complexe, Bruxelles, 1981.

Au bout de quelques minutes, notre homme, d'une voix étranglée par la surprise : « Mais... mais il parle, votre singe ! »

Les Gardner introduisent un jour Washoe dans une cage avec d'autres chimpanzés. Elle va trouver le grand mâle et lui signale : « Nom moi, Washoe. » L'autre, stupéfait devant cette donzelle qui ne connaît pas les usages, lui envoie une gifle magistrale. On fait sortir Washoe de la cage, on la rassure et elle signale, coléreuse : « Sales singes[1] ! »

L'expérience s'est amplifiée. Au laboratoire de Fouts, aux États-Unis, les chimpanzés discutent entre eux dans le langage des signes : un spectacle qui mérite le détour ! On ne se demande plus si le chimpanzé est capable de manipuler le langage symbolique enseigné par l'homme, mais s'il est apte à créer lui-même des éléments de ce langage.

C'est donc à juste titre que le livre de Joëlle Proust, déjà cité, s'intitule : *Comment l'esprit vient aux bêtes.* Pour les animaux supérieurs, le doute n'est pas permis. Et l'auteur clôt son ouvrage par ces phrases : *« Quelles obligations morales et juridiques s'attachent à l'interaction avec un organisme possédant un esprit ? Toutes ces questions essentielles mêlent le normatif et le descriptif d'une manière caractéristique. Raison de plus pour que les philosophes s'y intéressent de plus près. »*

À ces questions, j'ajouterai celle-ci : si je suis avec un être en connivence — ce bonheur de la vie quotidienne —, un être capable d'amour qui m'aime et que j'aime, mais incapable d'élaborer des concepts, donc d'échanger sur le mode abstrait, que me manque-t-il d'essentiel ?

Plus on cherche et plus le domaine de ce qui est commun à l'homme et à l'animal s'étend. Michel Damien, dans une postface au livre de Drewermann cité plus haut, écrit :

1. Raconté par Rémy Chauvin, professeur en Sorbonne et au Laboratoire de sociologie animale de l'université René-Descartes, dans *La Biologie de l'esprit*, Editions du Rocher, 1985.

« Dans l'homme est si bien inscrite toute l'évolution que l'on peut dire que les animaux sont nos *frères intérieurs.* » Belle formule, qui rejoint celle de Hegel.

Entre l'homme et l'animal s'insèrent deux ou trois millions d'années de croissance d'êtres appelés hominidés, vivant en petits groupes, découvrant l'usage de l'outil, puis du feu. Mais c'est depuis cent mille ans seulement qu'ils enterrent leurs morts, depuis dix ou quinze mille ans qu'ils décorent des grottes et fabriquent des statuettes, des bracelets, des fibules. Cette émergence culturelle semble bien liée à la complexification du cerveau et à la libération de la main, donc à l'évolution biologique.

Cependant, aujourd'hui, évolution biologique et évolution culturelle ne sont plus liées. À un moment, la technique de nos ancêtres, les liens sociaux, les règles d'échanges se sont émancipés de l'évolution biologique. Leroi-Gourhan montre comment, vers 35 000 avant notre ère, *« la technique n'est plus liée chez l'*homo sapiens *au progrès cellulaire, elle paraît s'extérioriser et vivre en quelque sorte sa vie propre*[1] ». Ce n'est plus l'outil qui caractérise l'homme, c'est la création d'un monde technique, la conscience de soi et l'apparition du langage.

Or, note Lévi-Strauss, *« quels qu'aient été le moment et les circonstances de son apparition dans l'échelle animale, le langage n'a pu naître que d'un coup. Les choses n'ont pas pu se mettre à signifier progressivement*[2]. »

L'émergence de la pensée symbolique a mis l'homme à distance de la nature. Certains animaux connaissent une vie sociale, mais, chez l'homme, le social prend forme au travers du champ symbolique du langage.

Ce social humain se caractérise par l'émergence de règles dont certaines s'opposent aux lois de la nature, tels la prohi-

1. A. Leroi-Gourhan, *Le Geste et la parole*, Albin Michel, 1969.
2. C. Lévi-Strauss, « Introduction à l'œuvre de Marcel Mauss », *in* Marcel Mauss, *Essai sur le don. Sociologie et anthropologie*, PUF, 1950.

bition de l'inceste ou l'interdit du cannibalisme. L'homme se situe dans une lignée qui suppose des structures de parenté destinées à assurer la permanence du groupe. Ce social se caractérise aussi par le don et le contre-don, c'est-à-dire l'échange d'objets en tant que signes, de façon à ce que la reconnaissance réciproque annule ou atténue l'inévitable rivalité entre les groupes[1]. Puis vient, à l'intérieur du groupe et plus tard des États, la prise en charge de la veuve et de l'orphelin, du vieillard affaibli, du malade. Et, tout récemment, celle de la personne handicapée, physique ou mentale. La Déclaration universelle des droits de l'homme commence ainsi : « Les hommes naissent libres et égaux en droit *et en dignité.* » Ainsi se trouve affirmés l'homme culturel et la nullité de toute référence à des différences d'ordre biologique.

Ici apparaît nettement la rupture avec l'état animal de la nature. L'évolution n'a que faire de ses propres ratés, de tout ce qui ne s'adapte pas. Les sociétés animales ne peuvent se préoccuper de l'infirme. L'homme a fini par reconnaître une dignité à tout autre homme, quel que soit son état physique ou mental, façon de prendre en considération les virtualités de chaque être, même s'il ne peut s'exprimer. *« Il n'est pas un de nos actes,* dit J.-P. Sartre, *qui, en créant l'homme que nous voulons être, ne crée en même temps une image de l'homme que nous estimons qu'il doit être*[2]. *»*

L'homme est ainsi devenu l'animal qui se produit lui-même. Il est passé de la nature à la culture. Il a acquis la capacité de se projeter dans le temps, vers le passé comme vers le futur. Et il s'est mis à s'interroger et à interroger l'univers au travers de l'art, cette façon de manifester sa conscience de la mort.

Ici encore apparaît une rupture avec le monde animal. L'homme enterre ses morts depuis cent mille ans, les

1. Marcel Mauss, *Essai sur le don. Sociologie et anthropologie*, PUF, 1950.
2. J.-P. Sartre, *L'existentialisme est un humanisme*, Nagel, 1966.

couche depuis trente mille ans dans une position fœtale, comme s'ils pouvaient renaître, les entoure d'objets destinés à les accompagner dans un voyage vers l'Au-delà. L'homme a des préoccupations métaphysiques : le prophète, le mystique, comme le savant, interrogent le ciel, ce que Lucrèce a exprimé en deux vers :

> « *Coelumque tueri*
> *Jussit erectos ad sidera tollere vultus*[1]. »

Au terme de cette brève approche de l'homme au travers et par-delà l'animalité, je poserai deux questions :

Ne sommes-nous pas encore plus près des animaux que de l'humain potentiel que nous portons en nous ? Approchons-nous de « cet adulte à la taille du Christ dans sa plénitude » que saint Paul entrevoit pour la fin des temps ? (Ep 4, 12-13). Konrad Lorenz répond : *« Le chaînon manquant entre le singe et l'être humain, c'est nous-mêmes. »*

Quelle est la source de cet effort millénaire, persévérant, souvent battu en brèche par la violence, la haine, la cupidité, pour faire de la société des hommes une société humaine ?

Dans une étude intitulée « Des sociétés animales aux sociétés humaines[2] », Abel Jeaunière indiquait à sa façon le chemin à parcourir : *« C'est le monde entier qui, avec l'homme, est désormais signifiant, mais nul ne sait, nul ne savait à l'origine, nul ne sait encore de nos jours ce qu'il signifie. »*

Mais tous, nous cherchons.

Si l'homme est bien, comme l'a écrit Camus, la seule créature qui refuse d'être ce qu'elle est, il faut approcher l'origine de ce refus. Je la vois dans une conscience aiguë de la durée ponctuée par la Mort.

1. « Il lui ordonna de se mettre debout, de lever le visage vers la voûte céleste et de regarder le ciel. »
2. Revue *Projet*, n° 100, 1975.

10.

Être et durée

Retrouvons un instant ces personnes, au départ malheureuses et désorientées, qui ont accepté de s'exprimer par la parole, la musique ou la danse, vivent en meilleure harmonie avec leurs corps, s'enracinent dans une culture, regardent le monde avec un œil neuf. Elles ont trouvé des réponses à bien des questions ; elles s'en posent de nouvelles. Elles voient bien qu'autour de nous, tout change : le monde physique, les autres, le corps. Elles ont passionnément besoin d'une identité. L'être est-il autre chose qu'un nœud momentané de relations ? Si oui, comment s'accommode-t-il de la durée, du changement ? Qui d'entre nous ne s'est pas interrogé de la sorte ?

Ce problème, les philosophes le tournent et le retournent depuis presque trois mille ans. Et les scientifiques ont buté sur lui depuis trois siècles, car si l'être des choses n'est pas, quelle réalité la science peut-elle atteindre ? Les quelques remarques qui suivent ne prétendent ni à la théorie ontologique, ni à l'épistémologie. Elles partent d'observations que tout un chacun peut faire et montrent aux vivants d'aujourd'hui la permanence et la pertinence de cette interrogation sur l'être dans un contexte en transformation rapide.

Je perçois la durée, la sensation physique d'être porté par le flot de la vie. Je suis mouvement et en même temps permanence dans le mouvement. De moi, qu'est-ce qui est à moi vraiment ? Qu'est-ce qui me vient d'ailleurs, que je porte comme un gérant provisoire ? Qui dira où commence l'individu ? Moi, dit le biologiste ; moi, dit le physiologiste ; moi, dit le psychologue ; moi, dit le sociologue. Eh bien, attrapez-moi si vous le pouvez !

Les parties constitutives de mon être — sang, chair, os, cellules nerveuses et cérébrales, mémoire stockée je ne sais où — vont-elles expliquer le tout ? Ou le tout, au contraire, va-t-il rendre compte des parties ? Mon fils tarde-t-il à rentrer d'une excursion en montagne, je me fais du « mauvais sang », de la « bile ». Un ami me décoche-t-il une méchante flèche, mon estomac se serre. C'est le tout de mon être qui réagit, corps et âme, dans son mouvement continuant une histoire unique, mémoire multiforme de ma vie.

De cette liaison esprit-corps, impossible d'inférer que la physiologie explique l'esprit. « *La physiologie nous a-t-elle conduits à l'esprit ?* » s'interroge le neurophysiologiste Sherrington, prix Nobel de médecine. « *Elle nous a conduits au cerveau en tant que standard téléphonique*[1]. »

Quant à Schrödinger, prix Nobel de physique, il commence par s'étonner de la contradiction entre l'acte volontaire donnant sens à l'action et le déterminisme physico-chimique des phénomènes corporels. Il s'interroge ensuite sur la façon dont une conscience liée à un corps peut s'associer à d'autres consciences. Puis il laisse apparaître son malaise : « *Rappelez-vous les yeux brillants et joyeux avec lesquels votre enfant vous éclaire quand vous lui apportez un nouveau jouet, puis laissez le physicien vous dire qu'en réalité rien n'émerge de ces yeux ; en réalité, leur seule fonction objectivement décelable est d'être continuellement frappés par des quanta de lumière et de les recevoir. En réalité ! Étrange réalité ! Quelque chose semble manquer en elle.* » Et il termine sa méditation par cette phrase : « *Tout en reconnaissant que la théorie physique est toujours relative, parce qu'elle dépend de certaines hypothèses de base, nous pouvons du moins affirmer que la théorie physique actuelle suggère fortement l'indestructibilité de l'Esprit par le Temps*[2]. »

1. C. S. Sherrington, *Man on his Nature*, Cambridge University Press, 1940.
2. Erwin Schrödinger, *L'Esprit et la matière*, Seuil, 1990.

Les biologistes disent que notre cerveau, depuis l'âge de dix-huit ans, commence à perdre ses cellules par centaines de milliers. C'est par dizaines ou centaines de millions que les miennes ont disparu. Et pourtant, ma conscience de l'univers, la connaissance que j'en ai par de multiples canaux, ne cessent de s'étendre.

Ma mémoire chronologique est intacte. De la petite enfance à l'âge mûr, je peux faire revivre des visages, des paysages, des situations. Je revois le chanfrein d'Apack, mon cheval au Maroc, la grosse liane qui pend dans la faille de basalte au sommet de l'Angavokela, à Madagascar, le regard lumineux de ma fille Marie-Pierre découvrant à vingt mois une joubarbe géante.

J'ai beaucoup lu. Ma mémoire didactique ne cesse de jeter des ponts entre les théories, entre philosophes, artistes, savants. Et comme j'ai voyagé et longtemps vécu hors de mon pays, ma connaissance des modes de vie, de pensée, des cosmogonies et mythologies des autres peuples enrichit mes comparaisons, infirme ou confirme mes raisonnements d'Occidental.

Ma mémoire sensorielle vient encore enrichir ce foisonnement de rapprochements, ces gerbes d'éclairs entre intellect et sentiment, entre passé et présent. Ce que mes mains et mes lèvres ont appris, ce que mon oreille et mes narines ont saisi, s'impose soudain au détour d'une réflexion. Toute une mémoire poétique, intuitive m'environne, communion avec les êtres et les choses. Grâce à mes enfants, mes petits-enfants, mes amis, mon être prend les contours insaisissables de l'amour, du partage, de la sympathie et de la connivence.

Il a encore gardé en mémoire de fulgurants contacts avec la grâce, moments de paix sans pesanteur.

Ce cerveau fragile, qui s'effiloche au fil du temps, est inférieur à bien des égards à celui d'une abeille. Ce dernier, programmé à la perfection, effectue des calculs de direction d'une grande complexité et permet à l'abeille de s'orienter et d'informer ses sœurs. La raison de cette infériorité est connue : notre cerveau dispose d'une information génétique sommaire, mais il est vierge d'informations culturelles, celles que va lui fournir la famille, le groupe, l'école, la cité et dont va dépendre son savoir-faire, son savoir-vivre, son savoir-être. D'où l'importance fondamentale de ce temps d'apprentissage pour l'homme. Une vie, une seule vie pour faire grandir l'être, pour l'épanouir, le recréer.

Si je ne suis pas un « homme neuronal » serais-je un « homme sociétal » ? Le sociologue cernerait-il mieux mon identité que le biologiste ? Ni plus ni moins. Je ne suis pas seulement l'homme d'un milieu, d'une culture, d'une nation. Il m'arrive de me sentir Égyptien, Grec, Arabe, Hébreu. Enfants, ne vibrons-nous pas aux exploits de saints ou héros d'autrefois, de chez nous et d'ailleurs ? L'Histoire est ce lieu où s'échangent mon temps et celui des autres, où se tisse un « temps-mémoire » impersonnel, collectif, où le passé des autres devient mon présent dès lors que je m'ouvre à la vie universelle. Ce qui est l'objet de cette culture que Goering visait de son revolver... Car elle dépasse la société qui la sécrète.

Il est vrai, cependant, que pour la grande majorité d'entre nous, l'identité est renforcée par les lieux où la vie s'enracine, où l'Histoire s'absorbe quotidiennement, comme à la tétée : la famille, l'école, le temple, le village ou la cité. J'évoquerai plus loin la formidable pression qu'exerce sur ces lieux l'ère de la mobilité, de la volatilité, où nous entrons. Elle est renforcée, non fondée. *« Il n'est personne, s'il s'escoute, qui ne descouvre en soi une forme sienne, une forme maîtresse qui luite contre l'art et l'institution et contre la tempête des passions qui lui sont contraires »*, écrit Montaigne.

Restent le psychologue et le psychanalyste. Bien sûr, eux aussi contribuent à cerner ce moi multiforme. Non à l'expliquer tout entier. L'enfant abandonné par sa mère, ou l'adolescent par celle qu'il aime, s'interroge sur ce qu'il est. Il doute de son être parce qu'il n'a plus place dans le regard de l'autre. Dans le désarroi, nous nous sentons parfois vides, comme vidés de notre identité. C'est vrai surtout des êtres jeunes ou mal structurés. C'était vrai de Madeleine et de ses compagnons d'infortune, frappés de ce mal d'isolement, cette peste des grandes villes. Mais, même dans ce cas, nous restons pleins de nos ancêtres, de leurs rêves aussi bien que de leurs habitudes — je reconnais en moi des gestes de mon père, des attitudes de ma mère —, pleins de l'homme que nous portons en nous, à peine sorti de sa gangue, et pleins de ses enfants à venir.

« Toutes les joies des aïeux
Ont passé en nous et s'amassent.
Leur cœur, ivre de chasse
Leur repos silencieux.

Devant un feu presque éteint
Si dans les instants avides
De nous notre vie se vide
D'eux nous restons tout pleins.

Et combien de femmes ont dû
En nous se sauver, intactes,
Comme dans l'entr'acte
D'une pièce qui n'a pas plu

....

Et des enfants, des enfants !
Tous ceux que le sort refuse
En nous exercent la ruse
D'exister pourtant[1]. »

*
* *

1. R. M. Rilke.

« *Individuum ineffabile est* », dit Thomas d'Aquin. Oui, la personne est difficile à cerner. Ayant montré que ni la biologie, ni la sociologie, ni la psychologie n'y suffisent, je n'ai pas encore abordé l'essentiel. Si l'être n'est pas qu'un nœud de relations éphémères, possède-t-il ce fragment d'éternité appelé âme ? Dure-t-il plus que son corps ?

Ici commence le doute.

La vie prend naissance dans la matière et s'en nourrit. Le monde vivant est une gigantesque combinatoire des mêmes principes. Tout autour de moi naît, grandit, vieillit et meurt. Dans cette vision, l'individu que je suis disparaît à la mort. Mais, parcelle d'une vie universelle, il se perpétue de plusieurs façons. Dans mes enfants et petits-enfants, à la fois par les gènes et par l'éducation et l'amour que je leur ai donnés ; dans certains de mes semblables, grâce à tout ce que j'ai dit et écrit, grâce à cet échange que permet la « noosphère », la sphère de l'esprit. J'ai reçu beaucoup des autres et leur ai beaucoup donné. Le rêve, dont j'ai évoqué plus haut la richesse, me fait plonger hors des limites du « moi », dans cette base infiniment large du cône[1], là où les pensées de tous entrent en contact, où les mémoires s'ajustent, se comparent, où les frontières du passé et de l'avenir s'estompent. Sans cette communication souterraine, comme l'inconscient collectif, cher à Jung, existerait-il ?

Nous savons, grâce aux noyés et aux pendus sauvés *in extremis*, qu'à l'instant de sa mort l'homme récapitule sa vie entière en un éclair, fantastique contraction du temps humain. Est-ce pour s'en dépouiller ou au contraire pour capitaliser cette existence singulière ?

Depuis des millénaires, l'expérience mystique invite au dépouillement de tout projet et de toute mémoire, à la transparence propice à l'union avec le divin. Ou bien l'être

1. Bergson se sert de l'image du cône : à la pointe, l'esprit éveillé, attentif à une seule chose ; à la base, l'esprit flottant dans le rêve au contact d'une multitude de sensations, réminiscences, etc.

mémorise une existence, et je crois qu'il reste attaché à toute son épaisseur. Ou bien l'être s'est dépouillé, et que reste-t-il en lui d'individuel pour une éventuelle survie ?

À cette question, les bouddhistes répondent : née de l'océan, la goutte d'eau revient à l'océan qui, de façon infinitésimale, en est changé. Réponse inadéquate à mes yeux. Pour que l'océan garde trace de la goutte, il faut que la goutte existe, il faut une individualité, un être. Alors, pourquoi prôner par ailleurs l'anéantissement de la personne, le non-être ?

J'aime passionnément la vie et n'ai pas peur de la mort. Me revient en mémoire ce quatrain :

« Ô que j'aille à la mer
La mer des multitudes
La mer d'infinitude
Pour mon dernier hiver... »

*
* *

L'autre thèse, celle d'un être qui échappe au temps, a de formidables garants : les trois religions monothéistes, judaïsme, christianisme et islam. Avec l'homme s'est produit un saut ontologique : par une partie de son être (l'esprit, que Thomas d'Aquin appelle « la fine pointe de l'âme »), il est radicalement différent des autres vivants et donc du reste de l'univers.

L'absolu, le tout qui transcende tout, Dieu, est un constat. Rien de ce qui existe n'a été fait hors de Lui. D'une certaine façon, l'homme participe de sa nature, son être est fondé en Lui, ce qu'exprime Franz Kafka dans cette méditation : *« Croire signifie : libérer en soi l'indestructible, ou plus exactement se libérer, ou plus exactement être indestructible, ou plus exactement : être. »*

Plaident en faveur de cet être « animé » des arguments qui

ne relèvent pas du dogme, mais le rejoignent par des voies sensibles au cœur ou à l'intelligence.

Le refus de la mort comme fin de l'être prend naissance dans la merveilleuse force qui anime chaque être vivant. Le poulain qui vient de naître se dresse sur ses pattes, retombe et se redresse, le ver de terre coupé en deux s'enfouit en terre et se régénère, la louve prise au piège s'ampute pour revenir nourrir ses petits, la tempête de neige ou de mer décuple les forces de l'homme qu'elle emporte. Comment l'homme, qui en permanence lutte pour la vie, interroge le monde, se sent relié à ses ancêtres, ne se poserait-il pas la question de la survie ? Quel est le sens de ce formidable élan vital, s'il aboutit à la destruction de l'être ? Voilà une force, la vie, qui, seule dans un univers sans borne voué à l'entropie, recrée de l'ordre, invente, modèle des êtres, les pousse sur une ligne d'évolution aboutissant à la conscience de soi, et tout cela pour déboucher sur la mort, le néant ?

Pourquoi ce regret poignant, au moment de la mort, de la fille qui n'a pu revoir son père, de l'ami qui n'a pu être présent, comme si chacun voulait graver dans son âme cette part éternelle de l'autre qui fait partie de son être propre et qu'il espère retrouver ? Barbara a écrit une belle chanson sur cet instant de vérité.

Reprenant à sa façon le discours de Socrate dans *Phèdre*, le poète Octavio Paz plaide en faveur de la personne : « *On n'a pas trouvé de substitut à l'âme qui donnait sa dignité à l'être humain,* dit-il. *Ce qui distingue l'homme de l'animal, c'est la sexualité ou, plus exactement, l'érotisme. L'érotisme est universel, il appartient à toutes les cultures et à toutes les époques. L'érotisme transforme le regard sur l'autre qui, d'objet, devient sujet. Cette surprise conduit à l'amour, découverte d'une personne unique et libre ; il est fondé sur le choix, la réciprocité, l'exclusivité*[1]. » Remarque banale, mais bonne à rappeler aux

1. Interview d'Octavio Paz dans *Le Monde* du 27 mai 1994 à propos de la sortie de *La Flamme double,* Gallimard, 1994, coll. « du monde entier ».

contempteurs de l'amour : si l'amour n'est pas relation entre deux personnes, il n'est que vulgaire tropisme, il n'est rien.

Ce qui est dit là de l'amour peut l'être de la générosité, de la justice, de l'honneur, de la compassion. Pas de sens sans intention, visée, projet, c'est-à-dire sans une personne faisant des choix fondamentaux. Or cet homme qui tient tant à la vie y renonce parfois par idéal, par adhésion à des valeurs qui la dépassent. Vaut-il mieux être rouge ou nazi, que mort ? se demandaient les hommes au milieu du siècle. Les éthiques laïques rejoignent ici les morales religieuses. Car affirmer des valeurs supérieures à la vie, c'est reconnaître une transcendance. Et, dès lors, la question de l'Au-delà et de la survie devient légitime, même si elle n'est pas posée, et même si la réponse n'est pas évidente.

*

* *

Proust, frémissant de bonheur et se sentant renaître en entendant le bruit commun à la cuiller qui touche l'assiette et au marteau qui frappe la roue, écrit :

« *Qu'un bruit, qu'une odeur, déjà entendu ou déjà respirée jadis, le soient de nouveau, à la fois dans le présent et dans le passé, réels sans être actuels, idéaux sans être abstraits, aussitôt l'essence permanente et habituellement cachée des choses se trouve libérée, et notre vrai moi, qui parfois depuis longtemps semblait mort, s'éveille, s'anime en recevant la céleste nourriture qui lui est apportée. Une minute affranchie de l'ordre du temps a recréé pour nous, pour la sentir, l'homme affranchi de l'ordre du temps. Et celui-là, on comprend qu'il soit confiant dans sa joie, même si le simple goût d'une madeleine ne semble pas contenir logiquement les raisons de cette joie, on comprend que le mot de "mort" n'ait pas de sens pour lui ; situé hors du temps, que pourrait-il craindre de l'avenir*[1] *?* »

On aurait tort de ne voir que poésie dans ce texte magnifique. D'abord parce que la poésie touche souvent mieux au réel que le froid raisonnement. Ensuite, parce que Husserl a montré que le phénomène nous apporte plus que ce que nous percevons réellement ; il y a une part d'invisible dans tout ce qui est visible[2]. « *Je voudrais montrer ce qui est derrière les choses* », fait dire à un de ses personnages Marcel Carné.

Si, pour mieux cerner l'être, je rassemble ce que je constate en moi et autour de moi, si je résume cette expérience protéiforme du Vivant, je suis conduit à distinguer plusieurs niveaux.

Par mes sens, j'ai conscience d'être au milieu d'autres êtres et des choses que nous qualifions de mortes. Mon esprit use de la raison et se trouve à l'aise dans la logique d'Aristote, celle du tiers exclu (*a* est *a* et n'est pas *b*).

Cet esprit raisonnant et conscient ne me révèle pas le tout de mon être, de ma psyché, de « *cette forme maîtresse en moi qui lutte contre l'art et l'institution* », pour parler comme Montaigne.

À un autre niveau encore, cet individu que je suis se sent en connivence, en résonnance avec l'univers entier, un univers où joue la non-séparabilité[3]. J'ai en moi, non conscients, des archétypes grâce auxquels je comprends les autres hommes, les formes vivantes et le foisonnement multivoque des symboles.

Ces niveaux de l'être, de connaissance claire et de savoir diffus, interfèrent. Mais où est l'âme ? Se situe-t-elle encore plus loin, inconnaissable, voilée ?

1. *À la recherche du temps perdu.*

2. En termes philosophiques, on peut dire : l'objet immédiat de ma conscience se double d'un sens médiat de toute conscience dès lors que je veux bien y être attentif. Proust était attentif à cette « transcendance immanente » de chaque chose.

3. *Cf.* chapitre 6.

L'être ne sait pas être, il ne peut que s'éprouver...

*
* *

Ceux qui croient en la survie ont reçu depuis une vingtaine d'années un renfort de poids en la personne des scientifiques qui étudient les états proches de la mort (les NDE : *Near Death Experiences*).

Dans toutes les civilisations, récits et témoignages abondent sur la mort, l'Au-delà, les relations entre morts et vivants. Mais où est le vrai, où est l'illusion ou le charlatanisme ? Un médium peut révéler des choses cachées, il ne peut transmettre son pouvoir. On est dans un domaine où l'expérimentation scientifique est quasi impossible.

Ce qui m'intéresse dans l'étude des états proches de la mort, c'est qu'elle a été menée avec une rigueur scientifique par des chercheurs au départ réticents et hostiles.

Tout aurait pu commencer avec Élisabeth Kübler-Ross, jeune Suisse installée aux États-Unis, qui se consacre à l'accompagnement des mourants. Discrète, elle ne cherche ni à théoriser, ni à enseigner. L'histoire la conduira plus tard à rendre compte de sa prodigieuse expérience. Tout commence avec Platon et le mythe d'Er, soldat laissé pour mort, jeté sur le bûcher aux cadavres et qui se relève : des êtres divins, au seuil de l'Au-delà, ont laissé passer ses camarades tués au combat mais l'ont renvoyé, lui, pour raconter ce qu'il a vu. Raymond Moody, jeune professeur de philosophie, commente ce mythe à ses étudiants. Il a la surprise de voir plusieurs d'entre eux évoquer des cas semblables dans leur famille. Intrigué, il questionne, élargit son enquête. Les gens ne parlent pas spontanément de ces choses-là. Moody écrit des articles, recueille des témoignages... Un petit éditeur d'Atlanta lui propose de faire un livre. Ce sera *Life after life* (1975)[1], qui tire à six millions d'exemplaires et sera traduit en une vingtaine de langues.

Les cas rapportés par Élisabeth Kübler-Ross et Raymond Moody ont un schéma commun : l'être qui s'en va est submergé par une sensation de paix, flotte hors de son corps au travers d'un vide sombre, assiste parfois à une vision panoramique de son existence, est aspiré vers une lumière dorée, pénètre alors dans un monde d'une beauté surnaturelle où des êtres bienveillants l'attendent.

Tous ceux qui connaissent cette expérience n'ont plus peur de la mort. Depuis la nuit des temps, les hommes ont su qu'on pouvait tirer bénéfice de vivre sa mort et renaître symboliquement : les techniques et rites d'initiation n'ont pas d'autre objet. Mais les hommes de la civilisation technicienne l'ont oublié. Des savants, farouches rationalistes, vont le redécouvrir.

Stanislav Grof, à Prague, constate que la remémoration de certaines scènes de la naissance et de l'enfance guérit ses malades mentaux. Il l'obtient avec le LSD 25. Il énonce la théorie des matrices périnatales au début des années 1960[2]. Il l'expose aux États-Unis quand éclate le « printemps de Prague » et que la Tchécoslovaquie est envahie par les Soviétiques. Il y restera. À Baltimore où il soigne, il découvre la NDE, et constate que les souvenirs racontés par des gens soumis au LSD ou revenant d'une NDE sont souvent antérieurs à la naissance et d'une prodigieuse variété d'origines.

À un autre bout des États-Unis, en Floride, Michaël Sabom, cardiologue réputé, est un jour questionné sur la NDE. « Plaisanterie de journalistes », répond-il. « Puisque vous avez dans votre service des dizaines de rescapés dont le cœur s'est arrêté de battre, pourquoi ne les interrogez-

1. *La Vie après la vie*, Laffont, 1976.

2. Au moment de la naissance, l'enfant passe par quatre phases, depuis l'unité bienheureuse avec la mère jusqu'à l'expulsion dans ce monde où il faut respirer. Chacune de ces phases laisse son empreinte dans le psychisme, comme le constate Grof chez les personnes qu'il soigne.

vous pas ? » lui rétorque-t-on. Mis au défi, Sabom se met au travail avec une méticulosité quasi policière : un phénomène aussi répandu que celui décrit par Moody n'a pas pu passer inaperçu de la médecine moderne ! Son enquête durera quatre ans. Il ne retiendra que les cas où l'équipe de réanimation aura jugé établie la mort du patient, soit cent seize. Cette enquête est relatée dans *Recollection of Death, a Medical Investigation*[1].

Kenneth Ring est psychologue. Il assiste à une conférence de Grof à Harvard, puis tombe sur le livre de Moody. Pendant quatre ans, avec l'aide d'étudiants de l'université du Connecticut, il entreprend une enquête rigoureuse sur la NDE[2]. Il met en lumière les cinq stades par où passent les hommes et les femmes en arrêt de vie. Il cherche des corrélations. Il n'en trouve pas : la NDE touche riches et pauvres, savants et illettrés ; et les souvenirs d'au-delà du Styx appartiennent à toutes les époques et à toutes les aires géographiques.

Grof, Sabom, Ring, rejoints par un grand nombre de cliniciens et de chercheurs[3], tirent la conclusion de leurs recherches : si nous sommes capables de nous souvenir d'un fait ou d'un état jamais connu auparavant, c'est qu'il existe une conscience transpersonnelle à laquelle nous avons accès dans le rêve et dans des expériences proches de la mort. Nous naviguons alors dans le temps et dans l'espace, ce qui explique qu'une épicière de Saint-Cloud puisse décrire un monastère tibétain. Il ne me déplaît pas que des hommes plongeant dans cette conscience transpersonnelle se retrouvent dans la peau d'hommes d'autres races et d'autres temps : quelle magnifique preuve de l'unité du genre humain !

1. Traduction française : *Souvenirs de la mort*, Laffont, 1982.

2. Dont il tire un livre publié en français sous le titre *Sur les frontières de la vie*, Laffont, 1982.

3. On trouvera le récit détaillé de ces recherches dans *La Source noire*, de Patrice Van Eersel, Grasset, 1986.

La seule autre explication possible de cette navigation dans le temps et l'espace, c'est la métempsychose. Mais l'inconscient collectif de Jung nous fournit une clef moins aventureuse.

Si nous tenons à cette clef, qu'apporte la NDE à notre quête de l'âme ? D'abord, la redécouverte des étranges chemins décrits par les livres égyptiens et tibétains des morts. Une meilleure compréhension des mythes grecs, aussi : en visite au pays des Morts, il vous faut boire au Léthé, le fleuve de l'oubli, avant de vous en retourner chez les vivants. En de brefs instants, par une petite lucarne, l'homme est autorisé à regarder par-delà la vie, mais, comme les mystiques, « c'est de nuit », et il ne garde le souvenir que d'un ravissement indicible.

Élisabeth Kübler-Ross nous a conduits à l'un des rares progrès humains de ce siècle : découvrir, en accompagnant les mourants, le prix inestimable des derniers moments de la vie. Les récits de NDE n'ont fait que mettre en lumière l'utilité, la nécessité, la beauté de sa démarche. Je regrette que la traduction française n'ait pas gardé le titre anglais de son livre : *What Dying have to teach Doctors, Nurses, Clergy and their own Families*[1]. Face aux merveilles que découvre notre pauvre âme aux portes de la mort, les stupéfiants progrès technologiques de l'époque apparaissent soudain pour ce qu'ils sont : de nul effet pour notre joie et notre paix.

Notre pauvre âme ? Est-elle vraiment là ? Dans la NDE, une conscience personnelle est présente. C'est elle qui s'immerge dans une conscience transpersonnelle, mais garde le sentiment de son identité. « Je me suis vu en roi, en guerrier, en ours, en arbre », racontent les gens de retour à la vie. Cette conscience subsisterait-elle si la mort intervenait vrai-

1. « Ce que les mourants ont à apprendre aux médecins, aux infirmières, aux prêtres et à leurs propres familles », devenu : *Les Derniers Instants de la vie*, Labor et Fidès, Genève, 1975.

ment, ou se fondrait-elle dans la conscience universelle ? Personne ici ne peut témoigner.

Une autre caractéristique de la NDE permet peut-être de répondre. Des personnes dont le cœur s'est arrêté, transportées dans le coma à l'hôpital, décrivent avec précision le véhicule et l'équipe de secours, les conversations pendant le transport, la composition de l'équipe de réanimation, la couleur des blouses, les propos échangés par les médecins et les infirmières. Toutes flottent à distance de leur corps et dominent la scène, d'où la précision de leur récit. Bien entendu, les chercheurs ont pu vérifier sur des dizaines de cas que la personne réanimée n'a été en contact ni avec une personne de l'équipe de secours, ni avec un membre de l'équipe médicale. À la question : la conscience d'un individu peut-elle se passer de son corps ? la réponse est oui. Elle le peut pendant un temps humain non négligeable, une heure ou deux, et rien ne prouve qu'elle ne subsisterait pas si le corps venait à mourir vraiment.

Cet être qui vient de loin dans le passé et se fortifie dans la durée a peut-être raison de rêver d'éternité.

*
* *

L'an dernier, un SDF est mort dans une commune aux portes de Lens. C'était un homme sympathique. Dès que ses compagnons d'infortune et d'errance apprennent son décès, ils se rendent à la mairie, chargée de l'enterrement des personnes sans ressources, pour voir comment procéder. Stupeur : le secrétaire de mairie a déjà tout réglé, on va mettre l'homme en terre dans l'heure qui suit. La petite troupe se précipite chez le maire et fait tout stopper : « Sans une messe, ce serait une honte ! »

On s'organise. Deux jours après, c'est dans la plus belle église de Lens que les obsèques de notre homme sont célébrées, et la messe est chantée. Ils sont là une quarantaine, venus de tout l'arrondissement, propres, rasés, à jeun, et la larme à l'œil. La vie, non, c'est pas grand-chose, mais la mort, monsieur, la mort, on ne plaisante pas avec elle ! Comment passer les portes du Paradis sans des chants de gloire et de miséricorde ?

11.

Le sacré, dimension permanente de la conscience

Hymne des origines

« Il n'y avait alors ni le non-être ni l'être.
Il n'y avait ni espace physique ni espace subtil.
Qu'est-ce qui voilait Cela, qu'est-ce qui l'abritait ?
Qu'était l'eau sans fond et impénétrable ?

Il n'y avait ni mort ni même immortalité,
Il n'y avait alors aucune manifestation de la nuit et du jour.
Ce Un respirait sans souffle, mû de soi-même.
Qu'y avait-il d'autre que Cela ? Quel délice supplémentaire [pouvait-il y avoir ?

Au tout début, des ténèbres recouvraient les ténèbres.
Cette étendue indistincte était tout.
En ce temps, ce Non-Né vacant, ce Un tout-puissant,
Émergeant, apparu par le pouvoir de l'ardeur.

Au début se développa une sorte de désir
Qui fut le premier germe de la pensée.
Cherchant avec sagesse au plus profond d'eux-mêmes,
Les visionnaires découvrirent le lien entre le manifeste et [le non-manifeste.

Leur cordeau était tendu à l'horizontale.
Quel était le dessous, quel était le dessus ?
Il y eut des porteurs de semence et de puissantes forces ;
En bas était l'Instinct, en haut la Grâce.

Qui sait en vérité ? Qui saurait annoncer ici
D'où est apparue cette création, d'où elle a été lancée ?
Même les dieux sont en deçà de cette émergence.
Qui peut dire d'où elle émane ?

Cette création, d'où elle émane,
Si elle est tenue ou si elle ne l'est pas ?
Celui qui l'imprègne dans l'espace le plus subtil
Le sait sans doute, ou peut-être ne le sait-il pas[1]*...* »

Si, pour parler du sacré, j'ai choisi le plus ancien recueil de textes spirituels de l'humanité, c'est en raison de l'humilité de son approche et de la profondeur d'une vision qu'ont rejointes, plusieurs siècles ou millénaires plus tard, les mystiques d'Orient et d'Occident.

Je ne méprise pas les travaux des théologiens, mais je ne crois aucun concept apte à cerner l'origine du monde et de la vie.

« *Ô toi, l'au-delà de tout ! N'est-ce pas là tout ce que l'on peut nommer de toi ?* » dira Grégoire de Naziance.

Je constate cependant que les hommes — sous toutes les latitudes — conservent le sentiment de leur incomplétude, un doute sur leur identité, une inquiétude, un frémissement devant l'invisible ; leur attention reste en suspens, il ne faut pas l'effaroucher par des dogmes tranchants, ne rien affirmer avec véhémence, il faut laisser la porte ouverte. L'ouverture donne la sérénité et appelle à la méditation.

« *Cette création, qui peut dire d'où elle émane ?*
Celui qui l'imprègne dans l'espace le plus subtil
Le sait sans doute, ou peut-être ne le sait-il pas... »

Difficile de mieux exprimer le peu de fiabilité de nos mots, de nos concepts. Que signifie savoir ? Qu'est-ce que la vérité ?

Nos concepts d'être et de non-être ne peuvent s'appliquer à l'absolu, à « Cela » qui était, à cet « Un » suggéré par l'image de l'eau qui nourrit toutes choses sans changer de substance, n'a pas de limite, redevient toujours plane après

1. *Rig Veda*, X, 129. Traduction de Jean Bouchart d'Orval, *Troisième millénaire*, n° 43, janvier 1997.

la course ou la tempête. Nietzsche, ici, ne pourrait prétendre que l'homme a créé Dieu à son image.

Au VIIIe siècle, à Byzance, un certain nombre de croyants s'insurgent contre la prolifération des images, peintures ou statues, qui dénaturent le sens du divin. C'est la querelle des iconoclastes. Théodulf, évêque d'Orléans, prend fait et cause pour eux et cherche en vain à convaincre Charlemagne. « Alors, donne-moi un terrain où je puisse construire une église selon mon cœur », demande-t-il à l'empereur. Celui-ci lui en offre un près de la Loire. En 806, Germigny-des-Prés est consacrée, merveille d'architecture romane et de dépouillement. Là, tout n'est que paix et beauté. Une lumière douce tombe sur les colonnes et les arcs purs. Au-dessus du chœur, Dieu est suggéré dans une mosaïque byzantine sous la forme de l'Arche d'alliance que deux anges désignent aux hommes. C'est tout. Le curé actuel a eu le bon goût de n'ajouter qu'une *pietà* dans le chœur.

Les iconoclastes ont perdu la bataille en raison du besoin d'imagerie populaire, les théologiens multiplient les approches conceptuelles de Dieu, mais les mystiques, partout dans le monde, évoquent une réalité indicible. Maître Eckart utilise le terme de « déité ». Quant à Jean de la Croix, c'est de nuit qu'il touche au divin :

« Bien sais-je la source qui jaillit et fuit
Mais c'est de nuit

....

Elle est là criant vers toute créature
Qui de cette eau s'abreuve, mais à l'obscur
Car c'est de nuit. »

Et cependant l'univers est là, pour nous manifesté. « Au début se développe une sorte de désir *(kama).* » Le mot *kama* signifie désir ou amour. Par sa densité, son ardeur, soudain l'Un explose ou, si l'on veut une image plus poétique, s'ouvre comme une fleur. L'existence est là en même temps que la non-existence, aucune des deux ne vient de l'autre, elles sont données ensemble. Là est le lien entre le manifeste et le non-manifeste — il faut même dire l'identité.

En effet, ce texte contient déjà dans sa densité l'essentiel de la philosophie que développeront, un bon millénaire plus tard, les Upanisad et le Védanta, courant majeur de la pensée hindouiste, c'est-à-dire l'équation entre l'âme individuelle *(âtman)* et l'âme universelle *(brahman)*. Le « soi » n'est pas différent de l'Absolu.

Cette adéquation se retrouve, exprimée de façon non ambiguë, chez Maître Eckart qui, de toute évidence, ignorait tout du Védanta et de la philosophie hindoue, mais a pu trouver des orientations proches de cette philosophie chez les néoplatoniciens. De l'homme qui s'est dépouillé de sa volonté, libéré de Dieu même, il dit : *« Je reçois alors une si grande richesse que Dieu ne peut me suffire avec tout ce qu'Il est comme Dieu, ni avec toutes ses opérations divines ; car je reçois dans cette irruption ceci : que Dieu et moi nous sommes un. »* En termes moins audacieux, on pourrait écrire : parce que j'existe, je sais que Dieu existe comme révélateur de toute la dimension de mon être, dimension inconcevable sans lui.

*

* *

« Cherchant avec sagesse au plus profond d'eux-mêmes,
Les visionnaires découvrirent le lien entre le manifeste
[et le non-manifeste
Leur cordeau était tendu à l'horizontale. [...]
En bas était l'Instinct, en haut la Grâce. »

Les autres grands textes de l'Inde, les Upanisad, la *Bhagavad Gîtâ*, l'*Advaïta Védanta*, l'enseignement de

Bouddha, ceux des sages de la Grèce et de Rome, Épictète et Sénèque, les mystiques chrétiens, tous enseignent à agir sans intention personnelle, c'est-à-dire à ne pas être mû par l'instinct, à demeurer détaché de l'action, à méditer sur notre nature qui s'accomplit par la montée vers la grâce, par l'abandon de ce que nous imaginions être notre identité : « En vérité, je te le dis, à moins de naître à nouveau, nul ne peut voir le Royaume de Dieu. »

Si les mystiques ont perçu l'essentiel de l'homme, nous ne sommes rien, nous n'avons pas l'être, ou, plus exactement, nous l'avons seulement quand il rejoint l'Un. La seule chose qui nous soit personnelle, c'est le style, la façon de vivre l'instinct comme de vivre la grâce.

Sur des cimes enneigées, dans de rares moments de contemplation, j'ai le sentiment de l'intemporalité. Le temps suspend son vol. C'est pour cela que j'aime la montagne. Dans ces moments, je ne me sens plus séparé de l'univers. Je suis l'univers, c'est-à-dire que je ne suis plus rien. L'Un, l'incréé, se manifeste en moi comme il le fait en toutes choses. Il n'existe que manifesté par elles, qui n'existent que par lui. Il est l'offrande absolue. Et c'est par une offrande de réciprocité que je m'identifie à lui, perdant ainsi mon illusoire identité. C'est cela qu'il faut entendre quand je me dis fils des étoiles.

On l'a vu, comme on lui demandait s'il ne souffrait pas d'être exilé, Épictète répondit : *« On ne peut me chasser du monde. Où que j'aille il y a le soleil, la lune, les astres, les songes, les présages, l'entretien avec les dieux... »* Il ne faut pas entendre cette référence à la lumière et au ciel étoilé comme un simple rappel de la beauté gratifiante pour qui sait la contempler. Ce n'est pas une émotion d'ordre esthétique qui le consolera de l'exil, mais le sentiment de faire un avec le monde, ce qu'aucun pouvoir ne saurait détruire.

*
* *

Les mystiques nous ont-ils éloignés de la commune humanité ? Je ne le crois pas. Séjournant dans une ferme en Irlande, j'ai découvert ce poème accroché au mur :

> « *I have worked in the fertile earth*
> *And planted a garden*
> *So I know what faith is*
>
> *I have listened to the birds caroling*
> *In early morning and at dusk*
> *So I know what music is*
>
> *I have seen the morning without*
> *Clouds after showers*
> *So I know what beauty is*
>
> *I have seen the miracle of spring*
> *The fruition of summer and*
> *The beauty of autumn, followed by*
> *The repose of winter*
> *So I know what life is*
>
> *And... because I have perceived*
> *All of these things*
> *I know what God is.* »

Je crois, avec Mircea Eliade, que le sacré n'est pas un moment de l'histoire de la conscience, qu'il en est une dimension fondamentale et permanente. On le voit se manifester aujourd'hui avec vigueur dans les sociétés matérialistes, là où les hommes sont abreuvés de publicité et de « divertissement » au sens pascalien du terme. Que des gourous en profitent pour le dévoyer montre que les marchands du Temple ont toujours su tirer profit des besoins les plus profonds de l'homme.

Cette résurgence du sacré est un signe du besoin de repères. L'homme résonateur de l'univers, qui a émergé de la biologie animale pour entrer en culture, est accordé au temps cosmique par son corps, au temps social par son esprit au travers des rituels de la vie collective. Or voici que l'évolution technologique bouscule les rythmes humains, ces repères sûrs. L'homme prend soudain conscience qu'il ne maîtrise plus le progrès ou ce qu'il croyait être le progrès. Cette peur nouvelle et cette remise en cause méritent examen.

12.

Temps de l'homme, temps des hommes

Comme les plantes, comme les animaux, nous sommes soumis aux changements cycliques du jour et de la nuit, des mois lunaires et des saisons. Nos horloges biologiques, réglées sur ce temps cosmique, nous appellent au sommeil et au repos.

Le temps proprement humain, lui, est durée irréversible, mémoire du passé, appréhension du futur dans la crainte ou l'espérance. Tout, autour de nous, naît, grandit, s'épanouit, vieillit et meurt : les plantes, les animaux, les étoiles. Mais l'homme refuse l'éphémère pour lui et pour son espèce. Il s'ancre dans le passé, dans cette poussée des ancêtres au travers des gènes, des rites, des traditions, et, dans le mouvement toujours repris de la pensée, il se projette dans l'avenir, il se sent responsable des générations futures.

C'est d'abord dans la famille que se construit le temps. Le lien de filiation est institué, indissoluble — et celui qui en est privé le recherche avec angoisse. C'est dans la famille que s'articulent les différences de sexe et de génération. Chacun s'y inscrit dans une suite d'hommes et de femmes dont on aime à retrouver — pour les admirer ou s'en moquer — les caractères et les postures, conservés dans les lettres et les albums de photos.

Le temps se construit simultanément dans la société. Toutes les sociétés ont leurs rituels : ceux des fêtes saisonnières, de la naissance, du mariage, de la mort, ceux commémorant des événements exceptionnels. L'attente, l'annonce, le rite, l'accomplissement supposent la durée, un temps de maturation.

Tous les rituels sont conservateurs, en ce sens qu'ils sont pratiqués dans une forme immuable ; sinon, ils perdraient la force spirituelle nécessaire au groupe social. Quelquefois même, la langue utilisée est archaïque : la liturgie de l'Église copte recourt à la langue morte de l'Égypte ancienne, les rituels brahmaniques sont en sanscrit, le latin était et est encore utilisé dans l'Église catholique. Qu'il s'agisse de cérémonies laïques ou religieuses, en pratiquant un rituel, les hommes entrent en résonance, par-delà le temps présent, avec des événements, des pensées, des symboles fondateurs de leur société et de leur être.

On a dit que le révolutionnaire, lui, s'arrachait au passé, à ces rituels, et vivait un temps désagrégé : car tous les instants vécus perdaient pour lui leur valeur dès lors qu'ils ne contribuaient pas à détruire l'ancienne société ou à construire la nouvelle, chaque homme et chaque heure étant changés en moyen pour la perfection et la puissance de l'humanité future. Ce fut peut-être vrai de militants endoctrinés de la Guépéou, des gardes rouges de Mao ou des SS, mais je doute que cet arrachement au temps humain ait touché la masse de la population : une fois libérée des tyrans, elle se réenracine dans son histoire, comme on le constate en Russie et même en Chine. Les dirigeants lucides et habiles ne se faisaient guère d'illusions et savaient utiliser les rites, comme j'ai pu le voir en Pologne.

Invité par le gouvernement polonais, j'y ai assisté, en 1974, à la fête des Moissons, célébrée devant Gierek, tout-puissant secrétaire général du Parti communiste. Sur l'immense stade de Poznan, des délégations de toutes les provinces, dans leurs costumes colorés, garçons et filles mêlés, dansaient et composaient de superbes figures. Puis un vaste espace a été dégagé et une jeune fille s'est avancée, portant à deux mains un pain fait des meilleures farines du pays. Gierek est venu à sa rencontre et, refaisant le geste millénaire des rois de Pologne, il s'est baissé et a embrassé le pain. Les noces de la terre et de l'homme continuaient ainsi d'être célébrées.

Conteurs d'Afrique et d'Orient maintiennent à leur façon ce lien entre générations dans des zones privées de bibliothèques et de musées. Je me suis toujours émerveillé de cette mémoire vivante, sans support physique, mémoire des grands récits, des généalogies, des savoir-faire, des petites recettes et des remèdes, qui court de la mère à la fille, des initiés aux futurs adultes, des chanteurs à l'auditoire villageois.

Nous ne l'avons plus guère en Occident, cette mémoire vivante, et une frénésie nous prend de tout conserver dans nos musées, nos bibliothèques, nos albums de famille. Des écomusées voient le jour un peu partout, préservant ici une structure industrielle, une locomotive, là des instruments artisanaux ou des costumes du temps jadis, là encore un habitat rural de grande beauté. D'où nous vient cette obsession ?

Probablement du besoin d'échapper à la tyrannie de l'actualité, à la malédiction de l'instant qui pèse et fuit, de conforter notre identité. Déjà, radio et télévision nous ont habitués à un temps sans profondeur. Elles nous rendent le monde entier proche, sans nous laisser le loisir d'intérioriser les « nouvelles », aussitôt périmées, qui déferlent sur les ondes et les écrans et se changent en « bruit », c'est-à-dire en contraire d'une information, et sans ouvrir les espaces, sans ménager les intervalles nécessaires à un débat. Elles se sont mises au rythme des technologies nouvelles. Le débit des présentateurs se fait de plus en plus rapide, car il faut dire le maximum, le grave et le futile, le dramatique et le dérisoire mêlés, dans le minimum de temps. La chaîne américaine CNN en est caricaturale. Alors le pauvre humain voit s'accélérer le rythme de l'Histoire, d'une Histoire qu'il ne domine pas. Comment l'angoisse ne l'empoignerait-elle pas, puisqu'il ignore que le train de 8 heures 47 est arrivé à l'heure, mais sait que celui de 11 heures a déraillé ? Et s'il écoute *Radio-Classique* en prenant la route, entre une suite de Bach et un quatuor de Dvorak, on ne lui laisse rien ignorer des cours de la Bourse.

Installé confortablement dans le TGV, le directeur de projet peaufinait son argumentation pour emporter un marché. Las ! Son entreprise lui a offert un téléphone portable, il n'est plus à l'abri de son patron ni de son épouse. Ni de son voisin de compartiment qui se croit important depuis qu'il imite Bill Gates en téléphonant à sa petite amie.

L'urgence, toujours l'urgence ! Le fax précède la lettre et sollicite une réponse par fax. Il faut sortir d'une réunion de travail ou l'interrompre, réfléchir vite, consulter un collaborateur en train de boucler un dossier urgent.

Bien entendu, les technologies sont toujours ambivalentes : le téléphone permet de rompre l'isolement d'une vieille personne, la télévision nous replonge parfois avec talent dans notre histoire, Internet peut être un instrument de culture comme d'évasion dans le virtuel. Mais, d'une façon générale, nous assistons depuis deux décennies à une accélération de l'Histoire, à une contraction simultanée de l'espace et du temps qui n'est pas sans incidences sur le comportement et la manière de vivre d'une partie de l'humanité.

Pour le comprendre, il faut partir de loin dans le temps. Dès que l'homme a vécu en société, la sphère religieuse a été déterminante. Elle donnait sa teinte à la culture, elle contraignait le politique. L'économie n'était pas autonome, elle était soumise à des impératifs tels que le repos de la terre, la remise des dettes, la libération des esclaves, la place des étrangers. *« J'ai établi ce Code de lois pour la protection du faible, de la veuve et de l'orphelin »*, grave Hammourabi dans la pierre. Les sages qui rédigèrent le Lévitique et le Deutéronome prêtent à Moïse un discours édifiant sur la façon de maintenir la paix dans une cité ou un peuple. Tous les cinquante ans est instituée une année jubilaire au cours de laquelle les esclaves doivent être libérés, les dettes annulées, les propriétés acquises par usure rendues, car la terre est à

Dieu. Si quelqu'un tombé dans la gêne a dû vendre son patrimoine, ses proches parents doivent le racheter pour lui. Celui qui n'a personne pour exercer ces droits familiaux, s'il est revenu à meilleure fortune, peut recouvrer son bien en restituant à l'acheteur le montant du temps restant à courir jusqu'à l'année jubilaire. Sinon, il devra attendre celle-ci pour rentrer en sa possession.

Ainsi la Bible superpose-t-elle au temps astral un temps culturel, cette année jubilaire où cessent le travail et l'accaparement, où l'humanité souffle, où les hommes se souviennent qu'ils sont frères et peuvent repartir dans l'existence avec des chances égales. Sagesse des prophètes qui connaissent bien la nature humaine et savent le prix de la paix sociale !

Même appliquées imparfaitement, ces règles et lois inspirées par la religion donnaient sa cohérence à la société et ses repères à l'homme. Passé, présent et futur étaient fortement liés.

L'économie, au fil des siècles, s'est émancipée de la foi. Dès le XIIIe siècle, les Bourses apparaissent dans les villes commerçantes de Flandre et d'Italie. Les rois doivent compter avec les riches marchands qui réalimentent le Trésor public moyennant usure. Mais comment peut-on faire son salut en faisant commerce d'argent[1] ? L'Église catholique et l'islam interdisent le prêt à intérêt. Juifs et Lombards s'y risquent. Aussi en brûle-t-on quelques-uns pour se donner bonne conscience... après avoir utilisé leur talent !

Puis viennent les théoriciens de l'économie et leur prétention scientifique. Les sciences dites exactes ou « dures » ont dû se libérer des dogmes religieux. Très vite, les économistes s'alignent sur cette démarche et tendent à faire aussi de l'économie une science dure. Ce n'est pas le lieu de

1. Jacques Le Goff, *La Bourse et la Vie. Économie et religion au Moyen Âge*, Hachette, 1986.

discuter le bien-fondé de cette ambition, sinon en rappelant que les échanges humains ne sont réductibles ni à des échanges marchands, ni à des lois de production d'objets[1]. En trois siècles, du XVIIIe au XXe, l'économie, de déterminée, devient déterminante. Pas pour longtemps. En quelques années, l'évolution technologique et la mondialisation font apparaître un élément surdéterminant : la finance. L'enchaînement est d'une simplicité biblique. Au début des années 80 se réalise l'interconnexion des Bourses de valeurs : on peut échanger en temps réel, c'est-à-dire instantanément, de Francfort à New York, de Tokyo à Paris ou à Londres. Il se trouve que les compagnies d'assurances, les fonds de pensions et de retraites, accumulent des sommes d'argent considérables dont ils sont comptables vis-à-vis de leurs clients et qu'ils doivent gérer sur le long terme. Maintenir leur valeur et les faire fructifier supposent des placements judicieux. Mais ces placements ne se font plus à l'année, au mois, à la semaine, ils se font au jour le jour, en temps réel. En 1980, les échanges de capitaux étaient dans la proportion de cinq pour un par rapport aux échanges de marchandises. À la veille du krach d'octobre 1987, ils étaient montés à cinquante pour un. En 1997, ils représentent chaque jour 1 300 milliards de dollars : soixante-sept fois la valeur des marchandises échangées.

Vitupérer les activités financières en général serait ridicule. Elles font partie de l'économie, elles l'irriguent. Mais elles sont devenues redoutables par leur taille et par la contraction du temps qu'elles opèrent.

Pour arroser une plaine, si vous disposez d'un réseau de canaux alimenté par captage de sources et de ruisseaux, vous ouvrez telle ou telle vanne autant que de besoin, et tout se passe bien. Si la même plaine est dominée par un barrage qui relâche des millions de mètres cubes d'eau d'un coup quand les orages ont fait monter son niveau, c'est l'inonda-

1. Ce point est repris au chapitre 22.

tion, suivie de la sécheresse quand les pluies tombent ailleurs. Par leur masse et leur brutalité, les mouvements de capitaux amplifient chaque crise. En novembre, le Mexique est un pays merveilleux où tous les gestionnaires investissent ; en décembre, c'est un pays perdu d'où tous se retirent[1].

La brutalité du mouvement exige la vitesse de réaction, voire l'anticipation. Un gestionnaire peut perdre des milliards en quelques heures. Le monde de la finance s'est mis à vivre au rythme des *golden boys*, c'est-à-dire en temps réel, en temps compressé. Ce temps-actefact a contracté l'espace, qui n'est plus à conquérir. Heure après heure, les médias donnent les cours des principales Bourses, annoncent fusions, acquisitions, faillites et licenciements pour le monde entier.

C'est ici que le retournement opéré par les Temps modernes prend son plein effet. La finance détermine l'économie qui pèse à son tour sur la sphère culturelle et la sphère politique. La création de richesses, dans l'industrie et les services, suppose des projets qui doivent mûrir, des investissements qui comportent des aléas, la prise en compte du long terme. Or ce sont des bilans trimestriels que les entreprises produisent désormais à Wall Street. Pourquoi pas hebdomadaires ? L'actionnaire ne doit pas perdre un centime. Le risque, qui justifiait jadis l'intérêt reçu, doit disparaître. Le temps entraînait le risque ; on tue le temps. Aux hommes de s'adapter. La Sécurité sociale est ainsi étendue aux possesseurs de capitaux ! Et les marchés comptent bien qu'elle couvrira la planète grâce au FMI, comme l'illustre la crise coréenne de 1997.

Il est loin le temps où Bodin pouvait écrire : « *Il n'est de richesse que d'hommes.* » Aujourd'hui, il n'est de richesse que

1. Ces mouvements massifs qui font s'effondrer une monnaie et grimper les taux d'intérêt sont parfois provoqués par des spéculateurs, ceux dont le seul but est de faire de l'argent avec de l'argent (les *hedge funds*). *Cf.* chapitre 22.

d'argent. Et l'Évangile selon saint Matthieu (25, 29) prend un saisissant relief : « *À celui qui a il sera donné, mais à celui qui n'a pas sera enlevé même ce qu'il croit avoir*[1]. » Par un paradoxe bienvenu, celui qui n'a pas, n'ayant plus rien à faire, va se trouver riche de temps. Du temps pour se cultiver, pour méditer, pour désespérer, pour se tuer, c'est selon. Car l'homme qui a du temps est conduit à se poser des questions sur le sens de la vie et sur la mort.

Encore cette remarque ne vaut-elle que pour le cinquième de la planète, dit développé, qui s'est mis à vivre au rythme des technologies de l'information, accroît la richesse marchande sur fond de chômage et d'exclusion, et s'apprête à s'engouffrer dans le monde virtuel. Car le « village planétaire » n'existe que pour une minorité de l'humanité. Dans un rapport de janvier 1996, la CNUCED évoque le risque de marginalisation accrue des économies les moins développées par rapport à la révolution de l'information.

Le politique va-t-il enfin se ressaisir, rendre au temps et au long terme leur importance ? Les conférences de Rio et de Kyoto sont de bons signes. La gestion du nucléaire impose la prise en compte du très long terme. L'offensive des microbes émancipés des antibiotiques et des virus qui se font un malain plaisir de sauter de l'animal à l'homme exige elle aussi un effort considérable et coordonné de recherches. Si la gestion du village planétaire prend enfin en compte l'intérêt de tous, si cela se sait et se voit, alors peut-être le temps sera-t-il vivable « en humanité ».

*
* *

1. Texte qui ne se comprend qu'en lisant la parabole entière.

On dit que les moines vivent hors du temps. Je ne le crois pas. Nous pouvons recevoir d'eux une leçon sur la façon d'habiter le temps.

1944. J'ai dix-sept ans, je passe une douzaine de jours au monastère de Thibarine, dans l'Atlas algérien. Les trappistes ont créé une oasis dans la steppe aride dont les vastes courbes évoquent une mer houleuse. Leur journée est divisée en trois parts égales : la prière, le travail, le repos. Le silence est de règle durant les travaux et les repas. Je souffre au début de ne pouvoir parler au frère forgeron, au frère menuisier, au frère jardinier. Puis le silence et la beauté prennent possession de moi. J'assiste à quelques offices, j'apprends à méditer.

1960. Je retrouve Thibarine en pleine guerre d'Algérie. De même que, mille ans plus tôt, les épées et les haches s'abaissaient aux portes des églises, fusils et mitraillettes se taisent aux abords du monastère qui soigne les blessés sans chercher leur origine.

Mai 1995. Un commando du GIA égorge les sept moines encore présents.

Voici ce qu'écrivait le prieur, quelques mois plus tôt, en décembre 1993 :

« Que ma communauté, mon Église, ma famille, se souviennent que ma vie était donnée à Dieu et à ce pays... Qu'ils sachent associer cette mort à tant d'autres aussi violentes laissées dans l'indifférence et l'anonymat. Ma vie n'a pas plus de prix qu'une autre. Elle n'en a pas moins non plus... Je ne saurais souhaiter une telle mort. Il me paraît important de le confesser. Je ne vois pas, en effet, comment je pourrais me réjouir que ce peuple que j'aime soit indistinctement accusé de mon meurtre.

C'est trop cher payer ce qu'on appellera peut-être la "grâce du martyre" que de la devoir à un Algérien quel qu'il soit, surtout s'il dit agir en fidélité à ce qu'il croit être l'islam. Je sais le mépris dont on a pu entourer les Algériens pris globalement... Cette vie perdue, totalement mienne, est totalement leur. Je rends grâces à

Dieu qui semble l'avoir voulue tout entière pour cette joie-là, envers et malgré tout. Dans ce merci où tout est dit, désormais, de ma vie, je vous inclus, bien sûr, amis d'hier et d'aujourd'hui, et vous, ô amis d'ici. Et toi aussi, l'ami de la dernière minute qui n'auras pas su ce que tu faisais[1]*... »*

Ce texte n'est pas seulement émouvant par la foi et la générosité qu'il manifeste. Il symbolise aussi la grande force de ceux qui savent habiter le temps. Voilà des moines qui suivent une règle millénaire, une règle toujours bonne par l'équilibre qu'elle impose. Ils semblent hors du temps. Et pourtant, ils sont plongés dans leur époque et sa tragédie, ils sont présents à ce temps jusqu'à la mort. Si l'incarnation, à laquelle ils croient, les met dans la pâte humaine commune, elle est signe, aussi, de vie éternelle et, par là, relativise les caractéristiques d'une époque. Ce texte du prieur de Thibarine, Boèce, martyrisé par Théodoric au VIe siècle, ou François-Xavier, massacré au XVIe siècle près de Canton, auraient pu l'écrire.

L'adjectif « moderne » n'a pour moi aucun sens. *« Est moderne ce qui ne saurait durer »*, a écrit Dante. C'est ce qui arrive à notre modernité en cette fin de siècle : nous entrons, paraît-il, dans l'ère postmoderne... Je suis trop sensible à ce qui est éternel en l'homme pour prendre en considération de tels termes, voiles d'ignorance. Qui se donne la peine d'approcher les grands récits, les mythes fondateurs de l'humanité ou, plus simplement, d'éprouver les ressorts de l'âme et du cœur au travers des textes littéraires tragiques et comiques, celui-là ne peut se laisser duper par la mode. Il peut habiter le temps à sa guise, s'user aux saisons, comme Rimbaud, et parcourir le monde à pied, à son pas.

Mais alors, où est le progrès ?

1. Cité par Émile Poulat, *Où va le christianisme ?*, Plon-Mame, 1996.

13.

Ne nous sommes-nous pas trompés de progrès ?

Je viens d'évoquer le temps des hommes, enraciné dans les traditions et tourné vers un avenir mythique, puis le temps de la finance, présent pur et haletant, le temps serein du mystique enfin, suspendu entre le passé, le présent et l'éternité. Et voici qu'à l'approche du IIIe millénaire resurgit un mythe qui agita les esprits jadis : celui de la fin des temps. Il a donné lieu à un échange de correspondance entre Umberto Eco, non croyant, et le cardinal Carlo Maria Martini, dont je retranscris quelques passages[1].

Pour Umberto Eco, les hommes de ce temps, sans l'avoir lue, attendent l'Apocalypse : dépôts nucléaires incontrôlables, « trou de l'ozone », glaciers qui fondent, migration des hordes déshéritées, faim sur des continents entiers, nouvelles pestes inguérissables, destruction des sols et des forêts à des fins intéressées, ingénierie génétique capable de construire nos « répliques », etc. Il écrit : *« Je me risque à dire que la pensée de la fin des temps est aujourd'hui plus caractéristique du monde laïque que du monde chrétien. C'est-à-dire que le monde chrétien en fait un objet de méditation, mais il se comporte comme s'il était juste de la projeter dans une dimension qui dépasse les limites du calendrier ; le monde laïque, pour sa part, feint de l'ignorer, mais, au fond de lui-même, cette pensée le hante. »*

Eco rappelle que la patristique a offert au monde l'idée de l'Histoire comme marche en avant, idée qui était étrangère au monde païen : *« Même Hegel et Marx sont redevables de cette idée fondamentale, comme le sera après eux Teilhard de Chardin. Tout en sachant juger l'Histoire et ses horreurs, on est*

1. On trouvera le texte entier dans *Foi et développement*, n° 239, janvier 1996.

fondamentalement chrétien lorsque avec Mounier on parle d'optimisme tragique, ou, avec Gramsci, de pessimisme de la raison et d'optimisme de la volonté. »

Il en vient ensuite à cette conviction décisive : « *C'est seulement en ayant un sens de la direction de l'Histoire (même pour celui qui ne croit pas à la Parousie) qu'on peut aimer les réalités terrestres et croire, avec charité, qu'il y a encore une place pour l'Espérance.* » Espérance : le même mot employé par Sartre à quelques jours de sa mort[1]. Et Eco termine par ces questions : « *Y a-t-il une notion de l'espérance (et de notre responsabilité à l'égard de demain) qui puisse être commune à des croyants et à des non-croyants ? Sur quoi peut-elle encore se fonder ? Quelle fonction critique peut assumer une pensée sur la fin qui n'implique pas de désintérêt vis-à-vis du futur, mais la constante mise en procès des erreurs du passé ?* »

Le cardinal Martini répond que « *l'Histoire a été considérée toujours plus clairement comme un chemin vers un au-delà d'elle-même et non comme la poursuite d'une fin immanente... Elle a un sens, une direction, ce n'est pas une accumulation de faits insensés et vains ; ce sens n'est pas purement immanent, il est objet non pas de calcul, mais d'espérance. Cette vision de l'Histoire n'épuise pas, mais donne de la consistance au sens des événements contingents : ces événements constituent le lieu éthique dans lequel se décide le futur métahistorique de l'aventure humaine.* »

À la question de savoir s'il existe une notion d'espérance et de responsabilité vis-à-vis du futur, commune à des croyants et des non-croyants, Mgr Martini répond qu'il est difficile d'être affirmatif, mais il constate que celle-ci doit bien exister en pratique, puisqu'on voit des croyants et des non-croyants vivre le présent en lui donnant un sens et s'engager avec responsabilité.

Puis il conclut ainsi : « *Pour qu'une pensée de la fin nous rende attentifs au futur comme au passé — qui est à recom-*

1. *Cf.* chapitre 5.

prendre de manière critique —, il est nécessaire que cette fin soit une "fin en soi", qu'elle ait le caractère d'une valeur finale décisive, capable d'illuminer les efforts du présent et de leur donner une signification. Si le présent a du sens en fonction d'une valeur finale reconnue et appréciée, que je peux, moi, anticiper par des actes d'intelligence et de choix responsable, il me permet aussi de réfléchir sans angoisse sur les erreurs du passé. Je sais que je suis en route, j'entrevois quelque chose du but, au moins dans ces valeurs essentielles, je sais qu'il m'est donné de me corriger et de m'améliorer. » Ainsi l'accomplissement de la personne, de chacun d'entre nous, est posé au cœur d'un destin collectif.

*

* *

Ce débat ne suffit certes pas à nous éclairer sur la fin des temps, mais il constitue une excellente introduction à un autre débat, celui relatif au progrès.

Greffée sur la vision chrétienne d'un temps linéaire, l'idée d'un progrès cumulatif, d'une loi de perfectionnement continu tantôt de la connaissance, tantôt de l'espèce, est née au XVIIIe siècle dans un canton de l'univers, chez des philosophes comme Condorcet et Turgot. Les deux moteurs de ce progrès devaient être la science et les institutions de la cité chargées d'assurer la justice et l'éducation. C'était enraciner le progrès dans l'histoire collective.

Cette idée s'est changée en idéologie au XIXe siècle ; elle a imprégné une partie de l'Occident tout en restant étrangère au reste du monde. *« L'ordre pour base, le progrès pour but »*, tel était le mot d'ordre du catéchisme positiviste d'Auguste Comte. Dans le même temps, Marx élaborait son matérialisme historique : les forces productives scandent l'Histoire et entraînent les hommes, *nolens volens*, dans leur mouvement.

Après les critiques de Georges Sorel, de Max Weber, de Karl Popper, de Claude Lévi-Strauss, il ne reste rien de cette idéologie. Mais surtout, les génocides en Europe, en Chine, au Cambodge, une guerre mondiale qui a fait plus de morts en cinq ans que toutes les guerres de l'Histoire, ont définitivement ruiné cette vision naïve d'un progrès global corrélatif à celui des techniques. Avant même que se déchaînent ces horreurs, Nicolas Berdiaeff, au début du siècle, avait dénoncé le danger de cette vision : *« L'idée de progrès indéfini transforme chaque génération humaine, chaque personnalité, chaque époque de l'Histoire en un moyen ou en un outil pour le but final : la perfection, la puissance et le bonheur de l'humanité future, à laquelle aucun de nous n'aura sa part. »*

Les péripéties de l'aventure humaine se font interminablement écho, en chaînes de naissances et de morts, de souffrances et de bonheurs, de tendresse et de cruauté, d'aurores et de crépuscules sur les cités et les empires. Nous découvrons que nous avons un peu vite dédaigné les cycles du temps, les germinations, les épanouissements, les décrépitudes, que les civilisations sont mortelles et que notre petite planète l'est aussi.

Nous constatons qu'avancées et reculs sont simultanés : la recherche médicale progresse, mais microbes et virus la gagnent de vitesse ; l'espérance de vie augmente, mais la famine menace un cinquième de l'humanité ; les moyens de communications et de distractions se multiplient, et jamais la solitude n'a touché autant de gens dans les villes ; les progrès de la génétique et de la biologie brouillent les limites entre la vie et la mort, transforment inconsidérément des produits qui débordent les défenses du corps humain ; l'énergie nucléaire a commencé par l'anéantissement de millions d'hommes et reste menaçante. Ainsi se trouve révélée l'ambivalence radicale d'une science qui était censée gager le progrès humain.

Faut-il enterrer l'idée de progrès ? Non. Sa faillite tient à sa lacune initiale, à son caractère tronqué, à sa faiblesse anthropologique. En enracinant le progrès seulement dans l'histoire collective et en avant de nous, elle a négligé l'essentiel : le temps humain, le temps de chaque homme. Une vie, une seule vie pour chacun de nous ; quelle importance prennent alors les lieux où elle s'enracine et où l'Histoire s'absorbe quotidiennement, comme à la tétée : la famille, l'école, le lieu de culte, la cité ! Quelle erreur de mépriser mœurs et traditions, arts de vivre, patrimoine de sagesse et d'intelligence ! Quelle erreur de s'imaginer pouvoir changer la nature humaine par le bourrage de crâne, la déportation ou les camps ! Ou de croire éradiquer une foi en détruisant sept mille monastères, comme les Chinois l'ont fait au Tibet !

Contrainte et coercition obtiennent les effets inverses de ceux qui étaient escomptés. Jamais le bouddhisme n'a été aussi répandu dans le monde que depuis les persécutions chinoises. Jamais la recherche d'identité n'a été aussi forte que depuis l'uniformisation de la planète à laquelle poussent, non sans agressivité parfois, les techniques et le marché. Et certains passent de la quête légitime des fondements à l'intégrisme.

Tenir à l'enracinement des hommes, est-ce les encourager au repli sur le passé ? C'est vrai quelquefois, mais l'inverse se vérifie le plus souvent : les plus enracinés sont les plus disponibles. On peut bavarder depuis le néant ; on ne dialogue bien que depuis des points d'ancrage, des môles. J'ai vu des paysans bourguignons dialoguer avec des paysans burkinabés : ils n'avaient en commun que la terre, mais ils étaient aussi proches que mystiques chrétiens et musulmans le sont, eux qui ont en commun le ciel.

Nous pouvons penser différemment de Platon et d'Aristote, mais pouvons-nous penser « mieux » ? Même si nos connaissances se complètent et s'ajoutent, elles ne suivent en rien un progrès linéaire. Michel Foucault s'est attaché à montrer que nos manières de connaître et de penser suivent de grands courants séculaires, des *« ordres sur fond desquels nous pensons »*, la raison s'effaçant devant des raisons successives qui font l'esprit du temps sans que nous ayons conscience de ces surgissements et de ces effondrements. Le « progrès intellectuel » reste à démontrer.

Beaucoup de gens, témoins et bénéficiaires du progrès technique, l'assimilent à un progrès intellectuel et moral. Même l'Américain le plus imprégné de culture biblique, mais consommateur sans frein de biens et de services, oublie que sa religion ne considère pas ce monde comme le meilleur et n'entend récompenser sa vertu que par un billet à ordre sur l'autre monde.

Aucun de ces débats ne vaut pour la conscience morale. La conscience ne peut évoluer inconsciemment : même si un travail souterrain se fait en nous, pour qu'il y ait progrès, il faut que la conscience embrasse le chemin parcouru. La volonté ne peut évoluer involontairement. Si j'acquiers un pouvoir de faire ou de me conduire, c'est bien en raison de ce qui m'arrive malgré moi et souvent contre l'air du temps.

Chacun de nous peut accumuler des savoirs. Les valeurs éthiques ne s'additionnent pas, elles se vivent. Leur transmission se fait au moins autant par l'exemple que par l'enseignement. L'adolescent qui rejette un discours sur la bonté capte un regard de haine ou de compassion, et sait l'interpréter. Il sait aussi que la sagesse s'acquiert lentement et que son progrès s'inscrira dans une durée qui n'appartient qu'à lui. Une vie, une seule vie pour dormir, s'accomplir ou se détruire. Quelle responsabilité !

En août 1996, le journal *Le Monde* a fait réagir une douzaine d'essayistes et de journalistes à l'idée de progrès. Tous ont reconnu l'impossibilité d'assimiler le progrès de la conscience morale à celui de la science et des techniques. Un seul, Dominique Lecourt, a posé la question essentielle : comment les fondements des systèmes normatifs s'élaborent-ils, quels ressorts anthropologiques font-ils jouer pour susciter l'adhésion des citoyens ? Baudelaire avait déjà fait cette remarque de bon sens : « *Pour que la loi du progrès existât, il faudrait que chacun voulût la créer.* » Voilà qui renvoie à ce « chacun » que le siècle des Lumières a regardé d'un peu trop loin.

En effet, deux niveaux interfèrent en permanence : celui des institutions, nationales puis mondiales, qui peuvent progresser ou régresser, niveau auquel s'élaborent les règles juridiques destinées à assurer le meilleur équilibre social, la paix, la survie de l'espèce. Et celui des personnes, car si la loi est faite pour les hommes, ce sont les hommes qui font la loi, ce sont eux qui la gardent. L'ultime question, l'Ecclésiaste l'a posée voici vingt-trois siècles : « *Quis custodes custodet ?* » (Qui gardera les gardiens ?)

*

* *

Ainsi, la médiation des consciences individuelles est première. Mais, grâce à l'éducation, à l'éthique de la discussion, elle se fait morale collective et loi.

Ne mettons pas entre parenthèses les monstruosités du nazisme et du communisme, et cet anachronisme que constitue la volonté d'imposer aux hommes une pensée et un comportement semblables. Cependant, en cette fin de siècle, à défaut de progrès global, des progrès significatifs peuvent être notés : l'extension lente mais continue de la démocratie, la reconnaissance des droits de l'enfant et le rôle accru des femmes dans la cité, le progrès du droit international s'acheminant vers un droit d'ingérence quand les droits de l'homme sont trop manifestement violés, la naissance d'une conscience planétaire, une vue plus juste des dangers que fait peser un développement économique et technique non maîtrisé sur l'équilibre social, la santé et la biosphère, la sortie de la pensée scientifique des simplismes des siècles précédents, la signature par 186 États membres des Nations unies de la Déclaration universelle sur le génome humain et les droits de l'homme, et, d'une façon plus générale, l'émergence d'une notion de responsabilité tournée vers les actions futures dans tous les domaines.

Si, d'une certaine façon, l'homme reste à faire, s'il tend vers une plénitude que ses potentialités permettent d'entrevoir, il faut chercher le moteur de ce lent cheminement. De quelles valeurs avons-nous hérité ? Quelles valeurs allons-nous transmettre ? Où sont leurs fondements ?

14.

L'univers des valeurs

Quoi qu'en disent les grincheux, les valeurs se portent bien. On s'est beaucoup étripé jadis au nom des valeurs. Jusqu'au jour où la laïcité a imposé un armistice. On se chamaille encore beaucoup entre militants du même clan : il faut être encore plus antiraciste ou plus « pro-famille » que le voisin. Comme ma fille de six ans qui disait à sa sœur : « J' veux pas que tu chantes cette chanson. — Elle est pas à toi ! — Oui, mais je l'ai chantée la première ! »

Seulement, les valeurs sont sans domicile fixe. Elles émigrent d'un lieu à un autre, d'un homme à un autre, d'un âge à un autre. Elles émergent là où on ne les attend pas.

Les valeurs sont identiques dans l'espace et dans le temps. J'ai vécu sur trois continents. Ma longue fréquentation des peuples du Sud m'a montré qu'il existe des valeurs universelles. Le courage est partout le courage, l'honnêteté partout l'honnêteté ; la générosité, l'équité, l'hospitalité sont partout considérées comme des valeurs à honorer, à respecter.

Les mêmes vertus sont prônées dans la Bible, les Upanisad, les textes égyptiens, le code d'Hammourabi, Homère, Sénèque, Chrétien de Troyes et Shakespeare. Quand Jules Ferry annonça à la Chambre des députés qu'il allait rendre obligatoire l'instruction civique et morale à l'école, un député l'interpella :

« Quelle morale allez-vous faire enseigner à nos enfants ?

— Mais celle de nos pères ! »

Cette réponse fit sourire. Elle était bonne. Car si les hommes divergent sur l'origine des valeurs, ils convergent dans leurs convictions. Dans sa remarquable postface au livre *Le Temps de la responsabilité*[1], Paul Ricœur distingue un fonds commun durable de convictions, qu'il appelle « d'arrière-plan », et la formulation nouvelle de convictions anciennes, qu'il appelle « d'avant-plan », car elles répondent aux mutations des actions et du comportement des hommes à l'âge technique.

Les valeurs, en effet, ne se vivent de la même façon ni dans le temps, ni dans l'espace. La hiérarchie des valeurs change selon les peuples. J'ai pu constater que l'hospitalité est considérée comme une des plus hautes chez les peuples pauvres ; l'honneur prend plus de place en Sicile et en Corse que dans l'Europe du Nord ; la solidarité familiale est première en Afrique noire.

Toute valeur se vit dans une situation, un temps et un lieu donnés. Chaque génération adapte les valeurs aux obstacles qu'elle rencontre et à la conscience qu'elle prend de circonstances nouvelles. Nous ne parlerions pas de la justice à un enfant comme l'aurait fait la comtesse de Ségur. Le mot de liberté ne pouvait pas résonner de la même façon en 1945 et en 1989 en France, en Allemagne, en URSS et en Chine. Le patriotisme a été vécu jusqu'ici au niveau de la nation, mais voici qu'on évoque, la « Terre patrie ». Il arrive que des valeurs nouvelles émergent. Telle, en Europe, la tolérance liée à la laïcité. Cette dernière n'est considérée comme une valeur que depuis peu. Jadis, en réaction contre une religion à prétention hégémonique, la laïcité a d'abord été combattante et elle-même sectaire. Aujourd'hui, elle est une composante importante de la démocratie et inclut la tolérance : mœurs et comportements peuvent être différents dès lors qu'ils ne nuisent pas à autrui.

Cette réappropriation des valeurs dans un contexte nouveau, ces glissements subtils créent périodiquement un malaise. On lit dans le code d'Hammourabi : « *La relève des générations ne s'effectuera pas, les fils sont indignes des pères.* »

1. Frédéric Lenoir, *Le Temps de la responsabilité*, Fayard, 1990.

Platon déplore que les jeunes ne reconnaissent plus leurs maîtres ni les lois, et Montaigne se plaint de la brutalité de leur comportement. Des sondages récents ont révélé qu'une majorité de Français regrettent la disparition de la politesse, de l'honnêteté, du respect du bien commun. On a envie de leur dire : que ne montrez-vous l'exemple et que n'élevez-vous correctement vos enfants ! Cette constante dans le temps, cette référence obligée des pères aux repères qui les ont aidés à vivre, sont le signe que les vertus s'acquièrent lentement, et c'est pourquoi les jeunes sont visés ; elles devraient relativiser pour nous la « crise des valeurs ». Cependant, je la crois indéniable, cette crise, car la technique est en train de nous faire changer d'ère et provoque un ébranlement culturel certain.

Paradoxalement, la demande d'éthique se fait plus pressante dans le temps même où ses fondements sont devenus incertains pour une majorité de personnes. Ce paradoxe s'explique. Plus ou moins confusément, les gens sentent que l'homme est maintenant devenu dangereux pour l'homme. Non pas au sens ancien des rapports entre particuliers *(homo homini lupus)*, mais en fonction de la formidable puissance collective que la science et la technique lui confèrent. Ce n'est pas un hasard si l'éthique se recompose et se fortifie autour du « principe de responsabilité[1] ». Notre responsabilité commune doit désormais s'étendre aussi loin que peuvent agir nos pouvoirs dans l'espace, dans le temps et dans les profondeurs de la vie. Dès lors que la nature, la vie et l'homme sont devenus périssables — non pas dans une apocalypse, mais dans une échéance qui nous appartient seuls de pouvoir repousser —, les vertus de mesure et de retenue (domaine de l'écologie), voire d'abstention d'agir (bioéthique), s'imposent. Ainsi retrouvons-nous la même méfiance envers l'*hubris* (la démesure) qu'éprou-

1. Hans Jonas, *Le Principe de responsabilité*, Cerf, 1997.

vaient les Grecs de l'Antiquité. Prométhée est bien mal enchaîné. Mais quel long chemin il nous reste à parcourir !

*
* *

Les grands débats de l'époque révèlent en pleine lumière les valeurs à défendre, à découvrir ou à redécouvrir. Mais j'évoquerai d'abord le désarroi des gens face à la notion de valeur.

Dans les années 90, plusieurs enquêtes d'opinion ont porté sur ce thème. Étaient proposées une quinzaine de valeurs à classer par ordre de priorité. Or, parmi des valeurs comme la paix et la solidarité apparaissait, en bonne place, l'argent, même si ce terme ne figurait pas dans la liste. Plusieurs explications viennent à l'esprit. La première : beaucoup de nos contemporains sont ignares, ne connaissent pas la signification de « valeur » en philosophie, telle que la donne le *Petit Larousse* : « Ce qu'une morale pose comme idéal ou norme » ; ils ont identifié valeur à argent. La seconde : l'argent est aussi nécessaire que la pratique des vertus. La troisième : constat réaliste que l'argent mène le monde, que la corruption est partout et le profit sacralisé. Dans les trois hypothèses, on mélange le quantitatif et le qualitatif, ce qui s'additionne et ce qui ne s'additionne pas.

Cette confusion mentale nous introduit cependant au cœur d'un débat fondamental, à savoir que l'argent est un bon serviteur et un mauvais maître, et que la liberté laissée aux hommes de le manipuler au même titre qu'une marchandise est à l'origine de quelques-uns des plus graves dérèglements de la planète. J'ai déjà évoqué les dégâts causés par la spéculation. Je m'en tiendrai à quelques remarques lapidaires.

Dans un univers de réseaux et d'échanges, la violence sous toutes ses formes — drogue, corruption, prolifération des armements, prostitution, crime organisé, guerres civiles — s'organise elle-même en réseaux, et le même argent, dit « sale », lui fournit ses moyens[1]. Elle est aussi alimentée par les inégalités croissantes, c'est-à-dire par l'incapacité de la société à proposer un partage équitable des biens marchands et non marchands. Quelques exemples permettent de se faire une idée du défi lancé aux États et à la collectivité mondiale. Interpol estime que l'organisation mafieuse *Cosa Nostra* a recyclé en 1990 l'équivalent de 85 milliards de dollars et que cette somme n'a fait qu'augmenter depuis lors. Toujours selon Interpol, un simple proxénète gagne en moyenne 720 000 francs par an en Europe. Mais pourquoi les mafieux se gêneraient-ils, puisque la recherche du profit autorise toutes sortes de pratiques dangereuses pour l'homme : l'Organisation mondiale de la santé signale l'augmentation alarmante de souches de salmonelles résistantes aux antibiotiques due à leur utilisation dans les élevages intensifs, et la maladie de la « vache folle » a résulté de l'alimentation d'animaux végétariens par des produits animaux à bas prix.

Des réactions se font jour :

Interpol réussit de beaux coups de filet, mais ses moyens ne sont pas à la hauteur de ceux d'un adversaire protéiforme, et la complexité des législations nationales entrave la coopération internationale. À Denver, en juin 1997, au sommet du G7 (réunion des sept plus grandes puissances, auxquelles se joint la Russie depuis 1996), la lutte contre la corruption a été évoquée. L'ampleur de la tâche se mesure au nombre de banquiers et d'assureurs mis en examen sur toutes les places financières, comme à celui d'hommes poli-

1. Éric de La Maisonneuve, *La Violence qui vient*, Arléa, 1997.

tiques et même de fonctionnaires internationaux impliqués[1] dans les délits financiers.

Comme un certain nombre de gens disposant de ressources sont sensibles aux causes humanitaires, des fonds de placement à vocation éthique se sont créés. Les souscripteurs renoncent à une partie de leur gain, consacrée à financer des actions en faveur des personnes démunies ou des pays du Sud. Aux États-Unis, ces fonds représentent plusieurs dizaines de milliards de dollars ; ils souscrivent des actions ou obligations d'entreprises respectant quatre critères : traitement correct du personnel, honnêteté vis-à-vis du client, pas de nuisances sur l'environnement, pas d'incidence fâcheuse sur les pays du sud.

Un peu partout des lois interdisent le commerce du sang et des organes humains. L'article 4 de la Déclaration universelle sur le génome humain, adoptée le 11 novembre 1997 par les 186 États signataires de la Charte des Nations unies, précise que « le génome humain, en son état naturel, ne peut donner lieu à des gains pécuniaires ». Rédaction timide et prudente qui laisse entrevoir quels appétits se profilent pour une exploitation « profitable » des avancées de la science.

Deux autres grands débats tournent autour de la question de la mort : celui de l'euthanasie et celui de la peine de mort. En fait, ils tournent autour de la question de la vie. La vie est-elle sacrée, appartient-elle à chacun d'entre nous ? Il semble que nous ayons définitivement tranché pour ce qui est des conceptions racistes et eugénistes. « Chaque individu a droit au respect de sa dignité et de ses droits, quelles que soient ses caractéristiques génétiques », proclame la Déclaration universelle qui vient d'être citée. Affirmation lourde de sens éthique : ce n'est pas la biologie qui commande, c'est la culture. Aussi le débat sur l'euthanasie

1. Enquête de Karl Theodor Paskhe, secrétaire général adjoint de l'ONU, citée par *Le Monde* du 16 octobre 1997.

se limite-t-il au droit, pour une personne, de demander d'abréger une fin inéluctable accompagnée de souffrances intolérables. La légitimité de ce débat ne peut être mise en cause au plan éthique. Les Cours suprêmes du Canada, d'Australie, de Colombie s'efforcent de préserver un équilibre entre la liberté de l'individu et la protection de la vie, et celle des États-Unis a évoqué le « droit à la mort digne ».

À l'argument principal des partisans de la peine de mort — à savoir qu'il est coûteux et inutile de maintenir en vie des criminels récidivistes qui s'amenderont d'autant moins que les conditions de la vie carcérale les endurciront dans leur amoralité et leur bestialité —, les adversaires de cette peine, devenus majoritaires dans nombre de pays du Nord, sont tenus de répondre. Ils n'usent ni de raison théologique (Tu ne tueras point), ni de raison sociologique (La société a fait les criminels ainsi). Leur argumentation tient en deux points : en ne s'arrogeant pas le droit de supprimer la vie, même pour châtier le crime, la société montre qu'après des siècles au cours desquels les peuples se sont entre-tués à la guerre, il faut tracer un chemin vers plus de sérénité et tendre à éradiquer la haine et la vengeance. La violence humaine est d'ordre biologique, l'homme culturel peut la maîtriser[1]. En second lieu, personne ne peut dire ce qui sommeille au fond d'un être et qu'une visite, un regard, une lecture, peuvent réveiller. Les deux arguments font confiance à la durée : l'humanité n'a pas fini de cheminer, l'âme humaine non plus ; laissons ouverte la porte vers le meilleur, l'inattendu, l'indicible.

*

* *

1. Irénisme à l'heure où la violence urbaine est partout ? Cette violence-là n'est pas de même nature que celle du criminel ; elle traduit l'exaspération de gens privés de travail et d'espoir.

Plus fondamental encore, le débat sur la révolution biologique qui opère un changement de portée de l'agir humain. Déjà la génétique a donné lieu, avant même le paroxysme nazi, à des pratiques eugénistes aux États-Unis et dans quelques pays de l'Europe du Nord. Déjà la vente de sperme, d'organes, d'embryons, la location de matrices, qui font de l'homme un réservoir de pièces détachées, posent des problèmes juridiques et moraux redoutables. Cette fois, le socle de l'identité personnelle est atteint. Aux troublantes frontières du vivant, l'angoisse s'installe et l'interrogation éthique resurgit au cœur de chacun.

Les tests génétiques autorisent une médecine prédictive. Encore faudrait-il faire la distinction entre une prédisposition, qui appelle simplement quelques précautions, et une prédestination, qui exige une intervention pour éviter le développement inéluctable de la maladie. « *La logique éthique et médicale serait de réserver l'utilisation des tests génétiques présymptomatiques de maladies que l'on ne sait pas prévenir et souvent pas soigner aux sujets à risques, à leur demande. En revanche, comme on peut l'observer dès à présent, notamment aux États-Unis, la logique commerciale est d'élargir le marché à la population générale.* » Ainsi s'exprime le professeur Axel Kahn, généticien et vice-président du Comité national d'éthique[1]. Les hommes n'ont déjà que trop tendance à lire leur destin dans les tarots. Quelle liberté, quelle créativité leur restera-t-il sans un minimum d'indétermination biologique ? Quel regard accusateur pourra porter l'enfant sur les parents qui lui auront transmis un mauvais gène ? Quel étouffement du désir d'enfant sous un désir irrésistible de normativité ! Quel débat au sein d'un couple !

La diffusion de tests génétiques dans la société serait néfaste à son équilibre même. Parler du gène de l'agressivité, de l'infidélité, de l'homosexualité, c'est stigmatiser et

1. Axel Kahn, « Les progrès de la génétique », *Futuribles*, septembre 1997.

c'est exclure. C'est surtout *« ramener l'homme à son déterminisme génétique alors qu'il y est parfaitement irréductible, et cela procède d'un réductionnisme idéologique »*, rappelle Axel Kahn.

Devant la possibilité — et sans doute la volonté — de modifier la programmation héréditaire des « vivants » (plantes, animaux, hommes), d'abolir les barrières ou du moins de gommer les frontières entre genres, espèces et races, comment ne pas s'interroger et mettre en balance les risques face aux « profits » attendus ? Car, potentiellement, l'effet de toute mutation s'étend sur toutes les générations à venir.

Avec les techniques transgénoses (manipulation de gènes), l'homme acquiert la possibilité d'orienter l'évolution biologique en imposant l'hérédité des caractères acquis, c'est-à-dire une évolution de type lamarckien.

Comme l'a rappelé Jacques Testart à propos du clonage, la reproduction n'est pas la procréation. Quand des mammifères s'accouplent, leur progéniture procède d'un mélange original des caractères des deux géniteurs et n'est jamais prévisible. Tandis que la reproduction consiste à dupliquer un individu pour en créer de nouveaux qui lui sont pratiquement identiques. Que recherche-t-on par la duplication, sinon le gain de productivité maximale en concentrant les élevages autour de quelques prototypes ? Mais qui ne voit la perte de richesse génétique, c'est-à-dire de variété, qu'entraîneraient de telles pratiques ? Cette perte est déjà réelle, au niveau des plantes comme des animaux, en raison de la sélection opérée pour ne retenir que quelques variétés très productives. Mais la rusticité est une qualité indépendante de la performance ; il serait sage de la préserver.

Les Ouldemé vivent dans les monts Mandara, au nord du Cameroun. Ils cultivent de petites parcelles sur des pentes où les rochers affleurent de partout. Le succès de la symbiose entre ce peuple et sa terre tient à la variété des semences cultivées pour le sorgho, les haricots et les plantes à sauce. Cette variété permet l'adaptation de la plante aux parcelles humides ou sèches, ensoleillées ou non, ventées ou abritées, dans cette montagne cultivée comme un jardin japonais[1]. L'histoire récente nous a montré des épidémies ravageant la vigne, la pomme de terre, les ormes, les platanes, les cyprès de régions entières. Les scientifiques disent ne connaître qu'environ 2 % des bactéries et 4 % des virus existants. L'avenir nous réserve de bien mauvaises surprises. Préserver la variété animale et végétale est un devoir de précaution[2].

Le clonage peut aussi se pratiquer sur l'homme. Mais que signifierait reproduire un homme à l'identique ? Ce serait dupliquer une image, une silhouette sans mémoire, sans expérience de ce qui constitue la conscience. On peut cloner un patrimoine génétique, on ne peut cloner une conscience. Le professeur Jean-François Mattéi a raison de dire que le clone sera toujours un traître, c'est-à-dire un « autre » sous un masque emprunté. Je frémis en pensant à la gueule de certains riches mégalomanes capables de se faire dupliquer en plusieurs exemplaires et croyant échapper ainsi à la mort !

*

* *

On comprend que des autorités politiques, tels Bill Clinton et une douzaine de gouvernants européens, ou religieuses, tels le Grand Rabbin d'Israël et le Vatican, aient pris position contre toute forme de clonage à des fins de

1. René Lenoir, *Les Cerisiers d'Ighil*, Fayard, 1981.

2. Une étude dirigée par le Dr Stéphane Blanche (hôpital Necker-Enfants malades) vient de démontrer le rôle protecteur d'une anomalie génétique contre le sida, *Le Monde*, 29 janvier 1998.

reproduction dans l'espèce humaine. Telle est aussi la position du Comité consultatif national d'éthique en France. L'indisponibilité du corps humain constitue l'un des socles des lois françaises de juillet 1994 sur la bioéthique. Cette position a été contestée dans la revue *Nature* par le professeur John Harris. Pourquoi, dit-il, une société qui autorise l'avortement et la recherche sur les embryons humains interdirait-elle la pratique du clonage ? Le professeur Axel Kahn, vice-président du Comité national d'éthique, lui a répondu : « *Emmanuel Kant ne dit évidemment pas que le respect de la dignité exige qu'une personne ne soit* "jamais" *utilisée comme un moyen..., mais qu'elle ne soit jamais considérée* "uniquement" *comme un moyen. Cet adverbe* "uniquement" *fait la différence entre un propos parfaitement irréaliste et l'un des principes fondateurs de la bioéthique... La création d'embryons humains* "uniquement" *comme des moyens peut donc sembler en contradiction avec ce principe dont l'universalité est bien supérieure à ce que veut dire John Harris*[1]. » Cette réponse nous place au cœur du débat sur les valeurs.

Les lois de bioéthique ont en effet commencé d'arbitrer des conflits philosophiques majeurs. Elles se distinguent des lois qui se contentent d'enregistrer l'évolution des mœurs, comme les lois sur le divorce et les régimes matrimoniaux. Elles se veulent préventives de dégâts irréparables. Elles s'appuient sur une conception de l'homme considéré comme une fin, non comme un moyen.

La bioéthique est en opposition radicale avec la sociobiologie, idéologie selon laquelle la morale n'est qu'un épiphénomène de la biologie. L'homme a émergé de la biologie depuis trente mille ans, depuis qu'il a commencé à construire une culture. L'évolution culturelle est beaucoup plus rapide que l'évolution biologique, elle est de type lamarckien : les hommes sont aptes à transmettre l'information acquise. Cette information est de type intellectuel :

1. « *Nature* contre nature », *Le Monde*, 8 juillet 1997.

transmission des savoirs ; mais aussi moral : transmission des acquis de la conscience, éducation du comportement vis-à-vis d'autrui. La biologie animale, dont nous relevons, ne connaît que la sélection naturelle, l'élimination du faible et de l'inadapté ; au contraire, notre héritage culturel, prenant à rebrousse-poil l'égoïsme spontané du petit homme, est tissé de recommandations sur la prise en charge du pauvre, du malade, de l'infirme, et sur les vertus de pitié, de générosité, de don de soi.

À la suite de Jean-Jacques Rousseau, beaucoup de gens pensent que les hommes sont spontanément vertueux. Que n'ont-ils élaboré, depuis des siècles, le plus parfait des droits ! La Déclaration des droits de l'homme et du citoyen résulte d'un progrès constant, durant le XVIIIe siècle, de la morale publique, avec la condamnation de la torture, la présomption d'innocence, la légalité de la peine, la non-rétroactivité de la loi, la séparation des pouvoirs, principes que nous devons à Montesquieu, Voltaire, d'Aguesseau, Pottier et au président de Brosses. Les vertus sont les conditions du contrat social en république. Mais elles se cultivent et se confortent par le droit.

C'est pourquoi les démocraties ne peuvent se contenter de considérer de loin l'ébranlement des valeurs. Dès lors que les lois du développement technique excluent la distinction entre le faisable et le permis, elles vont devoir continuer de baliser par la bioéthique les applications de la recherche biologique. Des publications récentes de la revue britannique *Nature* montrent que certains chercheurs veulent à tout prix associer la découverte d'un gène à une maladie ou, pire, à un comportement, c'est-à-dire à une plus ou moins grande adaptation à la société[1]. On voit à quel risque d'étiquetage des personnes mènent de telles tendances. La génétique moléculaire permet de mener des politiques de prévention des maladies professionnelles ;

1. « Déterminisme pervers », *Le Monde*, 13 juin 1997.

mais elle peut être orientée aussi vers la sélection génétique des salariés. On serait alors en plein eugénisme. Les assureurs, un peu partout dans les pays du Nord, veulent assumer la gestion de l'assurance-maladie. Pourquoi pas ? Mais qu'arriverait-il si la loi n'interdisait pas la sélection des bons risques et le rejet des mauvais, rendue aisée par la génétique ? Il en résulterait une régression redoutable par abandon de la prise en charge du gros risque qu'a rendue possible l'assurance obligatoire et universelle, les bien-portants (provisoires, dirait Knock !) payant pour les grands malades.

On avance que la démocratie est le régime qui admet la relativité des valeurs. C'est faux. La démocratie fait des choix fondamentaux : contre la tyrannie, contre l'esclavage, contre le racisme. Elle supporte une certaine variété de mœurs, à condition que leur manifestation ne mette pas en cause les principes qui la fondent. Ici, la dignité de la personne est en jeu. Or l'éthique de l'âge technique heurte de plein fouet certains intérêts. C'est dire la vigilance dont il va falloir faire preuve.

La démocratie est sans cesse en train de se fonder. Nous avons à concilier l'éthique de conviction, l'éthique de responsabilité et l'éthique de la discussion ou de la négociation. Ce que chacun d'entre nous peut apporter à la discussion, ce sont des convictions soumises au jugement de l'autre, convictions qui deviennent alors des convictions « bien pesées[1] », dit Paul Ricœur. On ne peut qu'être d'accord. Mais vient le moment où il faut trancher, formuler une règle, une norme. Dans ce moment-là, le pouvoir politique est seul et ne peut se dérober.

*

* *

1. L'expression est de John Rawls qui utilise l'adjectif « *considered* ».

L'essor des biotechnologies nous a conduits au cœur de l'univers des valeurs. Au niveau des convictions « bien pesées » s'esquissent des réponses à la demande d'éthique des scientifiques et des politiques. Ce relatif et heureux consensus ne doit cependant pas bloquer l'interrogation sur l'origine des valeurs.

L'éthique est devant nous comme une réalité collective non fondée en connaissance. Elle est là depuis la nuit des temps, depuis l'Égypte, la Mésopotamie, l'Inde et la Chine. Moïse reçoit au Sinaï des lois tombées du ciel ; Antigone se réfère aux lois inscrites dans le cœur de l'homme.

Qu'ont visé, qu'ont trouvé les sages ou les prophètes qui lui ont donné forme ? La recherche de la paix, sans doute ; la limitation, l'élimination de la violence. On dirait que l'homme s'est étonné de cette violence gratuite en lui, de ce surgissement que son esprit a tant de mal à contrôler. Il s'est alors donné des lois morales qui pivotent toutes autour du respect d'autrui. La plupart des valeurs ainsi instituées et enseignées ont à la fois un côté social par leurs effets pacificateurs, et un côté personnel conduisant chacun au dépassement de soi.

Peut-être aussi les visionnaires, dans la profondeur des temps, ont-ils eu l'intuition de l'homme inachevé, donc de l'homme à faire, de l'homme à venir. L'émergence de la pensée symbolique a mis l'homme à distance de la nature et il s'est donné des règles qui s'opposent à ses lois. Le langage — *logos*, souffle, esprit —, en énonçant des valeurs, a créé l'image de l'homme tel qu'il pourrait, tel qu'il devrait être. L'évolution spirituelle a pris le relais de l'évolution biologique.

C'est pourquoi les contorsions des sociobiologistes pour justifier l'altruisme sont attristantes. « *La morale est plutôt une illusion collective des gènes mise en place pour nous rendre altruistes*[1]. » Mise en place par qui ? Voilà la conscience de

1. *Fondements naturels de l'éthique*, sous la direction de Jean-Pierre Changeux, Odile Jacob, 1993.

nos gènes égarée par cette illusion, sinon ils feraient de nous les méchants que l'on sait ! « *En augmentant l'adéquation adaptative globale d'un individu, le mode de vie sociale lui garantit une meilleure probabilité de pérenniser son patrimoine génétique*[1]. » Que n'avons-nous été créés abeilles ou fourmis ! L'illusion de nos gènes serait absolue, notre adaptation sociale parfaite, et notre capital génétique garanti !

L'évolution biologique n'a que faire de ses propres ratés, de tout ce qui ne s'adapte pas. Les sociétés animales ne se préoccupent pas de l'infirme, alors que la société humaine a fini par reconnaître une dignité à tout homme, quel que soit son état physique ou mental. Les virtualités de l'être humain, même de celui dont le cerveau est affaibli ou perturbé, sont ainsi prises en considération et respectées.

Le don de soi ne relève pas seulement du sentiment de pitié. Il jaillit parfois d'un attachement fort aux valeurs les plus hautes. Jamais la biologie n'expliquera l'attitude du prieur de Thibarine ni le geste de celui qui se sacrifie plutôt que de renier ses valeurs en trahissant ses compagnons de lutte.

« *En biologie il pourrait être nécessaire de penser* », dit le mathématicien René Thom.

*
* *

Il faut choisir :

Ou bien l'homme est une personne, un sujet autonome, ouvert aux autres, capable de créations dans le domaine des formes et des significations. Des créations qui soient plus que des combinaisons d'éléments préexistants, à même, donc, de faire surgir le nouveau, l'inattendu. Nous restons

1. *Ibid.*

là dans la ligne d'Aristote, de Kant, et, de nos jours, de Castoriadis : il nous faut sans cesse réinventer la société grâce à cette imagination créatrice en perpétuel dialogue avec l'univers des valeurs. Cet univers est agité de mouvements incessants, à peine perceptibles ; on le sent animé d'une force invisible, celle qui travaille nos consciences.

Ou bien s'impose la philosophie selon laquelle la conscience de l'homme n'est qu'un épiphénomène de la biologie. Alors les digues fragiles élevées pour baliser les débordements de notre nature céderont une à une. Il faut se reporter au texte de *Mein Kampf*[1] pour comprendre à quel point une certaine science induit mécaniquement des conduites anti-humanistes. La volonté de puissance et la soif du lucre s'imposeront. On ne se révoltera plus au nom des valeurs. Antigone fera sourire. Il appartiendra aux hommes de s'adapter, puisque l'adaptation est le maître mot de la sociobiologie.

Cependant, j'ai trop plaidé l'unité de l'homme et de l'univers pour nier que l'éthique ait des fondements « naturels ». Mais avec une réserve et à une condition. La réserve, c'est que nous ignorons la nature de cet univers, de ce « réel voilé », décelé par les physiciens. La condition, c'est de reconnaître le sens d'une évolution qui, depuis la nuit des temps, n'a jamais connu de régression, va vers plus de complexité, innove, mène à l'homme qui advient, émerge de sa prison biologique pour devenir culture. C'est admettre « un sens au sens[2] », ce que justement refusent les sociobiologistes et une bonne partie encore des néodarwiniens.

*

* *

1. Cité au chapitre 6.
2. L'expression est de Luc Ferry dans son entretien avec Frédéric Lenoir, in *Le Temps de la responsabilité*, *op. cit.*

Évoquer l'univers des valeurs, c'est situer l'homme comme être social. Chez lui, l'acquis — c'est-à-dire le culturel, cet ensemble d'informations non génétiques transmises de génération en génération — prédomine sur l'inné. Moins que jamais cet homme ne doit renoncer à sa responsabilité sociale, à tout ce qu'il transmet à d'autres et construit avec d'autres. Il ne peut abandonner la gestion de la Cité à des forces obscures.

Il est temps, maintenant, de rapprocher ce qu'il est, ce qu'il devient encore, avec ce qu'il fait dans la Cité.

Mais il me faut auparavant légitimer la parole. Cette méditation d'ordre anthropologique, je l'ai conduite en sachant les limites du langage : il ne peut exprimer la totalité de la vie qui l'englobe comme une matrice et le déborde ; mais s'il n'est pas le tout de l'homme, c'est vers lui que le tout de l'homme tend quand il cherche un sens à sa destinée. C'est l'indicible qui pousse l'artiste et le penseur à s'exprimer plus loin ou autrement que leurs prédécesseurs. Ce qu'ils trouvent, ils ne le trouvent pas pour eux seuls, mais pour tous.

Tout ce que je viens d'écrire sur la quête de sens, sur le lien avec une Terre et un univers vivants, suppose le silence, la méditation, la contemplation. Tout ce que je vais écrire sur l'homme en société et sur la gestion de la Cité suppose une parole reçue par d'autres. La légitimité de la parole et du signe étant contestée par une partie des sciences humaines, je crois bon de m'exprimer d'abord sur ce point.

15.

Légitimité de la parole

Nous sommes immergés dans le silence comme notre corps l'est dans l'air, comme les poissons le sont dans l'eau.

La parole ne peut naître que du silence. Il est entre les phrases comme le sens est entre les mots. Il est la condition du sens.

Quand je monologue, quand j'écris, le silence est là qui écoute, accueille ou rejette un mot, en appelle un autre. Je dessine ma phrase sur sa surface comme un peintre le ferait d'une figure sur une toile.

Une page où les mots se poussent en avant, sautent de l'un à l'autre, l'un sur l'autre, par ressemblance, écho, opposition, est une page privée de silence, du silence où résonne le sens. Elle peut même avoir été composée, comme tel poème de Prévert, pour exprimer l'insignifiance, la dérision.

Si je suis avec des amis, le silence est encore présent. Heureux ceux qui savent se taire ensemble, marcher, écouter en silence, soupeser son poids, goûter sa saveur. Celui qui aime vit dans un monde où le silence compte plus que la parole, le symbole plus que l'explication, l'être plus que l'agitation de l'existence.

Un monument, une maison qui parlent à nos âmes offrent toujours des plages de silence. Le mur nu d'une bergerie montagnarde ou d'un mas provençal émeut parce qu'il est comme pétri du silence de celui qui l'a bâti pierre à pierre. L'église de Germigny-des-Prés propose à la contemplation un espace qui enclot le silence et, pour la nourrir, seulement le symbole de Dieu : l'Arche d'alliance dans une mosaïque.

*
* *

Ce silence primordial, fondateur, nous l'avons banni de nos cités, de nos vies.

L'homme est en veille excessive. En veille, au sens courant du terme, par manque de sommeil, d'un sommeil raccourci ou perturbé par le divertissement de la soirée ou le bruit de la ville. En veille permanente, car l'habitude du silence l'a quitté. Les médias, dans leur souci d'information, apportent dans chaque foyer le bruit et la fureur du monde entier : incendies, typhons, accidents, coups d'État, répressions, guerres, épidémies, maintenant une pression excessive sur nos pauvres psychés. Car aucun de nous n'est fait pour supporter toute la misère du monde à chaque journal télévisé. Mais dans combien de foyers l'écran est-il éteint à l'heure de l'échange familial ? Nos enfants ont besoin de bruit dans leur chambre, dans la rue ou le train, et se promènent avec un walkman sur la tête. Le bavardage, l'insignifiance ont envahi la vie quotidienne. « Ça va ? — Ça va ! » se disent les amis dans la rue. Et, s'ils parlent, c'est de ce qu'il faut avoir lu ou vu. Le temps disponible est occupé par des « événements », ceux que véhiculent les médias ; nous n'en disposons plus pour échanger sur le fond. Et notre lot d'« événements » quotidiens ne suffisant pas, on récapitule pour nous « une Semaine dans le monde » ou « l'Année X »...

Le silence a fui, il se tient en retrait, en attente d'être à nouveau écouté. Le bruit de fond, la rumeur du monde emplissent tous les interstices, nivellent toute parole, désagrègent la pensée, la dispersent comme la fleur de pissenlit qu'emporte le vent.

Un jour que je cheminais en Afrique avec des nomades, je me suis mis à leur parler. J'ai compris qu'une fois passé l'indispensable échange amical, je parlais trop. Le lendemain, quand nous avons émergé des tentes au petit matin, une rosée de silence tombait sur nous. Le désert, avec sa formidable présence, était là, excluant toute parole : le silence en tenait lieu.

Une autre fois, au Maroc, dans le Moyen Atlas, comme je remontais de la source de l'oued Berd, je tombai, en haut d'une pente abrupte, sur une pauvre maison. Je ruisselais de sueur et m'arrêtai pour souffler. Un homme sortit de la maison, une cruche et une timbale à la main, et m'offrit à boire. Nous nous assîmes sur le seuil, en silence. Mes yeux allaient des oliviers à la meule à écraser les olives, aux moutons égaillés sur la pente opposée, au dos d'éléphant du Bou Iblane enneigé. Que pouvais-je apporter à cet homme dépourvu de biens dits « de civilisation », mais si riche à sa façon ? Je me contentai d'appeler sur lui la bénédiction d'Allah. Et, sur le chemin du retour, je composai le petit poème suivant :

« S'il est heureux,
Ne lui dis rien
De peur de troubler sa joie.

S'il a faim,
Pourquoi lui demander conseil ?
Il n'a que colère à donner.

S'il soupire de douleur,
Quelle consolation peux-tu ajouter
À celle que Dieu, en son cœur,
A déjà déposée ?

S'il est puissant,
Il ne t'écoutera
Que d'une oreille distraite.

S'il est pauvre,
Il ne croira pas
À la vertu de tes paroles.

S'il est pressé,
Ne retarde pas sa route.

Contente-toi de saluer ton frère de la bénédiction de Dieu
Et ne t'arrête pas, sauf s'il t'appelle. »

*
* *

Qui sait se taire devant le silence ou la parole de l'autre, celui-là peut parler vraiment.

Nous sommes en relation avec les autres par le silence, par le geste ou par la parole. Que faut-il pour que la parole exprime plus que le sourire, le froncement de sourcils, le signe de la main ou du poing ? Un langage.

Encore faut-il avoir quelque chose à dire, quelque chose qui signifie, qui a une cohérence. Dans sa vie quotidienne, dans sa vie sociale, vis-à-vis de lui-même, de ses semblables, de Dieu s'il est croyant, l'homme a besoin de s'exprimer dans un langage qui ait un sens et ne se dévalue pas comme une mauvaise monnaie. Et celui qui écoute a besoin d'entendre les significations comme celui qui parle. Imagine-t-on durable un commerce où l'un des partenaires utiliserait de faux poids ?

Certains malades montrent jusqu'à la parodie ce que peut être un langage peu signifiant. Voici ce qu'en écrit le Dr Sarrano[1] : « *Un langage surréaliste, concassé, trituré, dédifférencié a pour ainsi dire pour fonction d'exprimer l'échec de la communication et la solitude irrémissible de l'homme. Les mots sont interchangeables, chacun peut servir à n'importe quel usage, l'homme égaré dans l'univers ne possède plus un langage, il est possédé par un autre langage... L'apraxie verbale traduit en une gesticulation incohérente le désarroi métaphysique de*

1. *La Solitude humaine*, Privat.

l'homme ; il le désinstalle d'abord de ses suffisances bourgeoises, sans doute, mais il le pousse, il l'accumule enfin jusqu'au néant de la solitude. »

Ce texte-là tire vers l'homme déjà atteint dans son intégrité, plus loin que Madeleine et la plupart des personnes solitaires. Celui-ci, de Confucius, nous ramène au niveau de tous, et n'en est que plus inquiétant : « *Si les dénominations ne sont pas correctes, les paroles ne sont pas conformes à la réalité des choses ; si les paroles ne sont pas conformes à la réalité des choses, les affaires d'État n'ont aucun succès ; si les affaires d'État n'ont aucun succès, ni les rites ni la musique ne sont florissants ; si les rites et la musique ne sont pas florissants, les supplices et les châtiments ne peuvent toucher juste ; si les supplices et les châtiments ne peuvent toucher juste, le peuple ne sait comment agir.* »

S'il est inquiétant, ce texte, c'est qu'il nous rappelle que l'adéquation du langage et de la réalité est un besoin ; que les sociétés tiennent debout grâce à des systèmes de représentation forts, à des cosmogonies cohérentes.

Pas de société, pas d'histoire intelligible, sans sujets autonomes. Pas de sujets autonomes sans significations. Un individu s'identifie à travers l'histoire qu'il raconte, la sienne, avec des mots bien à lui. De même les sociétés ont besoin, pour assurer leur cohésion et leur survie, de s'identifier à travers des rites, des récits symboliques, des systèmes d'idées, des valeurs. Or il est des circonstances où l'État, la société, les mœurs distendent ou distordent les significations.

On sait que des êtres libres, confrontés à la « langue de bois » des dictatures, devenaient comme fous ; et que Staline ou ses successeurs les aient fait enfermer en hôpital psychiatrique était dans la logique des choses. De même, la colonisation, en brisant les cadres de références des indigènes et en leur imposant un système de valeurs étranger, en conduisait certains à la névrose. Encore s'agit-il là de périodes et de lieux limités. Or, en cette seconde moitié de siècle, la perte d'identité des personnes et des groupes sociaux s'est étendue au Sud comme au Nord. Au Sud, en raison d'un système économique dominant qui prend à contre-pied les valeurs de nombreux peuples. Au Nord, en raison de l'affaiblissement du contrat social, de la multiplication des chômeurs, des isolés, des exclus de toutes sortes[1]. Mais aussi en raison de l'affaissement des croyances religieuses. Les gens n'ont plus les mots pour nommer le monde, le comprendre et se comprendre.

Certes, la désacralisation du monde a des racines anciennes : la parole évangélique a fait voler en éclats les figures mythologiques qui peuplaient les sources, les bois, les montagnes et la mer. Mais si le sacré n'était plus dans le détail, il était dans le tout. Beaucoup de gens ont cru trouver dans la science le discours cohérent qui les aiderait à vivre. Mais la science ne nomme pas les choses, elle décrit des phénomènes par des formules abstraites qu'elle modifie ou affine sans cesse. En raison de leur caractère éphémère et abstrait, ces formules n'interfèrent pas avec le langage commun. C'est à lui, au contraire, que s'attaquent certaines sciences dites humaines.

Influence des sciences exactes ou similitude de la démarche, les sciences humaines aussi décrochent du réel quotidien. Cette question doit me préoccuper, car j'ai fait, il y a quelques mois, le rêve suivant :

Je déambulais dans un bourg parmi le *vulgum peccus*, boutiquiers, agriculteurs, employés et ménagères. Assez loin dans la campagne, j'aperçus les pieds d'une gigantesque construction métallique, distants de plusieurs kilomètres les uns des autres. Très haut au-dessus du sol, sur un premier niveau de construction, se tenaient des écrivains, des publicistes, des journalistes, des chercheurs. Ils étaient reliés au sol par des fils plus ou moins visibles, et

1. Ces phénomènes économiques, sociaux et culturels sont évoqués dans la 2e partie de cet ouvrage.

certains y descendaient parfois au moyen de navettes personnelles. Bien plus haut, un second niveau tissait un réseau arachnéen, mais il se perdait dans une brume mouvante qui le cachait souvent aux regards. C'était l'étage des philosophes et des savants, des créateurs de concepts. Ils étaient reliés par téléphone et radio au premier étage de la construction, mais n'y descendaient jamais. Les piliers métalliques se prolongeaient au-delà vers un troisième étage totalement invisible. Je savais, grâce au rêve, qu'y vivaient des gens dont la fonction était d'analyser l'ensemble des pratiques humaines comme des systèmes de signes, de discourir sur les structures de la pensée et du langage, et de décortiquer les concepts forgés à l'étage immédiatement inférieur.

La question du signe, des stoïciens à Saussure, en passant par Bernard de Chartres[1] et Leibniz, traverse la philosophie. Comme toute recherche, elle a sa légitimité et sa fécondité. Sa vulnérabilité aussi, et, pour le sujet ici abordé, ses dangers. Car cette tentative des sémiologues et linguistes de séparer les signes de la signification, cette dissolution des systèmes et des langages, cette prétention, chez certains, de passer d'une axiomatique (ou, si l'on veut, d'une logique) à la vérité, ou de s'ériger en juges de tout conditionnement, vont dans le sens d'une époque qui a fait du soupçon, du doute, de l'absurde, du néant, du relativisme, des maîtres mots.

Certes, qu'on prétende les mots à distance des choses, la phrase à distance des mots, et la pensée à distance des phrases, ne nous empêche pas, vous et moi, d'aimer le feu qui réchauffe, l'eau qui lave et désaltère, le pain qui nourrit et unit dans le partage. Mais à tant crier à l'absurde, qu'il vient ! À tant mettre en pièces les mots de tous les jours,

1. Il enseignait à Chartres au début du XIIe siècle. Nous le connaissons par Jean de Salisbury. Nous lui devons la formule tant de fois reprise : « *Nous sommes des nains juchés sur les épaules de géants.* »

qu'est mise en doute la valeur des dénominations. Et qu'il se tait, celui qui prétend parler vrai, à tant lui demander : « D'où parles-tu ? » Sous-entendu : « Ton petit point de vue sera vite démonté et retourné par moi, psychanalyste, ou par moi, sociologue, ou par moi, sémiologue... »

Alors le sens commun est pris de hoquets, de nausées. Il s'insurge, mais que peut-il faire contre ces clercs au langage pesant, contre l'esprit du temps ? Il nous faut, comme le recommandait Pierre Emmanuel, *« reconquérir les lieux communs sur l'usure et le non-sens, les habiter à nouveau, nous ouvrir à ce qui en eux nous dépassera toujours »*.

Si rien n'est vrai, tangible, connaissance ; si tout n'est que fausseté, apparence, distance infranchissable et pas même perçue, alors aucun discours théorique n'est possible, à commencer par celui qui énonce cette non-connivence, non-adéquation au réel de mon dire, de mon voir et de mon sentir. Ce discours-là, il faut le rejeter, et secouer les déterminismes que les sciences humaines font peser sur nous.

*

* *

Si toute parole est vaine, la démocratie, seul régime où elle puisse se faire entendre, est vaine elle aussi. Mais je crois à la force du verbe, je crois à l'idée capable d'enrayer les mécanismes aveugles qui conduisent la Cité humaine sur des voies redoutables.

DEUXIÈME PARTIE

L'homme et la Cité

INTRODUCTION

L'Histoire toujours recommencée

« Héraclès fit le tour du monde, observant des hommes la démesure et l'ordre », raconte Homère. Durkheim, trois mille ans plus tard : *« Il est contraire à toutes les vraisemblances qu'une ère doive jamais s'ouvrir où l'homme sera moins dispensé de se résister à soi-même et pourra vivre une vie moins tendue et plus aisée. »*

L'homme aspire à l'ordre, mais il se laisse aller collectivement à la démesure des passions : le XXe siècle en est le plus cruel exemple. Insatisfait de son sort, il rêve de vivre autrement, dans une société nouvelle, et il déclenche tortures et massacres. Il voudrait la révolution dans la sérénité et le mouvement dans la sécurité.

On peut faire deux lectures du texte de Durkheim. Si l'on s'attarde sur *« moins dispensé de se résister à soi-même »*, la leçon s'adresse à l'homme, particulièrement à celui de cette fin de siècle, homme de désir qui se veut libre de toute contrainte morale, de toute discipline personnelle, de toute inquiétude ontologique. Si l'on met l'accent sur *« l'ère où* [l'homme] *pourra vivre une vie moins tendue »*, l'attention se tourne vers la gestion de la société : ne rêvons ni d'un Reich de mille ans, ni de lendemains qui chantent, ni de la fin de l'Histoire.

Dans les pays du Nord, toute une génération grandit dans le doute sur la vie et sur la démocratie, tandis que la même génération connaît encore la faim dans nombre de pays du Sud. Comment ne pas s'interroger sur la gestion collective de la planète ?

Je ne pouvais pas aborder cette question sans traiter d'abord de la singularité et de la quête de l'homme, de l'évolution de ses représentations du monde par la science, et du renversement récent des paradigmes scientifiques. Car la science mécaniste et déterministe a eu deux fils monstrueux : le communisme et le nazisme. J'ai cité plus haut le passage de *Mein Kampf* où cette filiation se manifeste. Bien entendu, le nazisme a d'autres racines que scientifiques. Mais une science qui niait l'être n'était pas en situation de contredire celui qui déniait le statut d'êtres humains à d'autres hommes, ce qui constituait une première dans l'Histoire, pas plus qu'elle ne posait problème à Staline quand il envoyait des dizaines de millions d'hommes au goulag.

Je crois l'échec du communisme dû à la faiblesse anthropologique de la pensée de Marx. Son siècle est celui de Hegel et de l'État, de Darwin et de l'évolution, de Nietzsche et de la mort de Dieu, de Saint-Simon et des ingénieurs, d'Auguste Comte et du scientisme. Comment Marx aurait-il pu échapper à cette vague de fond, à cette manière commune de penser ?

Aussi présenta-t-il sa théorie comme scientifique. Cette prétention fut sa faiblesse. L'Histoire produit du nouveau, de l'imprévu, elle est faite d'événements, de ce qui n'est pas reproductible. Marx n'avait sous les yeux qu'une science pertinente dans l'étude des phénomènes physiques reproductibles. Il a une vue réductionniste de l'homme, producteur-maître ou esclave. Rosa Luxemburg et Gramsci faisaient une lecture ouverte de son œuvre. Ni l'un ni l'autre n'ont influé sur le cours des événements en URSS. Le communisme s'est constitué en système clos. Il fallait conquérir le pouvoir et transformer radicalement la société. La morale pouvait attendre. L'« homme nouveau » naîtrait de lui-même. Nous avons eu le goulag et *L'Aveu.* Tout système fermé est condamné à la sclérose, à l'inertie, au froid, à la mort. Elle lui est advenue.

Mais Marx est un parangon d'humanisme[1] par comparaison avec certains chantres du libéralisme qui, de la riche pensée des pères fondateurs, n'ont retenu que les abstractions de Pareto et son *homo œconomicus*. C'est le même réductionnisme par faiblesse anthropologique.

Les succès du libéralisme dans le domaine de la production sont indéniables ; ses limites et ses impasses sont tout aussi évidentes. L'insécurité est partout en Afrique, en Asie, au Moyen-Orient, en Amérique latine, en Europe sous forme de guerres civiles imputables en partie à des causes autres qu'économiques : nationalisme, intégrisme religieux, mauvaise gestion publique, corruption, « argent sale », etc. Mais cette insécurité se manifeste aussi, ce qui est nouveau, sous forme de violence dans les quartiers des grandes villes et de révoltes urbaines telles celles du Caire, de Calcutta, de Casablanca, de Los Angeles. Les inégalités croissent entre pays riches et pays pauvres comme à l'intérieur de chaque pays : constat inquiétant dans les pays démocratiques qui se veulent les phares de l'humanité. Le nombre des exclus et des pauvres, ces « tiers au contrat social[2] », y met à mal la cohésion sociale. Dans le même temps, l'insécurité est dans les consciences — on n'ose plus écrire dans les « âmes ». Impossible d'attribuer les déboires de l'ex-URSS à l'idéologie communiste et d'exonérer l'idéologie libérale d'un « mal-développement » manifeste.

Comment peut tenir une société que rien ne transcende, mais qui transcende tous ses membres ? Interrogation majeure quand on sait qu'aujourd'hui, ce sont les technologies qui mènent la danse. En évolution rapide, elles modèlent nos façons d'habiter, de nous nourrir, de nous soigner,

1. Par exemple quand il écrit : « *Plus le monde des choses augmente en valeur, plus le monde des hommes se dévalorise. L'un est en raison directe de l'autre.* »

2. Titre d'une communication que j'ai faite devant l'Académie des sciences morales et politiques.

de nous déplacer, de nous distraire, de travailler... et de chômer. Or ces technologies disposent pour la première fois d'un capitalisme financier mondial à même de les développer sans autre considération que le profit. Les préoccupations du bien commun n'ont pas disparu, mais elles ne font plus le poids. Le corps technique de la planète ne cesse de grossir. Serrant partout ses nœuds et rivant ses chaînons, il clôt notre univers. Le temps du monde fini, annoncé par Paul Valéry, est là : l'instantanéité du temps mondial efface les distances, rassemble les cités et les entreprises dans le village planétaire, un village en perpétuelle télésurveillance, dont CNN[1] et ses émules sont les garants.

Le « supplément d'âme », censé équilibrer ce grand corps technique, tarde à se manifester ou le fait par sursauts — comme à la conférence de Rio —, alors que son besoin est ressenti par une majorité de gens. Des philosophes optimistes annoncent cependant la divinisation de l'humanité... Voilà qui demandera à être examiné de plus près.

Pour chacun des développements qui vont suivre, j'ai choisi de partir d'un événement, de l'authentique, souvent même d'un cas vécu par moi comme acteur ou spectateur direct. La théorisation, à supposer qu'elle soit nécessaire, viendra en son temps. Mais la morale de l'histoire — on pourrait écrire la Morale de l'Histoire — s'imposera d'elle-même.

1. Chaîne de télévision américaine qui couvre le monde entier et diffuse un programme d'informations « en continu ».

16.

Un arbre n'est pas la forêt

Nous sommes dans les collines du Bihar, en Inde, terre massacrée par l'exploitation inconséquente d'un patrimoine millénaire. Pour lutter contre l'érosion et reconstituer l'économie de la population locale, Indira Gandhi avait lancé un programme de reboisement et souhaitait qu'il se réalise par coopération des services forestiers et de la population. Une association indienne et ENDA-Tiers-monde[1] organisent alors une rencontre entre l'Administration et des représentants des populations concernées. Ceux-ci parlent peu, se contentant d'écouter les exposés des fonctionnaires. Au bout de deux jours, l'acquiescement muet de tous paraît suspect. « Discutez maintenant sans nous, comme vous l'entendez », dit-on aux paysans. Ils parlent toute la journée. Le soir, à la lueur des lampes-tempête, le plus vieux, chargé de présenter leur point de vue, se lève et dit : « Un arbre n'est pas la forêt », et il se rassied. On attend quelques instants. Rien. On lui demande d'expliciter un peu son propos. Le vieux se lève à nouveau et parle :

« Ces collines sont les nôtres depuis toujours. Depuis que le monde est monde, nous vivons dans la forêt. Un jour, le bruit a couru que les Anglais partaient. Les gardes forestiers, eux, restaient, avec le même uniforme et la même marque. Ils ont amené des *contractors* de la ville. Nous leur avons dit : "Ne touchez pas à notre forêt." Ils ont répliqué : "Vous n'avez pas de titres fonciers, tout est à l'État." Puis ils ont fait venir des camions et des ouvriers

1. Environnement et Développement du tiers-monde, ONG d'où provient ce récit.

de la ville, qui se sont mis à couper les arbres aux abords des villages, puis de plus en plus loin. Une partie des bonnes terres a ainsi glissé vers la vallée. Les jeunes hommes aussi sont partis vers la vallée. Bientôt, il ne subsista de forêt qu'à l'horizon. Il faut une autorisation pour aller chercher du bois. Et l'on ne chasse plus qu'un seul jour par an.

« Et voici que ces agents forestiers, les mêmes, avec les mêmes mots, viennent nous dire que, désormais, ils sont nos amis, qu'ils vont planter des arbres autour de nous, que nous allons entretenir, et que, finalement, on en tirera de l'argent. Un arbre, en fait, un seul, en mille et mille exemplaires plantés comme des soldats au garde-à-vous, ne tolérant pas la moindre pousse autour de lui. Un arbre qu'on dit "techniquement" le meilleur. Qu'est-ce que cet arbre-là, cet inconnu, cet intrus ? On n'a même pas de nom pour le désigner.

« Rien à voir avec la forêt dont on nous a dépouillés. Les arbres dont nous avons besoin, certains donnent les poutres de nos maisons, d'autres les clôtures, d'autres les outils. D'autres encore servent comme bois de feu. Pas un arbre autour de nous : des dizaines d'arbres différents, quelques-uns buissonnent, d'autres s'épanouissent au niveau intermédiaire, et d'autres pointent vers le ciel. À chacun de ces étages, des écorces, des feuilles et, aussi, des oiseaux, et leur chair et leurs œufs nous nourrissent.

« À chaque étape, à chaque saison, si nous sommes malades, des fruits et des baies, des feuilles, encore, des écorces et des racines qui soignent. Dans cette profusion, nos femmes cherchent les produits avec lesquels elles se font belles. Et c'est dans ces arbres que s'ébattent nos dieux.

« Tout cela a été détruit et, à la place, on nous propose de planter cet arbre égoïste, exclusif et étranger. Cet arbre, en vérité, n'est pas la forêt ! »

Un long silence suit.

« Alors, que voulez-vous ?

— Nous concerter entre tribus et chercher ensemble quel pays nous pourrions reconstruire. »

*

* *

De l'école primaire à la faculté et à l'École des sciences politiques, mes études de jeune Occidental m'ont indiqué une sorte de dogme : le monde est en progrès, certains peuples dits développés sont en avance, d'autres, dits sous-développés, en retard. De nombreuses années passées dans les pays du Sud vont me conduire à d'étranges découvertes et à remettre radicalement en cause ce simplisme.

Ce que je découvre durant ces trente ans, c'est le mépris de la paysannerie, l'oubli de la vocation première de l'agriculture et les dégâts irrémédiables causés au sol dans la quasi-totalité des pays du tiers-monde. Dans le même temps, le Japon, les États-Unis et l'Europe protègent et surprotègent leur agriculture et stimulent sa productivité avec des moyens contestables sur lesquels je reviendrai.

En Algérie, le gouvernement installe sur les riches terres de colonisation des fermes dites « autogérées ». Il les met d'entrée de jeu en déficit structurel en leur imposant de vendre leur production bon marché et d'acheter au prix fort les engrais et machines des industries locales[1]. Ailleurs, il crée des districts agricoles socialistes, puis les supprime et privatise. L'agriculture périclite. Quand le président Chadli ouvre les frontières en 1980 les Algériens se ruent sur les marchés tunisiens. « Pires que des saute-

1. J'ai décrit les dégâts causés à ce pays par une mauvaise gestion publique dans *Mon Algérie tendre et violente*, Plon, 1995.

relles », font semblant de se plaindre les commerçants, trop contents d'écouler leur marchandise à bon prix.

Partout dans le monde, les réformes agraires ont échoué pour avoir méconnu ce fait que l'agriculture n'est rien si elle n'est prise dans un processus où interviennent en amont des facteurs de production (eau, outils, semences, engrais, etc.), et, en aval, les possibilités de stockage, les voies de communication, le marché. C'est pour cette raison qu'au Mexique, la politique des *ejidos*, droit d'usage conféré aux collectivités paysannes, bonne dans son principe, a donné de si piètres résultats.

Au Brésil, les marches des paysans affamés se succèdent pour réclamer des terres. En vain dans ce pays de huit millions de kilomètres carrés, deux fois plus vaste que l'Europe et où d'immenses propriétés, les *latifundia*, sont en partie inexploitées[1]. Mais ce qui est refusé aux paysans a été accordé à Volkswagen à la fin des années 70. Cette firme recevait de sa filiale des profits et redevances diverses ; mais quand la dette du Brésil a atteint 80 milliards de dollars, les devises faisant défaut, elle n'a plus pu rapatrier ses bénéfices. Elle s'est alors lancée dans le *ranching* sur sept millions d'hectares. Du coup, le Brésil exporte de la viande dans les pays à monnaie forte, et importe 40 % de son alimentation, tandis qu'une partie de sa population continue à souffrir de la faim.

En Afrique, on estime que les périmètres irrigués sont utilisés à 30 % de leur capacité. Dès que l'appui technique extérieur se réduit, les rendements et la qualité des produits diminuent. On se demande alors : comment faire participer les paysans ? Interrogation qui vient souvent trop tard. Le grand ouvrage a été conçu à une échelle hors de portée du paysannat, donc ingérable à son niveau. L'information et la formation des hommes ayant été négligées

1. 70 % des terres arables sont détenues par 5 % des propriétaires terriens selon *Choix*, mensuel du PNUD (avril 1997).

au départ, un assistanat technique coûteux doit être maintenu.

Quelquefois, l'aide alimentaire elle-même se retourne contre les productions locales. Tel a été le cas au Bangladesh quand Nestlé a inondé le pays de lait en poudre ; les autorités locales l'ont mis en vente à un prix inférieur à celui du lait que commençaient à produire les coopératives après des années de persuasion auprès des paysans ; celles-ci ont eu bien du mal à s'en remettre.

*

* *

Autant les cultures vivrières ont été négligées par les pays du Sud, autant les cultures d'exportation s'y sont développées avec des résultats ambivalents.

Pour les États privés de ressources minières ou pétrolières, ces cultures fournissent l'indispensable contrepartie des importations de carburant, de produits industriels (véhicules, machines, armement)... et d'aliments. Les pays industriels sont importateurs de produits alimentaires tropicaux (café, thé, cacao, sucre, arachide, fruits). Mais ils sont devenus aussi importateurs de produits d'alimentation du bétail tels que le soja et le manioc. Grâce à ces produits importés à bon marché, l'agriculture du Nord met à la disposition des consommateurs des produits également bon marché.

Des résultats spectaculaires ont été obtenus. La production de coton de l'Afrique francophone a été multipliée par quatre en vingt ans (1962-1982). La Côte-d'Ivoire, qui produisait à peine quelques centaines de tonnes de cacao en 1945, est devenue en trente ans le premier producteur mondial avec quatre cent mille tonnes. Mais les limites sont vite apparues. Les conséquences d'une économie fortement extravertie[1] sont redoutables.

La monoculture intensive épuise le sol. L'arachide recule au Sénégal, au Mali, au Niger. Il en est de même en Thaïlande avec le manioc, culture qui ruine les sols à tel point que la Communauté européenne a signé dans les années 80 un accord d'autolimitation avec les principaux fournisseurs (Thaïlande, Chine, Brésil, Indonésie).

Quand le développement n'est pas endogène, c'est-à-dire appuyé d'abord sur le marché intérieur, la sensibilité à la conjoncture est grande. Les cours des matières premières ne cessent de varier et il arrive que le PIB d'un pays chute de 10 % d'une année sur l'autre. On oublie en général que les deux économies les plus endogènes du monde sont celles du Japon et des États-Unis. Le commerce extérieur ne représente qu'environ 10 à 12 % de leur produit national. En termes concrets, quand ils produisent cent avions ou cent ordinateurs, leur marché en absorbe quatre-vingt-dix, et ils en vendent dix à l'extérieur[2]. Tout autre est la situation des pays du Sud. Quand ils produisent cent tonnes de café, de cacao, de sucre ou de cuivre, leur marché en absorbe une ou deux, et il leur faut exporter le reste. Rude défi sur un marché mondial souvent saturé !

L'alimentation des masses urbaines pauvres est devenue une préoccupation des pouvoirs publics. Les cultures vivrières ayant été délaissées, la plupart des pays du tiers-monde importent du blé, du riz, des produits laitiers en provenance des États-Unis, d'Europe, d'Australie et de quelques pays du Sud-Est asiatique. Ils subventionnent ces importations afin de rendre leur prix compatible avec les ressources de la population. Moyennant quoi, les

1. On dit d'une économie qu'elle est « extravertie » quand les échanges avec l'extérieur occupent une place prépondérante dans son PIB.

2. Il s'agit d'une illustration qui peut se révéler inexacte pour tel ou tel produit, mais reste vraie au niveau de l'économie entière.

paysans locaux sont privés de leur débouché urbain traditionnel, la balance commerciale est obérée, et les importations de biens d'équipement et de pièces de rechange freinées par manque de devises. Le Nigeria consacre ainsi environ 50 % de ses revenus pétroliers à l'achat d'aliments.

Enfin, la dépendance alimentaire devient inquiétante pour certains pays. Les importations de vivres représentent entre 35 et 50 % de la consommation au Chili, en Bolivie, en Équateur, au Pérou. L'Égypte importe 60 % de son alimentation et l'Algérie 80 %. Que de nouveaux conflits viennent à secouer la planète et l'aide alimentaire des pays de zones tempérées peut devenir un moyen de pression. L'Irak après la guerre du Golfe, comme la Corée du Nord, encore de nos jours, en sont des illustrations.

On peut ramasser ces observations en quelques formules :

> — de trop nombreux pays produisent ce qu'ils ne consomment pas et consomment ce qu'ils ne produisent pas ;
>
> — le territoire n'a plus vocation à faire vivre la population, il a pour fonction d'enrichir un certain nombre de ceux qui le possèdent ;
>
> — le lien entre un peuple et un sol qui le nourrissait depuis des siècles se trouve ainsi rompu ;
>
> — cette rupture entraîne la dislocation des structures sociales traditionnelles ;
>
> — quand un certain nombre de pays sont nourris par l'aide alimentaire des pays industrialisés tandis que le bétail de ces derniers est nourri par des tourteaux d'arachide et de manioc et qu'il produit ainsi lait et viande en excédent, on peut se demander si l'absurde n'est pas au cœur de l'échange Nord-Sud.

... Ce qu'exprime bien ce texte sarcastique :

SAHEL

« La demeure
Aux banquises
De beurre,
Aux lacs de lait en poudre,
À l'appel de tous ceux qui n'ont plus rien à moudre
Donne ses blés et ses maïs...
Aujourd'hui, on rase gratis :
On chasse les surplus
car ici c'est la crise !
Ici rien ne va plus ;
On ne peut plus manger tout ce que l'on produit...
C'est la crise, on vous dit.
Ici les petits veaux
Bouffent de gros tourteaux de soja ;
Ils font de la bouse exotique
Et ne suceront pas de lait :
Le lait ?... C'est pour l'Afrique :
Nous offrons, fraternels,
Butter oil *et lait sec aux enfants du Sahel...*
Ils sont dans nos quotas *et nos prix garantis*
De nantis[1]*... »*

*
* *

Ces constats sont d'autant plus attristants que d'autres font apparaître ce dont sont capables les paysans du Sud et comment il est possible de les mobiliser.

Pour s'intéresser à la mise en valeur d'un pays, il faut prêter une grande attention aux hommes et au paysage.

1. G. Spenale, *Poésies*, Éditions Lenormand, 62, av. Gambetta, 82000 Montauban.

Aux hommes avec leur culture, leurs traditions, leur sagesse souvent cachée au premier regard. Au paysage et à ses courbes, à la façon dont le vent et les pluies le protègent ou le corrodent.

Parce que j'aime les gens et les grands espaces, au lieu de choisir un des grands corps de l'État, j'ai commencé ma carrière professionnelle au Maroc en 1954 comme contrôleur civil. On appelle alors ainsi les agents du Protectorat[1] qui contrôlent l'administration exercée par les caïds et les pachas. En fait, ce sont des agents de développement. Le Protectorat n'a rien apporté à la *médina* (la ville) si ce n'est l'eau courante ; rien non plus au *souk*, ce lieu d'échanges séculaire. Mais il a transformé la campagne. Les pistes sont entretenues, les points d'eau multipliés, les pâturages mis « en défends » pour laisser le sol se régénérer, des arbres sont plantés, des banquettes de protection taillées au flanc des collines pour éviter l'érosion, des terres sont irriguées. Mais surtout, il a apporté le crédit coopératif afin d'éradiquer l'usure, cette plaie du monde paysan. Au moment des semailles, ceux qui n'ont pas de graines se rendent à la Société indigène de prévoyance, la SIP, et y reçoivent des semences en proportion de la surface qu'ils cultivent. Ils les remboursent en grain, poids pour poids, après la récolte.

J'ai aimé le Maroc et les Marocains comme j'ai aimé Madagascar et les Malgaches.

J'arrive à Tananarive au début de 1962 pour contribuer à la mise en place des institutions financières d'un État redevenu indépendant ; mais je vais consacrer une bonne part de mes activités aux paysans et aux pasteurs. À l'époque, la population des pays du Sud est rurale à plus de 80 %[2]. Elle est nombreuse, pauvre, sans forma-

1. Le Maroc n'a jamais été une colonie.

2. Les ruraux forment encore 60 % du total de la population mondiale en 1997.

tion, mal soignée et souvent mal nourrie. C'est de là qu'il faut partir : des hommes disponibles et d'un sol qui doit les nourrir comme il a nourri leurs ancêtres.

Comme tous leurs frères du tiers-monde, les paysans malgaches ne consacrent qu'environ cent jours de travail plein par an à leur terre. En Afrique du Nord, il faut attendre les pluies d'automne pour labourer. À Madagascar et en Asie du Sud, le riz pousse sur des terres inondées et c'est encore la pluie qui commande le début des travaux, comme c'est le soleil qui commande leur reprise au moment des récoltes. Il existe ainsi, chez trois milliards de paysans du Sud, un énorme potentiel de forces inemployées, même en tenant compte du temps nécessaire à l'entretien des maisons, des outils, aux visites entre parents et aux fêtes. Il suffit, pour mobiliser ce potentiel, de proposer aux paysans des travaux à réaliser par eux, chez eux, pour eux, et qu'ils ne peuvent réaliser faute de matériaux comme une buse de béton, une vanne métallique, ou faute d'un conseil technique : une piste qui ne suit pas une courbe de niveau est emportée par les pluies, comme l'est un petit barrage non ancré dans une roche saine.

« Aide-toi, l'État t'aidera. » Ce principe, le président Tsiranana, fils de bouvier devenu instituteur, l'approuve sans réserve. Il me dit : « Chaque fois que je prends l'avion à la saison des pluies, je vois des fleuves rouges couler vers la mer. Mon pays perd son sang. Un jour, il ne sera plus qu'un bloc stérile. C'est pourquoi j'ai institué une fête de l'Arbre. Ce jour-là, chaque famille est tenue de planter au moins un arbre. » En trois mois, les sept cent quarante communes rurales de la Grande Île sont dotées d'un budget de quatre pages — recettes et dépenses de fonctionnement, recettes et dépenses d'investissement. À la section d'investissement, plusieurs lignes sont réservées à ce que le président appellera lui-même « les travaux au ras du sol », exécutés par les gens eux-mêmes avec une aide modique de l'État. Grâce à une somme annuelle de 350 millions de francs malgaches de l'époque — équivalant à 7 millions de nos francs actuels —, ces travaux ont permis de réaliser beaucoup plus que les centaines de millions consacrés à de gros ouvrages financés par la France ou l'Europe. Dès la première année, deux millions de paysans se mettent au travail ; ceux qui les ont observés les rejoignent l'année suivante. Hommes, femmes, enfants s'y mettent par villages entiers. Ils construisent des pistes, des ponts, des bacs, remplacent de petits barrages de terre par des barrages de pierres, creusent des puits, des viviers, des canaux, créent des pépinières fruitières ou forestières, des marais salants.

Le système fonctionne avec dix-sept préfets qui ont compris qu'il ne fallait rien imposer aux gens, mais laisser remonter les demandes. À mon départ, deux ans plus tard, le gouvernement éprouvera le besoin de créer un ministère des Travaux au ras du sol, alors qu'un bureau aurait suffi. En 1973, le président Ratsiraka mettra tout le système à bas, créera des sociétés nationales affermées à sa famille ou à ses amis, laissera détruire la forêt, et Madagascar entrera pour vingt ans dans une ère de désordre, d'insécurité et de régression.

Mon expérience malgache a-t-elle été un accident, un épisode fugace et non reproductible ? Non. Continuant mon tour du monde, j'ai fait quelques découvertes encourageantes, confirmant ce qui peut être réalisé pour et avec les paysans.

En 1973, deux associations villageoises de la zone cotonnière du Mali vont trouver les responsables de la CMDT (Compagnie malienne de développement des textiles) : « Nos enfants sont allés à l'école ; ils sont capables de peser notre coton et de vous l'apporter. » Sous-entendu : ça nous évitera d'être volés par vos agents. La CMDT accepte. Le conseil du village, le *ton*, décide de retenir quelques *pour cent* du prix dû à chaque producteur pour un budget commun. Ce budget est géré avec bon sens après de longues délibérations. Viennent en priorité les investissements relatifs à l'eau, au stockage des semences, à l'école. On dote en capital les forgerons pour qu'outils et machines soient réparés sur place ; on achète quelques médicaments ; puis les femmes réclament des moulins à mil. Sept ans plus tard, cinq cents associations villageoises fonctionnent selon ce modèle. Sans que personne l'ait voulu au niveau de l'État, une vraie démocratie locale s'est constituée et fonctionne au plus près des besoins et au plus grand profit de la population.

Au Bangladesh, à la même époque, un jeune ingénieur, fils de paysans, s'interroge : pourquoi les ruraux n'ont-ils pas accès au crédit lorsqu'ils ont besoin d'investir ? Tout simplement parce qu'ils n'ont pas de garantie à offrir : pas de nantissement sur des machines, pas d'hypothèque sur la terre, car il n'existe pas de cadastre. Il va d'abord convaincre les gens de son village. Pour qu'un seul emprunte, il faut que vingt ou trente se portent garants du remboursement du prêt. C'est le principe de la garantie mutuelle. Puis il se rend dans les villages voisins. La Grameen Bank est née, exemple de crédit agricole pour tous les pays du Sud, aujourd'hui une des plus grosses banques du Bangladesh. Son créateur, Muhammad Yunus, a été invité en 1986 par Bill Clinton, jeune gouverneur de l'Arkansas, à monter un système identique pour les exclus du Rêve américain. Ce sera le Grameen Fund. Des structures identiques seront créées dans les ghettos noirs de Chicago ainsi que chez les Indiens du Dakota du Sud et de l'Oklahoma[1].

Les paysans mossis, au Burkina Faso, connaissent les mêmes difficultés que leurs frères du Sahel, au premier rang desquelles la sécheresse. Un instituteur de la région, Bernard Ouedraogo, renonce à sa profession pour travailler avec les jeunes des villages. Ceux-ci se regroupent dans un système traditionnel de solidarité, le Naam. Ouedraogo en fait un levier de développement et de revitalisation de leur culture.

1. En Norvège, les femmes des îles Lofoten s'inspirent de la Grameen Bank pour créer un artisanat. *Le Monde*, 16 septembre 1998.

Le succès est tel que se crée une fédération des groupements Naam au niveau intervillageois, puis, débordant les frontières, un regroupement d'organisations paysannes baptisé les 6 *S* (*S*e *s*ervir de la *s*aison *s*èche contre la *s*écheresse du *S*ahel), capable d'exporter l'hiver des légumes frais vers l'Europe.

1980 : la Chine importe seize millions de tonnes de céréales. Encore sur la lancée de l'idéologie maoïste, elle fait travailler les paysans sur de vastes chantiers collectifs, loin de chez eux ; elle commercialise leur production par des organismes d'État. 1981 : le pouvoir de produire et de vendre est rendu aux villages. En trois ans, la Chine devient autosuffisante sur le plan alimentaire[1].

Constatant que l'approche technocratique échoue partout, qu'une simple participation à l'exécution de tâches programmées ailleurs ne permet pas d'obtenir un consensus, le mouvement Sarvodaya, au Sri Lanka, a entrepris de former au village, pour le village, par le village. Et il a accumulé les succès.

Il ne s'agit pas, en effet, d'encadrer l'agriculture sur les deux tiers de la planète, mais de former le paysannat. Partout où les hommes sont considérés, leur dignité respectée, où il est fait appel à leur sagesse et tenu compte de leur culture, des résultats spectaculaires sont obtenus. Constat que je serai conduit à refaire, vingt ans plus tard et dans de tout autres domaines, dans les sociétés du Nord.

Mais alors, mis à part le cas spécifique chinois et ces quelques exemples dispersés, pourquoi le succès de la Grameen Bank n'a-t-il pas été reproduit, pourquoi deux milliards de paysans demeurent-ils les damnés de la terre, pourquoi le « local » n'arrive-t-il pas à s'organiser et à se défendre face au « global » ?

1. En 1997, elle ne l'est plus en raison de son accroissement démographique. D'où les gigantesques barrages en voie d'édification qui auront un triple objet : produire de l'électricité, irriguer des terres et contenir les crues.

17.

Idéologies nocives

En 1881, Véra Zassoulitch pose à Marx une question concrète et précise : que faire de la commune rurale russe (le *mir*) ? Cette cellule de base de la société a conservé des traditions communautaires vivantes qui font son efficacité et maintiennent intacte une solidarité séculaire. Si l'on applique votre théorie, écrit Véra Zassoulitch, il faut détruire cette structure « archaïque », la faire passer rapidement au stade capitaliste, stade obligé avant le passage au socialisme.

L'embarras de Marx, mais aussi son honnêteté intellectuelle de chercheur apparaissent clairement dans les quatre brouillons successifs de sa réponse[1].

Je ne retiendrai que le sens de la réponse. Elle est sans ambiguïté. Marx limite d'abord la portée de sa théorie : *« J'ai expressément restreint la* "fatalité historique" *de ce mouvement (passage par le stade capitaliste puis socialiste) aux pays de l'Europe occidentale. »* Puis il s'exprime sur une institution vivante dont il ressent profondément la valeur. Ça marche bien, dit-il, n'y touchez pas. *« On comprend facilement que le dualisme inhérent à la* "commune agricole" *puisse la douer d'une vie vigoureuse, car d'un côté la propriété commune et tous les rapports sociaux qui en découlent rendent son assiette solide, en même temps que la maison privée, la culture parcellaire de la terre arable et l'appropriation privée des fruits admettent un développement de l'individualité incompatible avec les conditions des communautés plus primitives [...].*

1. Ces textes, heureusement conservés, sont donnés *in extenso* et commentés dans l'annexe au livre de Guy Belloncle, *La Question paysanne en Afrique noire*, Karthala, 1982.

Elle seule, en Europe, s'est maintenue sur une échelle vaste, nationale. Elle se trouve ainsi placée dans un milieu historique où la contemporanéité de la production capitaliste lui prête toutes les conditions du travail collectif. Elle est à même de s'incorporer les acquis positifs élaborés par le système capitaliste sans passer par ses fourches caudines. »

Staline a ignoré ou voulu ignorer cette correspondance. C'est pourquoi, pendant soixante-dix ans, les Soviétiques ont semé chaque printemps en Russie et récolté chaque été... au Canada !

*
* *

En se retirant des pays du Sud vers le milieu du siècle, les puissances coloniales y laissaient des économies déjà largement ouvertes sur l'extérieur. Les exportations de produits tropicaux et de minerais procuraient les moyens et les devises nécessaires à l'équipement du pays : routes, ports, établissements d'enseignement et de soins. Les nouveaux maîtres pouvaient suivre la même voie, l'infléchir ou s'en détourner. Ils l'ont suivie, mais le mimétisme vis-à-vis de l'Occident, la mauvaise gestion publique, l'exploitation abusive d'un patrimoine millénaire — sol, sous-sol, forêt —, la pression des organismes internationaux au nom d'une idéologie contestable, ont conduit à appauvrir nombre de pays et à obérer leur développement futur.

En agriculture, l'Occident — russe ou américain — c'est le tracteur. Nyerere, père de l'indépendance tanzanienne, est un homme honnête et respecté. Il commet trois erreurs par mimétisme :

— on dote les organisations paysannes de tracteurs qu'elles auront du mal à utiliser, tracteurs de surcroît inappropriés aux sols légers ;

— comme il faut amortir ces engins coûteux, l'expérience commence par un mouvement antinaturel : le regroupement forcé d'une population à habitat dispersé ;

— une bureaucratie inefficace vient coiffer une paysannerie inapte, par manque de formation, à maîtriser le système de gestion mis en place.

Ce n'est, hélas, pas le seul exemple de dirigeants du Sud évoquant la préservation de l'identité de leur peuple et choisissant des méthodes contraires à l'appropriation d'un mouvement de rénovation par la culture de ce peuple. En Éthiopie, en Algérie, à Cuba, les fermes collectives ont connu un radical échec.

L'Occident, c'est également l'usine. Dans le domaine industriel, le mimétisme, encouragé par une forte pression des États du Nord et de marchands habiles à corrompre, a provoqué une gabegie de ressources rares. On s'est gaussé des autoroutes plus larges que longues aux portes des capitales africaines. Que dire des « usines-musées » du tiers-monde, comme cette usine métallurgique de Kinshasa qui tourne un ou deux mois par an, ou la raffinerie de sucre construite au *wharf* de Nouakchott et qui n'a jamais fonctionné ? L'Algérie, devenue indépendante, se lance dans la sidérurgie au moment où la sidérurgie mondiale entre en crise, et ses usines tournent à 30 % de leur capacité...

*

* *

L'idéologie concurrente du marxisme, aujourd'hui triomphante, conduit elle aussi à des échecs et au mal-développement.

Au Nord-Cameroun, dans les années 70, une partie des eaux du Logone est captée pour irriguer un périmètre de dix-sept mille hectares : la Semry. Une population pauvre de pasteurs est formée aux techniques de la riziculture. La couche des sédiments accumulés par le lac Tchad au cours de millénaires d'extensions et de rétractions dépasse dix mètres. Les rendements atteignent cinq tonnes à l'hectare pour chacune des deux récoltes annuelles, soit l'équivalent des meilleurs rendements japonais. Le périmètre produit environ la moitié de la consommation de riz du pays. En outre, un grand lac a été créé en son centre, le poisson y prolifère, et l'alimentation locale est ainsi complétée par des protéines animales.

Mais il faut gérer ce vaste ensemble. Le riz produit coûte quelques centimes de plus qu'au cours mondial. Cet inconvénient n'apparaît pas au départ. Au Nigeria voisin, l'or noir — le pétrole — a détruit l'or vert, l'agriculture vivrière. Les Nigérians achètent le riz de la Semry. Puis, tout doucement, la production locale repart. Il faudrait que le relais soit pris par la population camerounaise. Ça ne ferait pas l'affaire des importateurs de Douala qui savent se faire entendre du gouvernement : on ne taxera donc pas le riz importé. Et, pour quelques centimes par kilo, on laissera mourir la Semry et on consacrera de précieuses devises à l'importation d'un produit que le pays est capable de produire !

Les autorités camerounaises auraient-elles décidé le maintien d'une taxe que, tôt ou tard, la Banque mondiale et le FMI leur auraient enjoint de la supprimer. Au nom de quoi ? D'un libéralisme défini au XVIIIe siècle par Adam Smith et précisé par David Ricardo au moment où la Grande-Bretagne prenait son essor industriel. Toute protection douanière est nuisible, explique Ricardo, car elle limite les échanges commerciaux qui doivent se faire en fonction des « avantages comparatifs » dont chaque pays dispose. Pourquoi, dit-il, le Portugal irait-il bâtir une industrie textile ? Mieux vaut pour lui acheter ses tissus en Grande-Bretagne et lui vendre un vin de Porto que ce pays est incapable de produire.

Sur le papier, c'est parfait, l'échange aurait dû profiter également aux deux partenaires. La réalité est tout autre. Un siècle après que Ricardo eut énoncé sa théorie, la Grande-Bretagne est un pays riche, le Portugal un pays pauvre. Alors que si le Portugal, puissance coloniale au même titre que la Grande-Bretagne, s'était lancé dans l'industrialisation à la fin du XVIIIe siècle au lieu de dilapider les richesses de son empire en guerres inutiles et en dépenses somptuaires, son économie eût été plus prospère et plus diversifiée.

L'avantage comparatif ne joue qu'en faveur des pays dont l'industrie ajoute toujours plus de valeur aux matières premières qu'elle élabore. Échangeant des produits à forte valeur ajoutée contre des produits à faible valeur ajoutée, ces pays s'enrichissent. Le prétendu avantage comparatif conduit à l'échange inégal. Pour les pays du Sud, les termes de l'échange se détériorent, c'est-à-dire qu'il faut toujours plus de café, de sucre, de cuivre ou de phosphate pour acheter des machines, des voitures, des ordinateurs, du matériel médical[1]. Pour limiter les conséquences de cet échange inégal, il leur faut produire et exporter davantage ; ils importent alors des engrais et des matériels performants payés au prix fort, ce qui ne rétablit en rien l'équilibre de la balance des comptes. Et qui a une autre conséquence redoutable sur le long terme.

1. De 1960 à 1980, les termes de l'échange se sont régulièrement détériorés. De 1980 à 1986, la chute est brutale, l'indice passant de 123 à 94. De 1987 à 1996, l'indice remonte lentement, jusqu'à 104. On note donc une relative stabilisation, mais à 19 points en dessous du niveau de 1980, déjà bas. Mesurée en dollars, la valeur unitaire des exportations passe, de 1980 à 1996, de 122 à 112 pour l'Asie en développement, et de 133 à 91 pour l'Afrique. (Source : Nations unies, *Bulletin mensuel de statistiques*, octobre 1997.)

Tous les pays du Sud faisant le même effort de productivité, la surproduction des produits tropicaux devient chronique et les prix s'effondrent. « Que les concurrents concluent des accords de limitation de la production », conseillent les économistes. C'est faire un double aveu : que la concurrence débridée peut conduire à la ruine ; et que les avantages comparatifs deviennent illusoires quand trop de pays s'engagent dans des productions similaires. L'*International Herald Tribune* titrait en 1990 : « Une décennie misérable pour les affamés ». Et le *Financial Times* écrivait : « Après avoir été le témoin de la plus longue et plus sévère baisse des prix des matières premières depuis les années 30, imagine-t-on un producteur de produits primaires attendre le salut de la création d'un engorgement encore plus grand des marchés mondiaux de matières premières ? »

Que faites-vous donc des « dragons » d'Asie ? objectent les ultralibéraux. N'ont-ils pas su tirer profit de leur avantage comparatif et s'imposer dans la compétition internationale ? Ni la Corée du Sud, ni Taiwan n'ont bâti leur puissance sur les préceptes de Ricardo. La guerre froide aidant, ils ont bénéficié d'une aide massive américaine, sans commune mesure avec celle dont la France et l'Europe gratifiaient l'Afrique. Pour protéger leur industrie naissante ils ont appliqué un protectionnisme absolu. L'État, enfin, est intervenu massivement dans le domaine économique et souvent avec perspicacité : comme le Japon avant elle, la Corée du Sud a stimulé son agriculture vivrière au moment même où elle se lançait dans l'industrie. L'économie de ces pays est donc suffisamment endogène et suffisamment diversifiée pour ne pas subir les contrecoups des variations brutales du cours des matières premières et produits tropicaux.

La crise coréenne de l'automne 1997 n'infirme en rien ce constat. Banquiers et conglomérats coréens se sont lancés dans des opérations déraisonnables et des métiers qu'ils ne maîtrisent pas. Le marché n'a rien vu venir. Les comptes, il est vrai, étaient camouflés. Du coup, le FMI a été conduit à intervenir — et à quel niveau ! — pour pallier non pas une mauvaise gestion publique, mais des opérations privées mal avisées.

Ainsi, prôner l'application mécanique et uniforme d'une théorie, sans considérer la réalité d'un pays ou d'une situation à un moment donné, est absurde. La politique économique exige plus de souplesse et d'intelligence.

Cette remarque reste vraie quand on passe de l'espace rural à l'espace urbain, marqué lui aussi par un développement quelque peu chaotique.

18.

Villes et développement

Au Nord, les villes ont toujours constitué des pôles de développement. Viennent à l'esprit l'importance des villes hanséatiques au Moyen Âge, puis celle de Londres, devenant à la fois une ville manufacturière et une place financière. Mais j'évoquerai trois exemples moins connus :

Celui de Venise. Lorsque les Veneti, fuyant les cavaliers barbares, s'installent au VIe siècle sur les îlots de la lagune, ils ne savent que pêcher. Mais ils commencent à commercer avec la grande puissance maritime de l'époque, Constantinople. Pendant quelque temps, ils vendent du sel et le bois de l'arrière-pays, puis ils se mettent à fabriquer et exporter des produits similaires à ceux de Constantinople : des bateaux, des étoffes, des armes, des meubles, des bijoux, du verre, du fer. Dès le Xe siècle, les exportations se multiplient vers les autres villes d'Europe. On évalue le revenu national de Venise, au XVIe siècle, à la moitié de celui du royaume de France, cent fois plus peuplé qu'elle[1].

Celui de Boston, Philadelphie, New York. Au début du XIXe siècle, avec du coton, du tabac, de l'indigo, les États du Sud des États-Unis étaient riches. Ceux du Nord étaient pauvres. Leurs principaux produits manufacturés venaient d'Europe. En 1816, sous la pression de leurs villes, les États du Nord obtiennent de la Fédération une élévation des droits de douane afin de protéger leur industrie naissante. La hausse constante des tarifs douaniers, qui augmente le coût de la vie au Sud sans contrepartie pour lui, sera une

1. La conquête turque et les Barbaresques détruisirent la puissance commerciale de Venise qui a perdu un à un ses comptoirs en Méditerranée. Mais c'est une autre histoire...

cause déterminante de la guerre de Sécession. Au moment où elle éclate, Charleston, Jacksonville, Atlanta, Richmond, Williamsburg sont de gros bourgs ruraux ou des villes de garnison, alors que Boston, Philadelphie et New York sont déjà des villes industrielles produisant la plupart des produits manufacturés, commerçant intensément avec les villes du Sud et les villes du Nord en expansion : Cincinnati, Pittsburg et Chicago. Cette industrialisation à l'abri d'une forte protection douanière a fait du nord des États-Unis la région motrice de la croissance américaine.

Celui de Tokyo. Au début du siècle, Tokyo fabriquait des vélos, en 1925 des machines à coudre, de petits appareils électriques et des montres vendues au kilo. La ville n'importait pas d'usines clés en main, elle s'initiait patiemment à l'industrie et innovait sans cesse en adaptant et perfectionnant les produits manufacturés extérieurs. On connaît la suite : Sony et Toyota.

Les caractéristiques communes de ces villes ayant joué un rôle moteur dans leur croissance sont : leur faculté de substituer à certaines importations des produits locaux élaborés et en général à forte valeur ajoutée ; un apprentissage patient des procédés de fabrication débouchant sur une capacité à innover ; enfin, l'accumulation d'un capital productif dans lequel des hommes formés et motivés comptent autant que le capital physique.

Elles ont tiré derrière elles des zones entières en se gardant bien de se contenter de leur maigre « avantage comparatif » initial.

Certes, toutes les villes n'ont pas eu un rôle aussi déterminant. La croissance excessive de certaines villes du Nord, en engendrant une ceinture de pauvreté, y pose les mêmes types de problèmes que partout ailleurs, problèmes sur lesquels je reviendrai. Mais, dans l'ensemble, les villes du Nord ont joué leur rôle de fournisseurs de produits fabriqués et de services pour les zones rurales, et elles ont été nourries par celles-ci.

Au Sud, les villes jouent souvent un rôle inverse. Presque partout, elles jouent un rôle d'accélérateur des importations. Le centre urbain normalement équipé est noyé dans une ceinture de bidonvilles, de *favelas* ou *slums* où vit une population de plus en plus nombreuse, pauvre et inemployée. Il faut la nourrir à bas prix ; pour cela, on bloque les prix des produits alimentaires, on s'approvisionne sur le marché mondial et, quand les cours de ce marché sont trop élevés, on subventionne les aliments importés.

De la sorte :

— on prive les agriculteurs de leurs débouchés urbains ;

— on habitue les citadins à se nourrir à un prix sans rapport avec les coûts de production ;

— on déséquilibre les finances publiques ;

— on sacrifie les importations de biens d'équipement aux importations d'aliments.

La Tunisie a bloqué le prix du pain pendant quinze ans, les paysans ont diminué leur production de céréales. Quand les subventions aux importations ont déséquilibré les finances du pays, le FMI est intervenu, on a doublé le prix du pain en une nuit ; le lendemain, trois cent mille personnes étaient dans les rues de Tunis. Même scénario ou presque à Casablanca, au Caire, à Mexico. Même une ville comme Abidjan, qu'on serait tenté de donner en exemple et qui a commencé de jouer un rôle important pour une vaste zone géographique, est, en fait, en voie d'appauvrissement : rapportées à l'habitat, la quantité d'eau consommée et la quantité d'ordures ménagères enlevées ont diminué de moitié en vingt-cinq ans[1].

1. Ces chiffres sont corroborés par la dépendance alimentaire croissante de la plupart des PVD, Inde et Chine exclues : 20 millions de tonnes de céréales importées en 1960 ; 100 millions en 1985 ; 150 millions probables en l'an 2000.

Les grandes villes du Sud compenseraient-elles ces importations alimentaires par des exportations industrielles ? C'est rarement le cas. Le secteur dit de l'économie « informelle » y joue un rôle de recyclage de matériaux comme les métaux, le caoutchouc, les plastiques. De ce point de vue, il contribue à limiter les importations, mais ce rôle est modeste. Quant à l'achat d'usines « clés en main », il ne contribue en rien à amener des techniciens ou des entrepreneurs à inventer ou à innover. Bien plus, il conduit souvent à une interruption du *process* industriel qui est fait d'un enchaînement d'unités petites ou grandes ; or, il suffit qu'une de ces unités s'arrête, faute de spécialistes, pour qu'une grande entreprise soit paralysée, ce qui s'est produit dans les pays dépourvus d'un tissu industriel et artisanal dense.

La réussite des villes comme Singapour et Hongkong n'infirme pas cette démonstration : elles ont bénéficié durant un quart de siècle d'un « drainage des cerveaux » depuis la Chine et l'Indochine, et, dépourvues d'arrière-pays, elles importent la totalité de leur alimentation.

Cependant, d'autres villes du Sud ont commencé à jouer un rôle utile. Ce sont celles qui développent des productions industrielles variées, des plus traditionnelles (le textile) aux plus sophistiquées (les produits informatiques). Elles jouent sur deux tableaux : d'une part, la relative modestie des salaires — et, sur ce point, il est vrai, elles usent d'un avantage comparatif momentané —, de l'autre, le transfert de technologies exigé lors de la passation de gros contrats avec les pays du Nord (telle la construction du TGV sud-coréen). Pour écrire un programme informatique, là où les spécialistes du Nord sont payés cent, des experts aussi compétents du Sud, en Inde, à l'île Maurice, aux Philippines, font le même travail pour dix ou vingt. L'amenuisement progressif du coût de transport et de mise à disposition de l'information favorise ce type de transferts de commandes vers le Sud. On tend ainsi vers une progressive homogénéité des savoir-faire qui implique, à long terme, la disparition des avantages comparatifs.

*
* *

Certaines villes, les plus dynamiques, contribuent à un développement en archipel par intensification des échanges entre elles. Ainsi, en Asie, de Shanghai, Canton, Tokyo, Séoul. Mais elles risquent d'être submergées par un afflux de ruraux — comme le sont Mexico et Calcutta — si aucune politique de développement en zone rurale n'est conduite. La Chine l'a compris ; elle refoule même brutalement les paysans qui commencent à s'agglutiner aux portes des grandes villes.

La poursuite de l'urbanisation paraît inévitable. Mais l'hyperconcentration humaine l'est-elle ? Ce qui naît sous nos yeux, c'est la mégapole, la ville sans limites, dévoreuse d'espace. Au lieu d'une population harmonieusement répartie sur un territoire, un point, conglomérat monstrueux concentrant pouvoirs, moyens, vie, tandis que le reste se vide ou s'étiole. Au lieu d'hommes enracinés dans un terroir et fiers de l'être, un individu déraciné, souvent solitaire dans la foule, vivant au rythme du temps mondialisé, de l'instantané porteur d'angoisse, insécurisé dans ce qui étaient jadis les lieux de la convivialité : la rue et la maison[1].

La violence dans la cité, la multiplication des incivilités — dégradation des cages d'escalier, *tags* sur les bâtiments et les véhicules, grossièretés, agressions — montrent que les

1. Ainsi se déroule sous nos yeux un processus formel d'histoire que dénonce Paul Virilio trois quarts de siècle après Spengler.

normes de la vie en commun, rejetées, ne sont plus intériorisées. L'urbanité se dégrade et, avec elle, le processus de civilisation. Mais où sont les villes d'antan ? chanterait Villon. Mais où sont les responsabilités ? ai-je envie de rechercher.

19.

Les mégapoles, une impasse

Préoccupé de loger artisans et ouvriers, Henri IV propose à François Miron, prévôt des marchands de Paris, de construire pour eux des quartiers à la périphérie de la ville. Voici la réponse que lui fait François Miron :

« Cher Sire,

Permettez que je me retire.

En jurant fidélité au Roi, j'ai promis de soutenir la royauté. Or Votre Majesté me commande un acte pernicieux à la royauté. Je refuse, je le répète à mon cher Maître et Souverain bien-aimé.

C'est une pernicieuse idée de bastir des quartiers à usage exclusif d'artisans et d'ouvriers. Dans une capitale où se trouve le souverain, il ne faut pas que les petits soient d'un côté, et les gros et dodus de l'autre. C'est beaucoup mieux, et sûrement, quand tout est mélangé. Les quartiers pôvres deviendront des citadelles qui prolongeraient nos quartiers riches.

Or, comme le Louvre est la partie belle, il pourrait se faire que les balles vinssent ricocher sur votre couronne. Sire, je ne veux pas estre complice de cette mesure. »

Et voici comment réagit Henri IV :

« Compère, vous estes vif comme un hanneton, mais à la fin du compte, un brave et loyal sujet.

Soyez content.

On fera vos volontés, et le Roy de France ira longtemps à votre école de sagesse et de prud'homie.

Je vous attends à souper et je vous embrasse. »

Ainsi des hommes ont eu jadis la prémonition des dégâts que causerait un urbanisme non conçu en vue de l'échange humain.

*
* *

L'explosion urbaine et les formes qu'elle prend, au Nord comme au Sud, incitent à la réflexion.

Pendant des siècles, la ville a été par excellence le lieu d'échange des hommes, des marchandises et des idées. Le lieu aussi d'une création monumentale et architecturale d'une grande beauté. Ainsi encore de beaucoup de villes petites et moyennes : Rome, Paris, Londres, Saint-Pétersbourg *intra muros*, ou Hanoi, Pékin, Mexico, Rio de Janeiro, toujours *intra muros*.

Mais c'est là que le bât blesse : « hors les murs » se sont développées des caricatures de villes, au Sud une ceinture de bidonvilles, de *slums* et de *favelas*, au Nord des banlieues informes. Montez en début de soirée au haut d'une tour du centre de Chicago : à vos pieds, la lèpre des parkings, la ville a disparu, tous ses habitants partis vers de lointaines banlieues, les riches d'un côté, les pauvres de l'autre. Même ségrégation à New York, Los Angeles, Paris ou Moscou.

Je vois bien ce qui rend difficile de suivre aujourd'hui le conseil de François Miron. Une fois saturé le périmètre urbain ancien, le flot des nouveaux arrivants se déverse sur les banlieues. Pour y mettre un peu d'ordre on invente des procédures (en France, par exemple, les ZUP — zones à urbaniser en priorité), on construit de grands ensembles parallélépipédiques aux lignes dures, ou, mieux, on s'efforce de concevoir des villes nouvelles équilibrées. Mais il est évident qu'une politique d'aménagement du territoire évitant ce déversement sur les grandes villes rendrait l'urbanisme moins coûteux et plus efficace.

*

* *

La taille des villes est à l'origine de difficultés croissantes. En 1997, vingt-cinq agglomérations comptent plus de dix millions d'habitants ; quatre sont situées au Nord (Los Angeles, New York, Tokyo-Yokoama et Paris), et vingt et une au Sud, avec des populations qui approchent ou dépassent vingt millions d'habitants. Peut-on encore parler de villes ? Il faudrait dire « megapolis » ou « connurbation ». À de tels niveaux, les inconvénients se cumulent.

La gestion urbaine devient un tour de force, qu'il s'agisse de trafic automobile, de réseaux de distribution d'eau et d'égouts, de la voirie, des ordures ménagères[1]. La pollution est telle qu'ici ou là est instituée l'alternance de l'usage des véhicules en fonction de leur numéro d'immatriculation. Les risques industriels sont amplifiés, comme l'ont montré les catastrophes de Bophal et de Mexico qui ont fait plusieurs milliers de victimes en quelques minutes.

L'alimentation en eau des villes sera l'un des problèmes majeurs du siècle à venir. La plus grande partie de l'eau consommée dans les villes ne sert qu'à évacuer les pollutions produites par leurs activités. Jusqu'ici, la taille des concentrations urbaines était compatible avec la capacité de la nature à fournir l'eau pure à l'homme et à regénérer les

1. Un rapport de l'Agence de l'environnement et de la maîtrise de l'énergie de septembre 1997 montre qu'en France, le transport des déchets représente *un tiers* du trafic intérieur des marchandises ! La production de déchets ménagers par habitant et par an est de 553 kg à Paris, de 470 en Île-de-France, de 422 pour la France entière, ce qui montre où conduit la concentration dans les mégapoles.

eaux polluées. Ce n'est déjà plus le cas et ce le sera encore moins demain. La population urbaine passera de deux milliards huit cents millions en l'an 2000 et quatre milliards cinq cents millions en 2020, dont trois milliards quatre cents millions pour les pays du Sud et, dans ces pays, c'est dans des mégapoles qu'elle continuera de s'agglutiner, la plupart du temps dans des zones non équipées.

L'inadaptation sociale, inconnue il y a quelques dizaines d'années au Sud, se développe avec son cortège d'enfants de la rue, de marginaux, de drogués, de délinquants, de gens coupés de leur milieu d'origine et donc d'un réseau de solidarités familiales qui permettait de survivre en zone rurale. En 1985, les maires de Dakar et d'Abidjan m'ont demandé une documentation sur les clubs et équipes de prévention[1] que j'avais contribué à développer en France.

L'insécurité est le corollaire du chômage et de l'inadaptation. On ne circule pas la nuit entre Lagos et son aérodrome. À Rio, les « Escadrons de la mort » poursuivent la nuit des enfants affamés et des adolescents qui ne sont pas des anges, comme ceux qui arrosaient d'essence la couverture d'un Indien dormant sous un porche, puis y mirent le feu[2]. Au Nord comme au Sud, la police ne suffit plus à endiguer la violence urbaine. Les polices privées se développent ; les riches dorment à l'abri de propriétés-forteresses.

Le lieu du conflit social s'est déplacé de l'entreprise vers la ville.

Partout, des populations suburbaines sont sous-employées. Au Sud, les industries à forte intensité de main-d'œuvre — comme le textile — absorbent une partie des ruraux attirés par le mirage de la ville. Mais la recherche de la productivité réduit peu à peu leurs besoins en ouvriers.

1. Il s'agit d'éducateurs de rue, disposant d'un local, qui organisent des activités sportives et culturelles pour les bandes de jeunes souvent coupés de leur famille.

2. Galdino Jesus Dos Santos, Indien brûlé vif par cinq jeunes gens (de seize à dix-neuf ans), de la bonne société brésilienne, dans la nuit du 20 avril 1997.

L'économie dite « informelle » se développe alors : les gens travaillent le caoutchouc, le bois, la tôle, le carton, les déchets de toutes sortes, avec une ingéniosité qui devrait leur mériter mieux que les maigres ressources qu'ils en tirent.

Ce sous-emploi chronique conduit aussi à un nouvel esclavage. Celui des enfants — mais il faut reconnaître qu'en Inde il existe aussi dans les campagnes — et celui des adultes qu'aucun code du travail ne protège. La loi de la sélection des plus forts gagne peu à peu l'ensemble de la société ; elle corrompt les solidarités naturelles. À la violence hypocrite des possédants répond la violence explosive des jeunes marginalisés, et parfois celle de quartiers entiers. J'avais écrit en 1981 : « L'ère des grandes émeutes urbaines est commencée. » Depuis, il y a eu Le Caire, Tunis, Alger, Casablanca, Sao Paulo, Caracas, Los Angeles.

En pays musulmans, enfin, la misère urbaine est devenue le terreau du fondamentalisme.

*

* *

Dans une mégapole, on trouve des habitants, on ne trouve plus de citoyens. Comment les gens qui campent dans les collines à quinze kilomètres du centre de Mexico, ou ceux des *slums* de Calcutta, pourraient-ils peser sur la gestion de leur cité ? Et pourtant ils le veulent ! Alors ils réinventent une sorte de démocratie au niveau de leur quartier. Telle *favela* de Rio est un modèle de solidarité, tel quartier de Lima voit naître une épicerie ou une boulangerie coopératives. À l'origine de ces initiatives, quelquefois un prêtre, souvent des femmes. Tout cela s'organise en marge des institutions, quelquefois contre elles. L'économie globale, sans balises, a conduit à la mégapole ; le « local » se débrouille comme il peut au niveau du quartier, à défaut de la cité chère à Platon, à Cicéron... et à François Miron.

Cependant, des élus locaux ont pris conscience de ce besoin de démocratie participative. Tel Tarso Genzo, maire de Porto Alegre, capitale de l'État de Rio Grande do Sul, au Brésil. Pour permettre à ses concitoyens d'être effectivement actifs, il a divisé la ville en seize secteurs. Dans chacun d'eux, en présence du maire et d'un coordonnateur, la population est appelée à formuler ses demandes par ordre de priorités (eau, voirie, transports, éducation, etc.). La séance est précédée d'un travail d'information réalisé par les associations, les journaux de quartier et des tracts. Des vidéos, des saynètes, de la musique accompagnent les demandes et les critiques des leaders du secteur. Les requêtes d'urgence des seize secteurs sont ensuite classées par ordre et c'est cet ordre qui permet l'établissement du budget d'investissements de la ville, baptisé budget participatif[1].

Porto Alegre compte un million deux cent cinquante mille habitants. Une grande ville, donc ; pas une mégapole. L'expérience qu'elle a menée à bien depuis une dizaine d'années n'en est pas moins transposable pour rendre un tant soit peu réel l'exercice de la démocratie locale au Nord comme au Sud.

*

* *

Je crois que l'équilibre du monde, dans le siècle à venir, dépendra d'une meilleure articulation entre espace rural et

1. *Quand les habitants gèrent vraiment leur ville*, Éditions Charles Léopold Mayer, Fondation pour le progrès de l'homme, 1998.

espace urbain, et donc du maintien d'une forte population rurale.

Il ne faut voir aucun romantisme dans cet énoncé, aucun regret d'un monde où les paysans formaient 80 % de la population. Selon les lieux et les époques, les urbains ont été autant que les ruraux les héros de l'Histoire. Le terme « population rurale » a été choisi parce qu'il englobe à la fois les agriculteurs et ceux avec qui ils traitent dans les villages et les bourgs : artisans, commerçants, banquiers, personnels soignants et enseignants.

Le choix du maintien d'une population rurale nombreuse s'impose pour des raisons alimentaires, physiques, écologiques et humaines.

Durant le XXIe siècle, la population mondiale va passer de six à environ dix milliards d'hommes. Les besoins alimentaires vont croissant. Je viens de montrer combien une forte dépendance alimentaire constitue un danger pour beaucoup de peuples dans un monde instable et violent. Au plan global, les projections de la FAO effectuées en 1980 (Agriculture Horizon 2000[1]) se révèlent exactes : en une quinzaine d'années, les pays en développement ont dû importer environ cinquante millions de tonnes de céréales supplémentaires. À quoi tient cette formidable et rapide augmentation, et comment a-t-elle été possible ?

En Inde, la « révolution verte » a permis d'augmenter la production d'aliments, même si elle s'est faite surtout au profit des gros propriétaires. Partout ailleurs, depuis trente ans, l'effort prioritaire n'a pas porté sur la production vivrière. L'objectif tacite est resté l'alimentation à bas prix des populations urbaines grâce à des importations subventionnées au départ dans le pays producteur, ou à l'arrivée dans le pays consommateur. La politique d'aménagement du territoire étant embryonnaire au Sud, aucun effort sérieux n'a été fait pour relier centres de production et lieux

1. Reproduites en annexe dans *Le Tiers-Monde peut se nourrir*, Fayard, 1984.

de consommation. Le coût réel de la vie dans les grandes villes est artificiellement abaissé, et l'exode rural encouragé de ce fait. Le paysan autonome ou producteur de vivres se change en citadin consommateur de produits importés.

Ces importations croissantes d'aliments, dans lesquelles les céréales tiennent une place prépondérante, ont été rendues possibles par l'effort de productivité des agriculteurs en Europe, en Amérique du Nord, en Australie. Économistes et agronomes doutent que ce mouvement puisse se poursuivre avec cette ampleur. Même les vastes terres américaines ne peuvent supporter une exploitation forcenée ; d'où la politique de jachère imposée par le gouvernement. L'Europe, quant à elle, commence à payer le prix de l'utilisation intensive d'engrais avec la pollution par les nitrates des nappes phréatiques et des cours d'eau, ou encore le prix de la pollution par les lisiers dans des régions comme la Bretagne.

D'une façon générale, plus l'agriculture s'industrialise, plus elle porte atteinte à l'environnement, et plus elle consomme d'eau. Au printemps de 1997, la France connaît une longue période de sécheresse. En Beauce où les rendements de blé à l'hectare dépassent cent quintaux, les agriculteurs commencent à arroser en pompant dans une nappe phréatique dont le niveau baisse d'année en année, au point qu'une petite rivière, la Conie, est en train de disparaître. Le préfet est obligé de prendre un arrêté interdisant l'irrigation et l'arrosage. Ce cas est exemplaire de l'opposition entre le présent et le futur, que nous retrouverons à l'échelle nationale et mondiale : seul le pouvoir politique est à même, au nom de l'intérêt général, de préserver un patrimoine mis en péril par le productivisme et la recherche du profit à court terme.

À l'argument écologique s'ajoute l'économique. Une forte croissance de la production n'est possible qu'au prix d'une augmentation tout aussi forte des intrants (machines et engrais), donc de coûts insupportables par le consommateur. Or ce consommateur est au Sud, et son pouvoir d'achat, faible. En outre, ces importations viennent grever une balance des comptes déficitaire. Enfin, l'endettement des pays en développement est tel qu'on voit mal qu'ils puissent financer de telles importations par de nouveaux emprunts.

Le bon sens, l'économie et l'écologie incitent donc à maintenir au Sud une population rurale apte à se nourrir et à nourrir la population urbaine en combinant cultures vivrières et cultures d'exportation chaque fois que possible. Ils incitent à revenir, au Nord, à une agriculture moins polluante et moins subventionnée.

Au plan humain, enfin, le maintien sur la terre nourricière répond au vœu de la plupart des hommes. Ce n'est jamais de gaieté de cœur que le paysan émigre vers la ville. Partout il se sent uni à la terre par une relation physique — son travail — comme par un ensemble de croyances et de rituels qui contribuent à son équilibre. L'Indien latino-américain prie Dieu, Marie, saint François, mais aussi Pachamama, la terre mère et nourricière. On est souvent pauvre dans les campagnes, mais jamais « inadapté ». Les fêtes qu'on s'y donne célèbrent le lien primordial entre l'homme et l'univers.

*
*   *

Il est bon qu'au Nord comme au Sud on en vienne à considérer l'aménagement du territoire comme un moyen de prévention. Prévention en matière de santé physique et mentale de la population ; prévention de la violence et de l'exclusion ; prévention de l'engorgement des mégapoles, générateur de dépenses inconsidérées d'infrastructures, comme de consommations excessives d'énergie et d'eau, elles-mêmes annonciatrices de pénuries futures.

Le « local », lieu de sauvegarde du patrimoine physique et culturel, mais lieu aussi de mobilisation et d'innovation, est seul en mesure de préserver un meilleur équilibre de la population mondiale et de contrebalancer l'effet destructurant des mécanismes aveugles inhérents au « global ».

20.

Contrepoint du local et du global

Connaissez-vous Paulo Freire ? En Amérique latine, il est aussi connu dans les milieux de l'éducation que le « roi Pelé » dans ceux du football. Au début des années 60, il invente et met en œuvre dans le Nordeste du Brésil une méthode d'alphabétisation des adultes dite de « conscientisation ». Inutile, dit-il, d'apprendre à lire et à écrire à un adulte si on ne l'aide pas, dans le même temps, à modifier ses structures mentales fatalistes et à faire émerger ses capacités latentes. Échanger avec les autres sur la vie et les préoccupations quotidiennes mobilise l'esprit et fait réfléchir.

La méthode utilise au départ seize mots clés évocateurs de la vie des gens : terre, brique, médicament, autobus, etc., puis d'autres mots du langage ordinaire. On discute en regardant des diapositives qui comportent toujours un dessin à côté du mot à mémoriser et reproduire. Le succès est tel que le gouvernement confie à Paulo Freire la présidence de la commission d'éducation populaire du ministère de l'Éducation. Il y prépare un programme d'alphabétisation de l'ensemble du Brésil grâce à sa connaissance du langage utilisé dans les différentes régions de cet immense pays. Jusqu'au jour où les militaires, ayant pris le pouvoir par un coup d'État, mettent fin à l'entreprise qualifiée de « subversive ».

Mais on n'arrête pas les idées. La méthode se répand dans l'ensemble de l'Amérique latine ; l'Unesco reconnaît son efficacité et attribue à son auteur, en 1968, le prix de la Lutte contre l'analphabétisme.

Paulo Freire nous administre d'autres leçons. D'où vient la pertinence de sa démarche ? D'une bonne connaissance de la psychologie populaire et d'une vision anthropologique pertinente : chaque homme dispose de forces cachées qu'il faut révéler.

Sa méthode a été baptisée « conscientisation ». Les grilles de « mots générateurs » mises au point devenaient des grilles d'analyse de la réalité, donnant prise sur elle pour la transformer. Et les Brésiliens qui en ont bénéficié se sont mis effectivement à la transformer. « Entreprise subversive », ont conclu des militaires obtus qui n'ont pas compris que l'homme éveillé — ou réveillé — est la condition première du développement. Car si l'homme puise dans la tradition de ses pères ses savoir-faire et sa sagesse, il les réinvente sans cesse. Encore faut-il que l'arrogance de ses maîtres ne le débilite pas.

L'Église catholique a été plus intelligente que les dictateurs. Sous l'impulsion d'un évêque, Mgr Tavora, elle lance le mouvement d'éducation de base avec la méthode de Paulo Freire. D'où sa percée dans les milieux populaires du Brésil et la naissance d'un syndicalisme rural. Les prêtres ou laïcs animateurs du mouvement découvrent alors avec étonnement le pouvoir « conscientisant » de la Bible. Au même titre que les mots clés de Paulo Freire, les récits bibliques permettent aux petites gens de reconnaître ce qu'ils vivent tous les jours et de s'organiser pour modifier leurs conditions d'existence. La Bible, tonique du peuple ! Marx en tomberait sur le cul...

Une communauté internationale démocratique et humaine aurait coupé tous crédits aux militaires auteurs de coup d'État, et aurait financé sur dons ou prêts à faible taux d'intérêt une lutte contre l'analphabétisme débouchant sur une résurrection de l'acteur du développement : l'homme. Eh bien, non ! Le Brésil officiel a été inondé de crédits qui ont contribué à la « crise de la dette » de 1982. Le Brésil local a dû se débrouiller seul. Ou presque, car des ONG sont venues néanmoins à sa rescousse.

*
* *

Quelles formes prennent les réactions du local face à des évolutions économiques, sociales, culturelles, nationales ou mondiales qui tantôt l'agressent, tantôt le négligent, parfois cherchent à l'associer au mouvement ?

La première est la révolte. Pendant des siècles, les cités, les minorités, les petits peuples enclavés ont dû lutter pour leur autonomie et pour sauvegarder leur identité. C'est encore le cas des Kurdes, des Tibétains, des habitants du Kosovo. Révolte encore dès que le souverain n'assure plus un ordre social juste et que le monde devient, pour le peuple ou une partie du peuple, oppressif ou trop inégalitaire — c'est la révolte des esclaves : Spartacus à Rome, Toussaint-Louverture en Haïti ; des paysans : les jacqueries du Moyen Âge ; des ouvriers : les canuts à Lyon en 1831 et 1834, les grèves tournant à l'affrontement avec les forces de l'ordre ; des minorités religieuses opprimées : les protestants sous Louis XIV, les Soudanais du Sud, les Karen en Birmanie, les Indonésiens de Timor ; des Noirs aux États-Unis et en Afrique du Sud ; des Indiens en Amérique latine ; des peuples colonisés un peu partout ; des femmes là où des violences leur sont faites. Etc.

La deuxième est le repli, qui prend d'abord une forme culturelle : le « temps des tribus » a pu titrer un sociologue[1]. Dans certains pays qui ne sont pas tous au Sud, le tribalisme retrouve, avec ses vertus, quelques-uns de ses plus graves défauts : la réciprocité violente, la voix du sang, le devoir de vengeance, la haine de celui qui ne croit pas au même dieu. Dans les sociétés laïques du Nord, des groupes sociaux façonnent leur territoire et leur idéologie autour de valeurs qui leur sont propres. Ils s'ajustent ensuite comme

1. Michel Maffesoli, *Le Temps des tribus*, Méridiens-Klincksieck, 1988.

ils le peuvent dans un mélange de ségrégation et de tolérance. La secte est une forme extrême et dépravée de ce tribalisme. L'universel se perd dans un horizon brumeux.

Le repli revêt aussi une forme économique. Pour beaucoup de communautés de base, la seule façon de durer, c'est de résister à un changement imposé. La résistance des Conis de Panama est célèbre : la pêche et quelques arpents de terre sur la côte, face à leurs îles, leur suffisent. L'entrée en dissidence douce avec le modèle dominant prend des formes variées. En 1984, le père Graziano Mason arrive à Quito, capitale de l'Équateur. Avec un groupe de femmes, il met en place une boutique communautaire où l'huile, le savon, le sucre sont achetés en gros et vendus au plus juste prix. Un an plus tard naît le MCCH, qu'on peut traduire par « Commercialisons en frères », organisation qui compte (en 1997) plus de cinq cents magasins communautaires et bénéficie à plus de cinquante mille familles. L'acte de commerce est comme retourné : il devient un exercice de solidarité. On achète aux paysans, directement, à des prix supérieurs à ceux offerts par les commerçants. Le MCCH achète des farines de blé, d'orge, de fève, de *machica* (tubercule andin), moulues sur un moulin banal. D'autres provinces arrivent des bananes, du cacao, du café, des produits artisanaux. La redécouverte des cultures indiennes et la valorisation du travail communautaire constituent les éléments andins d'une démarche au départ chrétienne[1].

Les Indiens ne sont pas seuls à commercialiser en frères. Au sud du Vercors, le Diois a été une région d'exode rural jusqu'à un passé récent. Sa beauté y a attiré quelques jeunes Français, Anglais, Allemands, Hollandais souvent fort diplômés, y compris en agronomie. Ils y vivent de petites propriétés agricoles et de métiers artisanaux. Comme tout ce monde-là n'est pas riche, les échanges de biens et de services se sont mutipliés : tu me gardes mes chèvres, j'ac-

1. *Peuples du monde*, n° 299, février 1997.

compagne tes gosses à l'école ; tu m'aides à distiller ma mélisse, tes œufs et tes pommes m'intéressent. On vit hors circuits classiques et hors institutions, mais on vit, et, de surcroît, on vit heureux. Tout ce petit monde se retrouve au marché de Die, s'attable à une terrasse de café et discute de choses sérieuses ou futiles. Ces gens, à l'inverse de la rétraction individualiste qu'ils ont connue à la ville, recréent de l'échange social. Ils composent une solidarité de village sans hériter des querelles du passé.

Des réseaux d'entraide de ce type se sont multipliés dans les zones pauvres des Pyrénées et du Massif central. Il serait étonnant qu'ils n'existent point ailleurs dans les pays du Nord.

À une plus vaste échelle, la réussite de la Grameen Bank au Bangladesh montre qu'on peut mobiliser une épargne locale au profit des producteurs locaux. Qu'est-ce qui freine la mobilisation de l'épargne dans tant de pays du Sud ? D'abord, la peur de l'État dans des pays où le secret bancaire n'est pas la vertu dominante. Ensuite, l'utilisation de l'épargne collectée à des prêts « profitables », c'est-à-dire affectés à des secteurs à forte rentabilité, donc sans retour vers l'épargnant rural. S'estimant grugé par le global, le local reste dans sa coquille. S'il se sent soutenu et compris, la réaction est tout autre, comme le montre le développement récent des coopératives d'épargne et de crédit dans les pays africains francophones. Les villageois élisent un conseil d'administration pour piloter la création de la caisse locale et viennent nombreux à l'assemblée générale pour contrôler le déroulement de l'opération[1]. Ce genre de collecte interne à une zone n'est pas propre aux pays du Sud. En France, dans la région Nord-Pas-de-Calais, vient de naître la Caisse régionale de crédit solidaire. Elle redistri-

1. Le mouvement généré par le Crédit mutuel compte désormais 350 000 sociétaires dans ces pays. *Cf. Le Monde*, 16 juillet 1997.

buera l'épargne locale aux créateurs d'entreprises qui n'ont pas accès aux crédits bancaires.

Le local peut choisir de s'articuler avec le régional et le national. Plus de dissidence, même douce, mais une coopération renforcée. Disons tout de suite que cette coopération n'est possible que là où de véritables collectivités locales existent, avec des pouvoirs et des ressources propres. À Madagascar, au début des années 60, la procédure des travaux dits « au ras du sol » n'a pu être mise sur pied qu'en raison de la création de vraies communes (*cf.* chapitre 16). En Inde, signe de maturité politique, les paysans ont commencé de s'emparer des municipalités. En France, la pratique des « contrats de ville » qui lient l'État à une commune, se développe depuis le début des années 90. En zone rurale apparaissent les contrats de « pays » ou de terroir. Ils visent à créer ou à maintenir de l'emploi en mobilisant les forces des entreprises, des collectivités locales et des associations autour de projets élaborés en commun auxquels la Région ou l'État apportent un concours. C'est la même philosophie qui anime les Pactes territoriaux pour l'emploi, mis au point en Irlande et auxquels les Fonds structurels de l'Union européenne apportent une aide au démarrage. On reste dans la philosophie économique dominante, mais l'échelon local, trop longtemps anesthésié par la politique étatique d'aide et de contrôle étroit, est invité à se réveiller et à élaborer des projets qui lui soient propres.

Il arrive que le « local » s'adresse au local sans trop se préoccuper des échelons nationaux. Il en est ainsi de la « coopération décentralisée » : coopération entre une collectivité locale du Nord et son homologue du Sud, ou entre un organisme professionnel du Nord et un autre du Sud. Dieu sait si, dans une ville, la gestion de la voirie, des réseaux d'eau, d'énergie, de transport est chose difficile. Un stage gratuit de quelques mois d'un ingénieur du Sud dans les services d'une ville du Nord ne ruine pas cette ville et accélère l'appropriation par le Sud des bonnes méthodes de gestion. En agriculture, il est fondamental d'apprendre comment le potentiel de production de la terre a été maintenu pendant des siècles : nos paysans, qui ont su le faire, savent aussi passer le message aux paysans du Sud dans un langage direct qu'ils comprennent.

*
* *

Reconnaître la diversité du monde, l'appréhender avec tact pour en faire un moyen de réussite, un médecin doit savoir le faire. L'homme, une seule et même espèce ? Génétiquement, oui. Une seule médecine ? Non. N'a-t-elle pas partout pour objet d'atténuer la souffrance, de rétablir le bon fonctionnement d'un organe ou d'une fonction ? Certes, mais il s'agit des organes et des fonctions de l'homme, espèce sociale dont la culture conditionne les comportements et influe sur son corps comme sur son esprit. J'ai évoqué plus haut la liaison de la médecine chinoise et de la médecine ayurvédique, en Inde, avec une cosmogonie, c'est-à-dire une vision du monde au sein duquel l'homme n'est qu'un cas particulier.

Ce qui m'importe ici est de voir comment la médecine, fille de la science et de la philosophie occidentales, peut s'adapter au divers. Cette adaptation, le professeur Collomb l'a réussie au début des années 60 au Centre neuropsychiatrique de Dakar. Face à lui, des malades mentaux et une structure universelle, l'inconscient, mais incluse dans un jeu de parenté et dans un contexte local : relations de l'enfant avec la mère, le père, l'oncle maternel, le clan, les génies du lieu, sans équivalents en Europe. Impossible, donc, de transposer les drames d'Eschyle et de Sophocle où Freud a puisé ses archétypes. En conséquence, Collomb refusait de soigner un malade avant d'avoir interrogé les gens de sa tribu et de sa famille ; il situait ainsi le choc nerveux responsable dans un contexte humain et social variable selon l'origine tribale du malade. Et il guérissait. Du coup, il s'est trouvé deux ethnologues pour décrire l'Œdipe africain[1].

Eh bien, nos propres tribus aussi peuvent relever d'une même attention ! Que fait d'autre, en effet, le professeur René Frydmann à l'hôpital Béclère, près de Paris ? On sait combien des techniques comme celle du « bébé-éprouvette » peuvent casser les liens qui nous unissent dans la tendresse ou la douleur aux autres, à une histoire, à cette merveilleuse gestation dans le ventre maternel. Frydmann commence, avec ses consultants, par parler de leur foi, de leurs croyances, essaie d'appréhender leur sensibilité profonde ; il adapte son intervention ou s'abstient d'intervenir. La technique n'est plus première, elle est servante d'une personne que l'on respecte[2].

*

* *

Ainsi, l'adaptation au divers s'est toujours faite par tâtonnements, par avancées et reculs. La place du local n'a souvent été acquise qu'après une lutte sournoise ou ouverte contre le souverain ou contre l'État détenteur du pouvoir de contrainte. Car la tentation de l'autorité est d'imposer une loi uniforme et parfois tatillonne. C'est à elle que pensait le poète anglo-américain Auden en composant cette prière :

« Et maintenant, prions à l'intention de ceux qui détiennent quelque malheureuse parcelle d'autorité, prions pour tous ceux à travers lesquels nous devons subir la tyrannie impersonnelle de

1. M. C. Ortigues, *Œdipe africain*, Plon, 1966, 10/18, 1973.
2. René Frydmann, *Dieu, la médecine et l'embryon*, Odile Jacob, 1997.

l'État, pour tous ceux qui enquêtent et contre-enquêtent, pour tous ceux qui délivrent les autorisations et promulguent les interdictions, prions pour qu'ils n'en viennent pas à considérer la lettre et le chiffre comme plus réels et plus vivants que la chair et le sang.

Et faites, Seigneur, faites que nous autres, simples citoyens de cette Terre, nous n'en arrivions pas à confondre l'homme avec la fonction qu'il occupe.

Faites que nous ayons toujours présent à l'esprit que c'est bien de notre impatience ou de notre paresse, de notre abus ou de notre peur de la liberté, de nos propres injustices, enfin, qu'est né cet État que nous devons subir, pour la délivrance et la rémission de nos péchés[1]. »

L'État a eu pendant des siècles le monopole de la contrainte légitime. Il partage aujourd'hui cette prérogative avec des organisations régionales comme le G7, l'OTAN, ou mondiales, comme l'ONU. Mais, plus subtilement, c'est une contrainte douce qui s'impose au moyen de l'économie mondialisée dont les règles sont définies à l'OMC (Organisation mondiale du commerce) et appliquées sous la houlette du FMI et de la Banque mondiale. Au niveau mondial sont prises désormais des décisions qui pèsent sur des centaines de millions de gens. Les puissants qui gouvernent le monde seraient bien inspirés de prendre garde aux réactions du local. Le formidable appareil financier construit depuis un demi-siècle est en réalité fragile.

Ils se croyaient invulnérables, les tyrans qui tenaient en main la police et l'armée ! Il a parfois suffi d'une poignée d'hommes déterminés pour les abattre. La révolte des assoiffés de justice et de liberté s'est ici ou là fait écraser, mais, le plus souvent, elle a triomphé. Plus d'une fois l'humanité s'est construite contre l'impossible.

1. W. H. Auden, cité par C. V. Gheorghiu dans *La Vingt-Cinquième Heure*.

Méditons aussi les enseignements de la physique : un système apparemment bien structuré et stable bascule soudain vers une autre forme d'organisation, non par transformation de ses éléments centraux, mais par des fluctuations survenues à sa marge. Il en est de même des sociétés. L'éclatement de l'URSS, dotée de la plus puissante des armées, de la plus puissante des polices, du plus puissant des partis uniques, nous en a donné la démonstration.

*

* *

Cette défense du local et de la diversité est-elle justifiée ? La mondialisation ne va-t-elle pas dans le sens de l'unification de la planète ? L'homme n'est-il pas le même partout par son code génétique et le modèle archétypal qu'il comporte ?

Si la diversité est une richesse, il faut le montrer et découvrir comment elle se conjugue avec l'universel.

21.

L'universel et la diversité

En 1985, directeur des Affaires internationales de la Caisse des dépôts, je rencontre à Abidjan le représentant d'une des filiales du groupe, la SINORG. Il s'appelle Jean Tricot. Voici ce qu'il me raconte :

« *J'ai appris à jouer à l'*awelé *avec mon cireur de chaussures quand j'attendais l'avion à l'aéroport. C'est un jeu ivoirien qui s'apparente au go chinois ou à notre jeu d'échecs. J'y ai pris goût et me suis mis à rencontrer régulièrement mon jeune professeur. Au bout de quelques semaines, j'ai commencé à le battre régulièrement.*

Il a disparu quelques jours. À son retour, il a joué différemment et a recommencé à gagner. Je me suis adapté à son nouveau jeu et je l'ai battu plusieurs fois de suite.

Nouvelle disparition de mon cireur, qui revient avec une nouvelle tactique et me bat à nouveau. Je l'interroge alors sur ce qu'il fait durant ses absences, et c'est ainsi que j'apprends que je joue contre un village entier. Battu, mon adversaire retourne chez lui et, avec la prodigieuse mémoire africaine, recompose les jeux devant les anciens. Au bout d'un ou deux jours de réflexion en commun, la parade est trouvée et le round suivant peut commencer... »

À la même époque, ENDA, une ONG, fait jouer *Antigone* au Sénégal, dans la rue, en langue vernaculaire. Les premières représentations ont lieu en Casamance. Gros succès. Le gouverneur de la province s'inquiète et fait savoir à Dakar qu'il va interdire cette pièce subversive. Télex en réponse du président de la République, Abdou Diouf : « *Ne vous donnez pas le ridicule d'interdire Sophocle !* »

Toute la dialectique entre l'universel et la diversité tient dans ces deux anecdotes. La diversité, c'est, en Afrique, la force du groupe, loin des comportements individualistes européens et nord-américains. Mais, dans le même temps, cette population africaine entre de plain-pied dans des textes de portée universelle.

Je crois conciliable le « local » et l'universel, comme le Burkinabé Joseph Ki-Zerbo qui écrit : *« Chaque culture a le droit d'échapper au regard homicide des cultures de proie ; elle a aussi le devoir de jeter des ponts qui la délivrent du ghetto. »* Cette conciliation ne vas pas sans tensions, comme permet de le constater la mise en parallèle de ce qui est commun aux hommes et de ce qui est propre à leurs « maisons » et cités.

Commun à tous, en premier lieu, le capital génétique, archétypal, d'une constance quasi absolue. Sans lui, un homme ne reconnaîtrait plus dans un autre son semblable.

Commune à tous, la raison, qui a donné naissance aux philosophies et aux sciences chinoises, hindoues, égyptiennes, grecques ou européennes, au départ isolées, de plus en plus communicantes au fil des siècles, et qui se libère des clivages politiques. L'internationale des cerveaux fonctionne depuis toujours. Citons Averroès, Érasme, Voltaire... Trois ans avant la chute du mur de Berlin, un déjeuner regroupe des savants du monde entier dans la cité scientifique construite en Sibérie au bord du lac Baïkal. Le président invitant, le Russe, annonce la fin du communisme en URSS. Lichnerovicz, mathématicien français, lui dit : « Vous n'oseriez pas dire ça devant le représentant du Parti ! » Réponse du président, désignant un physicien russe : « Le représentant du Parti est votre voisin de droite ! »

Filles de la religion et de la philosophie, un certain nombre de valeurs, de vertus, se trouvent sous toutes les latitudes : le respect de la vie, l'honnêteté, le courage, la solidarité. D'où quelques règles communes : prohibition de l'inceste, condition de la socialisation, interdit du meurtre et du vol, etc., conditions de la vie en société.

Filles de la science, les technologies en se diffusant, unifient la planète : les techniques de transport, de construction, de production rapprochent les modes de vie. Les médias distribuent les mêmes informations dans des domaines devenus communs à des milliards d'hommes : le sport, la chanson, la musique. En Afrique, au fond de la brousse, des enfants me parlent de Raï comme ils me parlaient de Tigana[1] il y a quelques années. Les Touareg ont infléchi leurs parcours pour pouvoir capter les émissions télévisées sur leurs postes à piles.

Créée en 1989 à l'initiative de militants associatifs, la « Caravane des quartiers » offre des spectacles de théâtre et de chants dans les banlieues ; elle implique dans l'accueil la population des quartiers où elle plante ses chapiteaux. Après Paris, Lyon, Belfort, Mons, Toulouse, Colmar, elle se prépare à partir pour Barcelone et Saint-Jacques-de-Compostelle, puis à Dakar et Bamako, grâce à une aide de la Fondation Abbé-Pierre. Ainsi est mise en relief la communauté des problèmes des banlieues, évoqués plus haut, et, sans doute, l'émergence d'une culture commune.

*

* *

Ce qui est propre aux peuples est tout aussi fort que ce qui leur est commun. Tous les peuples, à un moment de l'Histoire, ont produit du sacré, se sont imposé des normes, des limites relevant d'un ordre divin des choses, sans autre justification que leur existence immémoriale depuis quelque fondateur mythique. Ces représentations du monde, ces recherches de l'origine, ces cosmogonies ont quelques points communs, mais beaucoup de différences.

1. Célèbres joueurs de football.

Le Dogon, le Maori, l'Indien se jouent chacun à leur façon le grand spectacle de l'univers.

Les grands récits se greffent souvent sur ce sacré primitif. L'épopée de Gilgamesh, partie d'Ourouk et de Sumer, a été contée sur les marchés, les caravansérails et les campements caravaniers de tout l'Orient pendant des siècles. D'autres sont inspirés par les grandes religions : en Europe, la quête du Graal a incliné nos sensibilités pendant mille ans et influencé peintres, musiciens et cinéastes jusqu'à Stephen Spielberg.

De ces cosmogonies découlent des hiérarchies et des modalités d'exercice des valeurs particulières. Parce que Confucius exalte moins l'homme en tant que personne qu'en tant qu'être social, la piété filiale, le respect des personnes âgées, l'éducation, le travail, le formalisme dans les rapports sociaux sont des valeurs premières en Asie. Elles donnent leur équilibre aux individus ; au Japon et en Corée, elles ont favorisé des modes de gestion adaptés aux entreprises de grande dimension. En Afrique, la solidarité familiale et clanique prime sur toutes les autres valeurs. *« Je cotise à la tontine de mon village,* m'a dit un ancien ministre devenu directeur général dans une institution internationale, *car si je meurs demain, ce sont les gens de mon village qui paieront l'éducation de mes deux fils. »* Même solidarité de groupe chez les Indiens d'Amérique du Nord. On propose une épreuve à un groupe d'enfants : « Le premier qui répondra aura un prix. » Ça ne marche pas ! D'abord, plus pondérés que nous, ils ont horreur de la vitesse ; ils sont mieux élevés que nous : il serait de mauvais goût de briller devant des camarades. Alors ils se font de petits signes furtifs, et, quand tous ont trouvé, ils répondent en même temps.

De petits Européens seraient-ils capables d'en faire autant ? Bien sûr que oui. Jouy-en-Josas est un vieux bourg agréable, dans le creux de la Bièvre, aux environs de Paris. Je suis assis en observateur dans une salle de classe de l'Association Georges-Achard où sont formées des adolescentes rejetées par le système scolaire. J'ai promis de ne pas parler. La monitrice demande ce qu'est la liberté. Elle a posé la question et ne parlera pas, se contentant d'écrire les réponses au tableau. Chaque réponse est partielle, mais ajoute une notion. Les filles hésitent, se questionnent, très à l'aise. Peu à peu, le groupe exprime toutes les conceptions de la liberté, les obstacles au libre arbitre, les conditions de son expression individuelle ou collective. Une autre fois, ces adolescentes s'exprimeront sur la maternité, la communication, le temps... Je passe, toujours muet, dans la classe des filles de seconde année qui se préparent à passer les concours d'aides-soignantes, de puéricultrices, d'infirmières. La monitrice leur demande de restituer un cours d'anatomie ; elle pose une vingtaine de questions. Les élèves écrivent la réponse sur une feuille. On reprend les questions une à une et, cette fois, chacune lit sa réponse. Le groupe décide de retenir la meilleure : découpée, elle est collée sur un carton. Aucune élève, jamais, ne donne la totalité des bonnes réponses. Le groupe, lui, y réussit. Sur l'arête de poisson que forment les vingt réponses collées les unes sous les autres, il n'est pas rare de trouver quinze écritures différentes : plus de fortes en thème ni d'exclues. Et, second résultat heureux que le succès au concours sanctionnera : chaque adolescente a retenu l'essentiel de l'enseignement. Tout cela dans la bonne humeur. Comme chez les petits Indiens !

La fondatrice de cette méthode ? Jeanne Blum, la veuve de Léon Blum. Chargée, trente ans plus tôt, d'analyser les tâches dans l'industrie du pétrole, elle découvre que les gens qui accomplissent des tâches analogues les décrivent de façon partielle et ne les voient jamais dans leur intégralité. En revanche, le groupe des personnes concernées formule une description complète, et la diversité des réactions individuelles accélère le processus d'acquisition des connaissances des membres du groupe. La personne est unique, mais le groupe est riche des capacités de chacun de ses membres. C'est pourquoi il est difficile de battre tout un village à l'*awelé* !

J'en tire une leçon : les coutumes, les savoir-faire que j'évoque appartiennent à un peuple, une ethnie, une niche humaine. Mais un jour peut-être, un autre peuple ou l'humanité entière les lui emprunteront : ne détruisons pas les niches, n'uniformisons pas la planète, préservons sa diversité !

Quand j'ai découvert, en 1980, la méthode dite « de complémentarité » de l'école Georges-Achard, j'ai écrit : « L'investigation du potentiel humain collectif ne fait que commencer[1]. » Je ne pouvais imaginer qu'Internet verrait le jour quinze ans plus tard. Aujourd'hui, Internet offre de formidables possibilités à des groupes qui mettraient en commun leur recherche. Nous n'en serons pas, individuellement, plus intelligents ; nous serons collectivement mieux connaissants.

*
* *

Je reviens à la diversité au travers de ce qu'on appelle la « destination universelle des biens », concept forgé par les Pères de l'Église chrétienne au IVe siècle pour signifier que les biens de la Création doivent affluer équitablement à tous les hommes et à tous les peuples selon les règles de la justice. Cette notion fait partie de la cosmogonie des peuples qui ne placent pas l'accumulation des biens au premier rang de leurs préoccupations, cherchent à limiter la disparité de richesse, ont à gérer un patrimoine qu'ils savent fragile : les Indiens d'Amérique, les Noirs d'Afrique, les Polynésiens.

1. « Adolescentes aux cent visages », dans *Les Cerisiers d'Ighil*, Fayard, 1981.

Pratiquant la vertu de tempérance, ils préservent la cohésion du groupe. Leur comportement est à l'opposé du « darwinisme social » qu'un individualisme débridé a développé chez trop de gens. La Constitution pastorale sur l'Église dans le monde de ce temps est claire : *« Quelles que soient les formes de la propriété, adaptées aux légitimes institutions des peuples, on doit toujours tenir compte de cette destination universelle des biens. »* Mais que pèse cette injonction dans un Occident en partie déchristianisé, où la compétition est érigée en règle de conduite et où les inégalités vont croissant ? Certes, au travers du système de protection sociale, l'État compense en partie ces inégalités, assurant à chacun un minimum de ressources et la couverture des soins coûteux. Mais si la tendance actuelle se poursuivait sur quelques décennies, nous aurions bientôt d'un côté les riches dans leur propriété protégée par les chiens et l'électronique, de l'autre les pauvres avec des prestations d'assistance. Caricature ? Voyez l'Amérique...

C'est pourquoi il nous faut prêter attention à ce qui se passe dans notre niche humaine quand un projet social différent du nôtre s'y élabore. Tel est le cas en Océanie, et en premier lieu en Nouvelle-Calédonie. Dans son livre posthume[1] Jean-Marie Tjibaou donne en quelques phrases fortes la philosophie sociale du peuple kanak : *« Pour nous, le pays c'est le partage... Le prestige n'est pas dans la capitalisation de l'avoir mais dans celle du service que l'on rend... Dans notre système, l'homme n'est pas le maître ; il est un élément du monde. »* Il montre que les valeurs des sociétés occidentales sont destructrices de celles du peuple mélanésien. Il juge dangereux pour la planète notre conception de la réussite matérielle et individuelle — une conception très primitive à ses yeux. Cependant, il sait bien que partout, les hommes se posent les mêmes questions : qui sommes-nous ? d'où venons-nous ? où allons-nous ? Il veut que les Kanaks

1. *La Présence kanak*, Odile Jacob, 1997.

apportent leurs réponses, comme les autres peuples le font : « *Il n'y a pas une hiérarchie de réponses et donc pas de degrés plus ou moins développés d'humanité ; il y a seulement des manières différentes de répondre. Ce qui permet aux hommes de pouvoir s'enrichir mutuellement.* » Chez cet homme, la revendication d'identité n'est pas enfermement ; elle est rappel des facettes de l'universel.

De ce projet social différent du nôtre, Jean Chesneaux a fort bien évoqué la pertinence dans *Transpacifiques*[1]. Une minorité de nations industrielles ont développé leurs forces productives et leur consommation jusqu'à un niveau impossible à atteindre dans le reste du monde, ne serait-ce que pour des raisons écologiques. Voit-on par exemple cinq milliards d'hommes rouler dans les mêmes voitures et consommer autant d'essence que les Américains du Nord et les Européens ? Non, et tout concourt aujourd'hui à pousser les nations industrielles à modérer leur boulimie et à modifier leur modèle de développement. Dès lors est légitimée la recherche des microsociétés du Pacifique-Sud de préparer leur avenir en marge d'un modèle en crise. La notion de développement durable ou soutenable, inventée à la conférence de Rio, est inhérente à leur culture : quand on vit sur un « caillou » ou un atoll battu par les flots, on ne peut épuiser ni la terre, ni la mer proche.

Nous savons aujourd'hui que plus il y a de « niches » dans un système écologique, mieux l'énergie disponible sera utilisée, et plus le système sera riche en moyens de supporter la vie. Plus il y a de diversité, plus il y a de possibilités de s'adapter[2]. Il en va de même de nos économies : plus les « niches » qu'elles contiennent seront diverses, plus elles seront riches en moyens de supporter la vie. On peut même ajouter que les économies capables d'offrir à leur

1. Jean Chesneaux, *Transpacifiques*, La Découverte, 1987.

2. En raison de ce que les spécialistes appellent des « boucles homéostatiques de *feedback* », moyens automatiques de se corriger.

population des produits divers se porteront mieux que les économies spécialisées.

*
* *

Je veux vivre heureux. L'uniforme est triste. Le varié, le chatoyant, c'est beau. Aimeriez-vous qu'on vous impose le mode de vie américain ou japonais ? Alors, ne détruisons pas le *malgache way of life* ou le *Pacific way*. J'étais en Guinée un mois après la mort de Sékou Touré pour discuter avec le nouveau gouvernement. Le ministre de l'Intérieur, avec qui j'avais sympathisé, me raccompagna à l'aérodrome ; sous les yeux ébahis de l'ambassadeur de France, il frotta son front contre le mien pour me dire au revoir, selon la coutume de sa tribu. Quelques années plus tard, Elkabbach me raccompagne après une interview et nous croisons Nicéphore Soglou, président du Bénin, qui me serre dans ses bras. Je n'échangerai pas cette chaleur de l'Afrique contre tous les *shake-hands* du Nord.

Je veux vivre libre. Les dictatures ne peuvent admettre la complexité : elles appauvrissent, en les simplifiant, les systèmes vivants sur lesquels elles règnent. Ou bien nous acceptons l'Empire avec ses mercenaires et ses polices — mais, de toute façon, il finira par s'écrouler —, ou bien nous respectons et protégeons la diversité.

Sans doute ai-je gardé au fond de moi le réflexe du jeune Sioux que j'étais dans les collines du Sahel algérois : il faut pouvoir s'adapter, toutes les recettes de vie et de survie sont précieuses dans un monde plus dangereux que jamais.

Me revient en mémoire un bel exemple d'adaptation « à l'africaine » :

1958 : le travail forcé est aboli en République centrafricaine. Dans une grande plantation de café, le patron, un

Africain, a besoin de six cents hommes en permanence. Il passe au Cameroun, dans la zone nord, musulmane, où la polygamie est admise. Et il « épouse » six cents femmes en versant chaque fois la dote convenue, c'est-à-dire quelques chèvres. Une dizaine de camions, en deux ou trois voyages, amènent ces dames à la plantation. Là, chaque homme s'engageant à travailler pendant plusieurs années reçoit une femme et les moyens de construire une case. En quelques semaines, six cents familles sont ainsi fondées à la façon d'Alexandre le Grand lors de la conquête de la Perse.

1988 : vingt ans plus tard, les fils et les filles de ces familles font tourner la plantation.

Je sais bien que les hommes ont toujours surimposé de nouvelles formes de travail aux formes traditionnelles, de nouvelles techniques aux anciennes. « Il n'y a pas de voie mélanésienne pour faire marcher un avion », disait Julius Chan, Premier ministre de Papouasie-Nouvelle-Guinée. Mais ne mélangeons pas les genres : Bokassa avait un 747 comme avion personnel, tandis que les dispensaires et les écoles de brousse ouverts par le « méchant » colonisateur étaient à l'abandon. Ce qui est en jeu, c'est la cohabitation harmonieuse de l'universel et du divers, c'est de rendre la partie de la planète dite développée, avec ses finances, ses techniques et son idéologie dominante, moins profanatrice des peuples qui ont une autre vision du monde. Car elle l'a été et l'est sans discernement.

Ce choc était nécessaire, disent certains, car il permet l'accès des pays du Sud à la démocratie. Ça se discute. Au niveau local, on ne trouve pas plus démocratique que la *djemaa* berbère, l'assemblée des chefs de famille, ou que le village africain. Au niveau de l'État, la route vers la démocratie reste longue à parcourir, même si la pression de la communauté mondiale pousse dans le bon sens : un peu partout, le parti unique ne s'est maintenu au pouvoir qu'en truquant les élections. Les détenteurs du pouvoir d'État, loin de « commander en obéissant », pour reprendre une formule de Marcos, ont choisi par mimétisme de copier l'Occident ; et si leur pouvoir s'est renforcé jusqu'au totalitarisme, c'est qu'ils ont dû imposer une évolution contraire à son génie à une société civile qui s'était construite contre l'État[1]. Alors que leur rôle aurait dû être, non de refuser le Nord en bloc, mais de préparer leur peuple au nécessaire métissage des cultures.

Nous avons tendance à voir la légitimité du pouvoir au travers du seul modèle démocratique occidental. En 1943, Guglielmo Ferrero, publiciste italien de talent, publiait aux États-Unis *Pouvoir : les génies invisibles de la cité*. Ces génies sont les quatre principes de légitimité : électif, héréditaire, aristo-monarchique et démocratique. Ils se sont enchevêtrés à travers les siècles en se combattant ou en collaborant. Ce sont des exorcismes de la peur : de la peur mystérieuse et réciproque qui naît toujours entre le pouvoir et ses sujets.

Dans ce domaine encore, le monde nous offre des modèles différents du nôtre, comme le montre la scène qui s'est déroulée le 20 mai 1992 dans le Palais royal de Thaïlande. Ce jour-là, le roi Bhumibol, vieillard apparemment sans pouvoirs, convoque son Premier ministre, le général Suchinda Krapayoon, et le général Chamlong Srimuang, chef de l'opposition. Ils s'agenouillent devant lui, comme le veut la tradition. La scène de l'admonestation, filmée pour la télévision locale, est retransmise par toutes celles de la planète. Le roi sermonne pendant vingt minutes : « Le pays ne vous appartient pas », répète-t-il à deux reprises. Le Premier ministre répond : « Je m'engage à libérer les personnes détenues depuis la proclamation de l'état d'urgence », et Chamlong : « Je m'engage à cesser les manifestations violentes. » En vingt-quatre heures, le bain de sang cesse. Ce vieux roi fait mieux que guérir les écrouelles : il

1. Pierre Clastres, *La Société contre l'État*, Minuit, 1974.

rappelle à la décence ses généraux que les électeurs, quatre mois plus tard, renverront à leurs casernes. Subtil alliage de deux légitimités, inconnu ailleurs.

Si l'on veut évoquer le lien entre marché et démocratie, il convient de rappeler cette évidence : en démocratie, un homme vaut une voix ; dans le marché mondialisé, un franc vaut une voix. Ainsi, ce qui modèle la planète, ce n'est pas la voix des peuples, ce sont des forces disposant de formidables moyens financiers.

Certes, les pays « développés » sont presque tous démocratiques. Mais ils le sont devenus bien avant la naissance du marché mondialisé. C'est sous leur pression que la démocratie s'installe peu à peu dans l'hémisphère Sud. Cependant, ils véhiculent aussi une idéologie économique qui, jusqu'à ce jour, leur a été favorable, mais provoque ailleurs des dégâts et des regains de totalitarisme. Il leur faut donc aller au bout de la logique démocratique en organisant un monde pour tous, un monde où l'homme retrouve une place que les choses sont en train de prendre. Ce qui suppose un aménagement de la mondialisation.

Une bonne définition du totalitarisme ? Un jugement sur l'autre à partir d'un savoir fermé. C'est en ce sens que le libéralisme économique, mais aussi le savoir du technicien peuvent devenir totalitaires. La seule façon d'ouvrir un savoir, c'est l'attention portée à l'autre, et le dialogue. Or le système mondial d'information freine plus qu'il ne facilite la compréhension de l'autre. Le Nord y tient une place écrasante. En outre, dans les grands réseaux d'information, la technologie, l'instantané, le message standard l'emportent sur le commentaire éclairé ; la complexité de l'événement est occultée. L'appareillage conceptuel des médias n'est pas en mesure de décrypter les démarches diverses d'un monde multipolaire. Pour l'avoir bien dit, le rapport de la commission MacBride, *Voix multiples, un seul monde*, valut à l'Unesco, qui l'avait instituée, des critiques acerbes des États-Unis.

Nous voici confrontés au problème suivant :

— aucun peuple n'échappe au choc de la mondialisation et donc au changement ;

— ce choc peut être salutaire pour une société ou, s'il est trop brutal, la déstructurer ;

— les résistances au changement viennent de l'attachement à des valeurs essentielles sur lesquelles il serait mal venu de porter un jugement au nom d'une philosophie jugée supérieure ;

— sauf à détruire la diversité sur la planète, il faut donc concilier une évolution nécessaire avec la culture de chaque peuple.

Est-ce possible ? Oui. Le Japon, qui s'est engouffré à l'extrême de la société industrielle, y a réussi en grande partie. Ailleurs, les transgressions aux modes de vie et de travail qui s'imposent doivent être conçues et interprétées par ceux qui ont à les vivre pour survivre. À l'opposé d'un modèle brutal de pénétration-désagrégation, on est alors dans un modèle de résistance dynamique admettant quelques apports extérieurs, mais créant un mouvement d'adaptation interne par mobilisation culturelle, quand le péril est évident. La pédagogie joue alors un rôle déterminant. Les développements dits endogènes se déclenchent par contact avec un élément nouveau : influence d'une personne, modification d'un circuit commercial, introduction d'une technique. C'est pourquoi j'ai cité plus haut l'expérience des « 6 S » en pays mossi, et celle des communes en zone cotonnière au Mali.

Dans la mesure où il continue de financer des programmes de développement au Sud, le Nord serait bien inspiré de faire en sorte qu'aucun ne soit mis en œuvre s'il n'implique la population et s'il n'est en cohérence avec la culture du groupe humain concerné. Ce qui suppose une initiation à cette culture. Alors seulement l'universel et le

« local » s'autoféconderont, et des ressources rares seront économisées.

Mais cette ambition légitime est-elle compatible avec l'idéologie dominante, le libéralisme ? Comment est-elle perçue dans ces hauts lieux de la mondialisation que sont le FMI et la Banque mondiale ?

22.

Incomplétude du libéralisme

Au début du XVIIIe siècle, Leibniz écrit que Dieu, dans sa bonté, a choisi de créer le meilleur des mondes possibles. Quelque temps plus tard, Adam Smith n'est pas loin de partager cet optimisme : laissons faire le commerce, une main invisible règle au mieux nos affaires, quel que soit le vibrillonnement des atomes humains.

« *Il faut bien*, dit l'anabaptiste Jacques, *que les hommes aient un peu corrumpu la nature, car ils ne sont point nés loups, et ils sont devenus loups.* »

Et Pangloss de répondre :

« *Tout cela était indispensable et les malheurs particuliers font le bien général, de sorte que plus il y a de malheurs particuliers et plus tout va bien*[1]. »

*

* *

J'ai utilisé jusqu'ici, à propos d'économie, les termes d'« idéologie dominante ». Il me faut être plus précis. Quand en raison des guerres civiles qui ravagent l'Afrique et une partie de l'Asie du Sud-Est, des spasmes qui secouent le monde musulman, de la fracture sociale au Nord, de la croissance des inégalités un peu partout, du pouvoir considérable que l'« argent sale » confère aux mafias, de l'extension de la drogue, etc., on invective l'idéo-

1. Voltaire, *Candide.*

logie libérale, on vise en même temps des réalités certes conjointes, mais distinctes : le libéralisme, le marché, la mondialisation, le capitalisme financier, le développement. Il convient de les distinguer et de ne pas attribuer à une cause univoque l'aggravation des malheurs du temps.

Dans libéralisme, il y a le beau mot de liberté. Les hommes se sont tant battus pour elle ! Tout un chacun peut constater que s'il est absolument libre de penser, sa liberté de faire et de se comporter dans la société est limitée par celle de ses voisins. Jamais la liberté — des individus, des médias, des entreprises — ne se porte aussi bien que bornée par des règles adoptées démocratiquement et qui en éliminent les excès possibles. Sinon, au nom du désordre provoqué, un ordre contraignant s'installe.

Il en est de même du libéralisme économique qui vise à promouvoir la liberté des échanges de biens et de services au sein du marché. Loin de le détruire, le fait de montrer ses limites ne peut que le servir. Le marché ne peut se développer que si se mettent en place des institutions qui en contrôlent le fonctionnement. À défaut de quoi, c'est la pauvreté, la guerre, l'économie de mafia ou de casino. Mais avant d'aborder constats et remèdes, il convient de faire un détour par la théorie, car quelques philosophes et économistes se sont efforcés de poser les fondements du libéralisme.

Adam Smith, avant son grand livre sur la richesse des nations, avait écrit une *Théorie des valeurs morales* où on lit que le marché ne peut être le substitut de la responsabilité. Tout autant que John Locke, il avait une vue assez juste de la complexité et de la richesse de la nature humaine. Avec Bentham et Stuart Mill est prônée la maximisation du bien-être individuel et collectif. L'anthropologie n'est pas au cœur de l'utilitarisme. Quant à Pareto, il se lance dans l'étude des systèmes économiques « purs », c'est-à-dire dans l'abstraction. Il invente l'*homo œconomicus*.

Curieux personnage que cet *homo œconomicus* ! Intelligent et informé, il sait tout du marché : les prix, les tendances, les pénuries ou les excédents ; il ajuste ses comportements sans se tromper dans ses prévisions, il n'est guidé que par sa raison. Dans le même temps, il est assez borné pour ignorer l'incertitude, le non-marchand, les pulsions, les inégalités, les coalitions d'intérêts. Quelle naïveté, quelle méconnaissance des êtres humains ! J'ai rencontré des hommes de toutes races et de toutes couleurs, et partout j'ai trouvé des êtres de passion prêts à mourir pour des valeurs : la liberté, l'honneur, la dignité, Dieu, ou pour une conception de la vie en société. J'ai rencontré des hommes pour qui la sobriété était une vertu cardinale, et la richesse un accident[1] ; d'autres pour qui la création esthétique primait la satisfaction de tout autre besoin ; d'autres encore qui auraient pu reprendre à leur compte la phrase de Kant : « *Si la justice disparaît, c'est chose sans valeur que le fait pour les hommes de vivre sur la terre*[2]. » Je suggère aux économistes de lire l'*Essai sur le don* de Marcel Mauss.

Certes, la pensée de Pareto est trop complexe pour être enfermée dans cette parodie d'humanisme, dans cet *homo computans*, pour reprendre l'expression de Castoriadis. Cependant, quand on lit les économistes néolibéraux, on ne peut qu'être frappé par l'appauvrissement de leur pensée par rapport à celle des pères fondateurs. L'ordre libéral serait le seul ordre réaliste, car seul conforme à la nature humaine, et c'est à l'*homo œconomicus* qu'on se réfère ! Marx ayant montré que « *la production capitaliste, en développant la technologie et en réunissant dans un ensemble social l'action de divers processus, ne fait qu'épuiser les sources originaires de toute richesse : la terre et les travailleurs*[3] », les néo-libéraux se réfugient dans l'abstraction. Walras définit l'économie pure

1. René Lenoir, *Les Cerisiers d'Ighil*, Fayard, 1981.

2. Kant, *Doctrine du droit.*

3. Correspondance avec Engels, citée par René Passet, *L'Économique et le vivant*, Economica, 1996.

comme « *la théorie de la détermination des prix sous un régime hypothétique de libre concurrence absolue* », et Robbins ajoute : « *Les fins en tant que telles sont en dehors de cet objectif, de même l'environnement technique et social*[1]. » Aveu aussi honnête que redoutable, car il met en relief l'incomplétude du libéralisme économique sur un point fondamental.

La biosphère — c'est-à-dire la terre, l'eau, l'atmosphère — est l'ensemble englobant de toute vie et de toute activité. À l'intérieur s'épanouit la sphère humaine dans sa richesse et sa diversité : travail, loisirs, création artistique, relation au sacré. À l'intérieur de cette sphère humaine se situe la sphère économique, celle des échanges marchands. Or le caractère déterminant conféré à l'économie par la théorie libérale a pour effet de mettre l'ordre cohérent de la biosphère, avec sa logique, ses régulations, ses lois de reproduction, sous la dépendance d'un des sous-systèmes, celui que prétend régir une pensée désincarnée, des lois abstraites que leur abstraction même permet de poser comme des lois physiques[2].

On comprend l'importance de cette première conférence de la Terre réunie à Rio en 1992. Se donner comme objectif un « développement durable » n'est pas autre chose que soustraire l'homme et la nature à une loi qui n'est pas la leur, celle de l'exploitation à outrance mue par le profit.

*

* *

Vu sous l'angle moral, présent chez Locke et Adam Smith, évacué depuis lors, le libéralisme économique ne fait

1. L. Robbins, *Essai sur la nature et la signification de la science économique*, Médicis, 1947.

2. Cette inversion des rôles est parfaitement analysée par René Passet dans *L'Économique et le vivant*, *op. cit.*

pas bonne figure. Toute théorie qui sacralise la loi du plus fort sape l'éthique : l'homme n'est pas responsable de son prochain. Toute théorie qui interprète le Bien comme une maximisation des biens ne peut aboutir à un vrai développement, c'est-à-dire à un développement qui tienne compte du tout de l'homme. Toute théorie qui place le profit comme premier moteur de l'activité ne peut que déboucher sur des applications désastreuses. En voici deux exemples actuels :

Les éleveurs anglais découvrent que des industriels sont capables de leur fournir à bas prix des produits animaux apparemment consommables par des bestiaux. Ils n'hésitent pas et donnent à manger à des herbivores la chair de leurs congénères. C'est de l'autophagie. Une limite est passée. On connaît le résultat : la maladie de la « vache folle » et sa transmission à l'homme.

Le 6 février 1997, une jeune Anglaise se suicide en se jetant sous un train entre Sheffield et Southend. Le conducteur du train en réfère à la Compagnie et à la police. Roulez, ordonne la Compagnie. Le convoi repart et le corps reste sur la voie. Pendant quatre heures, vingt autres trains vont passer sur lui, leurs conducteurs ayant reçu l'ordre de ne pas s'arrêter. *« Expérience traumatisante pour eux »*, confie le secrétaire général de l'ASLEE, organisation syndicale des cheminots, qui n'hésite pas à écrire : *« Tout fut fait pour préserver le profit et éviter d'avoir à rembourser aux voyageurs des pénalités de retard pour service interrompu... Jusqu'à quel point le nouveau régime des chemins de fer privatisé peut-il devenir malade ou indifférent*[1] *? »*

Je prends le train chaque matin et soir. Il arrive qu'il s'arrête longuement. Nous commençons à pester contre la SNCF. Mais quand le conducteur, informé, nous annonce qu'un « accident de personne », terme pudique, s'est produit sur la voie, le silence se fait et dans nos regards

1. *Le Monde*, 20 mars 1997.

passent les images du malheur des gens : là-bas, un peu plus loin sur la voie, un chômeur ou une personne accablée de solitude a mis fin à ses jours.

Toute l'encyclique *Popularum progressio* (1967) est sous-tendue de préoccupations éthiques fortes : « *Si la Terre est faite pour fournir à chacun les moyens de sa subsistance et les instruments de son progrès, tout homme a donc le droit d'y trouver ce qui lui est nécessaire... Tous les autres droits, quels qu'ils soient, y compris ceux de propriété et de libre commerce, y sont subordonnés : ils n'en doivent donc pas entraver, mais bien au contraire faciliter la réalisation ; c'est un devoir social grave et urgent de les ramener à leur finalité première.* » On trouve un écho de cette affirmation vigoureuse dans les conférences sur le droit de la mer où, pour la première fois, fut employée l'expression « *patrimoine commun de l'humanité* ».

Passant de l'usage des biens aux relations internationales, le texte de l'encyclique poursuit : « *La règle du libre-échange ne peut plus à elle seule régir les relations internationales quand les conditions deviennent trop inégales de pays à pays : les prix qui se forment* "librement" *sur le marché peuvent entraîner des résultats inégaux. Il faut le reconnaître : c'est le principe fondamental du libéralisme comme règle des échanges qui est ici mis en question.* »

À relire ce texte, je suis surpris de son caractère révolutionnaire comme de l'impact médiocre qu'il a eu sur les élites politiques des pays industrialisés.

Toujours sur le plan éthique, le libéralisme prête le flanc à une autre critique radicale. Il tend à homogénéiser les comportements des nations dans un premier temps, et ceux des individus dans un second. En effet, une fois admis le principe de liberté de circulation des marchandises, des services et des capitaux sans entraves douanières et fiscales, on ne voit pas comment les individus, là où ils vivent, échapperaient à la compétition à outrance. La préoccupation de l'autre et la solidarité spontanée disparaissent.

Mais, surtout, ce libéralisme-là est incomplet, il lui manque une liberté : celle de circulation et d'installation des hommes où bon leur semble et sans entrave. Grâce à elle, l'homogénéisation de la planète s'opérerait en quelques décennies : on compterait trois cents millions de Latino-Américains aux États-Unis et au Canada, deux cents millions de Nord-Africains et de Noirs dans l'Europe de l'Ouest, et de trois cents à quatre cents millions de Chinois dans l'ex-URSS. « Vous n'y pensez pas ! » s'exclament les mêmes hommes qui prônent un libéralisme limité à l'économie, « un tel afflux d'immigrés ferait s'effondrer les bases mêmes de la prospérité des pays du Nord et ruinerait leur système social ». C'est renoncer à la prétention d'universalisme, c'est avouer l'incomplétude du libéralisme.

Pourquoi l'homogénéisation du monde ne serait-elle pas atteinte en laissant les gens chez eux, par un relèvement du niveau de vie des quatre milliards d'habitants des pays dits « en développement » ? Cette question relève de l'hypocrisie ou de l'aveuglement. C'est ce qu'a dit fort bien Richard Rorty, professeur à l'université de Virginie, dans la conférence inaugurale des « Rencontres philosophiques » de l'Unesco en 1996[1] :

« Personne n'a encore écrit un scénario dont le happy end *permettrait à chaque enfant du Pérou, de l'Angola ou du Bangladesh d'aller à l'école plutôt qu'au travail jusqu'à l'âge de dix-huit ans, puis, s'il en a le talent, d'accéder à l'université pour y acquérir tout ce qui est nécessaire pour réaliser pleinement ses potentialités. S'agissant de ces pays, on n'en est même pas au point d'écrire un scénario crédible capable de convaincre une famille de pratiquer le contrôle des naissances au lieu de procréer un maximum d'enfants considérés comme source de revenus.*

1. Le texte complet est reproduit dans le numéro 223 de *Futuribles*, septembre 1997.

Pis encore : personne n'a encore écrit le scénario expliquant comment les peuples privilégiés des démocraties industrialisées pourraient redistribuer leurs richesses pour offrir des perspectives moins sombres aux enfants des pays sous-développés, sans pour autant assombrir celles de leurs propres enfants et de leurs propres sociétés. Les institutions des démocraties riches sont aujourd'hui si imbriquées avec les techniques de pointe des transports et de la communication, et plus généralement avec des technologies très onéreuses, qu'il est à peine possible d'imaginer leur survie s'il fallait réduire la part des ressources du monde que consomment ces pays. »

On peut le dire d'une autre façon : si les cinq milliards d'habitants de la planète, qui seront environ huit dans un demi-siècle, en venaient à consommer autant que les Américains du Nord et les Européens de l'Ouest, l'écosystème n'y résisterait pas ; la Terre, comme support de vie, mourrait. Ce qui a conduit la conférence de Rio à préconiser un autre type de développement : le développement durable, ou soutenable.

Six années avant cette conférence, l'encyclique *Sollicitudo rei socialis* s'exprimait déjà ainsi :

« Il devrait être évident qu'ou bien le développement devient commun à toutes les parties du monde, ou bien il subit un processus de régression, même dans les régions marquées par un progrès constant. Ce phénomène est particulièrement symptomatique de la nature du développement authentique : ou bien tous les pays du monde y participent, ou bien il ne sera pas authentique. »

Avec ce texte, la critique ne porte plus sur le libéralisme en soi, mais sur la prétention d'un certain libéralisme à promouvoir un certain type de développement dans le monde entier.

*
* *

En passant de la théorie aux faits, le premier constat qui s'impose et qui n'est contesté par personne, est celui de la croissance continue des inégalités, depuis un quart de siècle, entre les pays comme à l'intérieur de chaque société concernée. Le rapport du PNUD[1] publié le 17 juillet 1996 montrait qu'en vingt ans, le PIB mondial a été multiplié par cinq, mais, en présentant son rapport, James Gustave Speth, administrateur américain, déclarait : *« Le monde est actuellement le théâtre d'une polarisation accrue en termes économiques, et cela à l'échelon national comme international. Si les tendances actuelles se poursuivent, les disparités économiques entre pays industrialisés et pays en développement ne seront plus seulement inéquitables, mais deviendront inhumaines. »*

Or c'est durant cette période que, sous l'influence des États-Unis et des institutions financières mondiales, le démantèlement des protections tarifaires et douanières a été vigoureusement poursuivi. On ne voit guère ce qui inverserait ces tendances. Ainsi, le marché dérégulé ne résorbe pas les déséquilibres, il les amplifie. Taiwan et la Corée du Sud ne peuvent être donnés en exemple du succès de l'économie libérale : l'État y garde un rôle important dans l'économie, les investissements privés étrangers y sont limités, et les barrières douanières aussi élevées qu'efficaces.

Le formidable supplément de richesses produit n'est pas perdu pour tout le monde : le patrimoine cumulé des trois cent cinquante-huit milliardaires en dollars dépasse les revenus cumulés des pays où vivent 45 % de la population mondiale, c'est-à-dire plus de deux milliards d'habitants[2]. Entre 1960 et 1993, la part des 20 % des habitants les plus riches de la planète est passée de 70 à 85 % du produit mondial, celle des 20 % les plus pauvres a régressé de 2,3 à 1,4 %. Un milliard trois cents millions de personnes vivent

1. Programme des Nations unies pour le développement.
2. Centre Lebret, *Foi et développement*, n° 249, janvier 1997.

en situation de pauvreté absolue avec moins de un dollar par jour[1]. En Afrique, la population est massivement pauvre. Dans la ville, elle a de plus en plus de mal à se nourrir, à se soigner et à scolariser ses enfants. Cette population urbaine est de plus en plus jeune, de plus en plus exigeante. Elle n'attendra pas un siècle pour voir ses conditions de vie changer. Nombre de capitales sont des poudrières.

Certes, les investissements privés dans le tiers-monde ont augmenté et ont représenté 244 milliards de dollars en 1995. Mais ils se présentent sous forme d'investissements de portefeuille, volatiles et peu propices au financement de stratégies de développement à long terme. Seuls 22 milliards ont financé des travaux d'infrastructures. Or, pour maintenir son taux de croissance, l'Asie, à elle seule, aurait besoin de 100 milliards d'investissements par an pendant dix ans dans les infrastructures, dont 400 milliards pour la seule électricité[2].

Le second constat porte sur la place qu'a prise la spéculation dans les marchés financiers. Ceux-ci sont constitués pour l'essentiel de fonds de pensions, de retraites et d'assurances. Ils doivent être gérés sur le long terme en fonction des créances qu'ont sur eux les pensionnés, les retraités et les assurés. Que leurs gestionnaires soient attentifs aux risques de change et à la bonne gestion publique des pays emprunteurs, rien là que de plus normal, rien de plus sain. Mais quand on apprend qu'en 1995 les transactions sur devises ont été soixante-sept fois supérieures aux échanges de produits et de services, on ne peut que constater que cette croissance du secteur financier par rapport aux échanges de produits et de services change radicalement le

1. PNUD, *Rapport mondial sur le développement humain, 1997*, Economica, Paris, 1997.

2. René Passet, « L'avenir à portée de main », *Le Monde diplomatique*, juillet 1997, et Gilbert Étienne, « Comment la mondialisation réduit la pauvreté en Asie », *Le Monde*, 6 mai 1997.

jeu de l'économie marchande. L'offre et la demande ne sont plus les éléments dont dépendent les prix des biens et services. L'explosion de la spéculation en vient à changer le comportement d'entreprises multinationales. On a pu dire de Siemens qu'elle était une banque possédant un magasin d'électricité : en 1995, 70 % de son bénéfice a été réalisé dans le secteur financier, 30 % seulement dans la production. L'argent n'est plus le moyen d'une production de richesses, mais celui d'une spéculation réussie. Keynes l'avait déjà bien vu quand il écrivait : *« Les spéculateurs peuvent être aussi inoffensifs que des bulles d'air dans un courant régulier d'entreprise. Mais la situation devient sérieuse lorsque l'entreprise n'est plus qu'une bulle d'air dans un tourbillon spéculatif. Lorsque, dans un pays,* [il faudrait écrire aujourd'hui "dans le monde"], *le développement du capital devient le sous-produit de l'activité d'un casino, il risque de s'accomplir dans des conditions défectueuses*[1]. »

Encore Keynes ignorait-il l'existence des *hedge funds* qui se sont développés depuis une dizaine d'années. Ils ont pour objet de faire de l'argent avec de l'argent. Ils représentent un encours d'environ 50 milliards de dollars, mais peuvent mobiliser dix à vingt fois cette somme pour des opérations purement spéculatives. En quoi sont-elles dangereuses ? Elles cherchent des performances supérieures à celles des autres fonds en anticipant des baisses ou des hausses. On quitte le domaine du rationnel pour entrer dans celui de la rumeur, du soupçon, voire de l'intoxication. Une phrase du patron de la Bundesbank ou de la FED provoque un petit séisme. Car les autres fonds, les placeurs classiques, ont tendance à suivre. Et comme l'informatique a réalisé l'interconnexion des Bourses, le monde de la

1. J.M. Keynes, *Théorie générale de l'emploi, de l'intérêt et de la monnaie* (1936). Le krach boursier de Wall Street de 1987, les attaques de Georges Soros contre certaines monnaies européennes en 1992 et 1993, la faillite de la banque Baring Brothers en 1995, illustrent les effets dévastateurs de cette forme exacerbée de libre-échange financier dénoncée par Keynes.

finance est devenu un grand corps nerveux, quelque peu névrosé, inquiétant.

Nous sommes donc en présence de produits volatiles, c'est-à-dire sans stabilité, et de mouvements de capitaux gigantesques et imprévisibles. Et les ultralibéraux voudraient nous convaincre que ce monde de joueurs est le meilleur pour la paix et la prospérité !

On comprend mieux, au vu de ces pratiques, la diatribe de Maurice Allais, prix Nobel d'économie, au cours d'une conférence sur Jacques Rueff[1] :

« Au nom d'un pseudo-libéralisme et par la multiplication des déréglementations, on installe peu à peu une espèce de chienlit mondialiste laisser-fairiste. Mais c'est là oublier que l'économie de marché n'est qu'un instrument et qu'elle ne saurait être dissociée de son contexte institutionnel et politique [...]. Il ne saurait être d'économie de marché efficace si elle ne prend pas place dans un cadre institutionnel et politique approprié. Une société libérale n'est pas et ne saurait être une société anarchique.

La mondialisation de l'économie est certainement très profitable pour quelques groupes privilégiés. Mais les intérêts de ces groupes ne sauraient s'identifier avec ceux de l'humanité tout entière [...]. Une mondialisation précipitée et anarchique ne peut qu'engendrer partout chômage, injustice, désordre et instabilité. Elle ne peut que se révéler finalement désavantageuse pour tous les peuples dans leur ensemble. Elle n'est ni inévitable, ni nécessaire, ni souhaitable. »

Troisième constat : la libération des mouvements de capitaux s'analyse comme une fuite en avant pour repousser toujours plus loin les limites de l'endettement. Aujourd'hui, les entreprises multinationales dépendent peu du crédit bancaire, elles s'adressent directement au marché en émettant des billets de trésorerie et des emprunts à échéances variées. Les États, de leur côté, continuant à trop s'endetter, la dette mondiale (entreprises, États et ménages)

1. *Transversales Science-Culture*, mai-juin 1997.

a dépassé 130 % du produit intérieur brut mondial. Elle croît au taux de 6 à 8 % par an, soit trois ou quatre fois plus que le PIB mondial. On est en droit de s'interroger sur l'issue de cette fuite en avant.

Quatrième constat : la libéralisation des mouvements de capitaux se traduit par l'internationalisation croissante du capital des grandes firmes et la transnationalisation des réseaux de production et d'échanges. Les liens qui se tissent entre les économies des pays développés se réduisent de moins en moins aux schémas ricardiens des échanges entre nations économiquement spécialisées.

Les conséquences cumulées de ces évolutions sont redoutables pour la démocratie. Quelle marge de jeu les États conservent-ils quand la politique et le social tendent à se réduire à l'économique, et l'économique au monétaire ? Quand la séparation se fait toujours plus grande entre les centres de décision et les personnes affectées par ces décisions ?

La démocratie ne peut s'accommoder de trop d'inégalités. Aux États d'assurer la paix sociale, mise à mal par l'exclusion croissante d'une partie de la population. Mais le peuvent-ils quand la moindre réforme fiscale fait fuir les capitaux ? Le peuvent-ils quand les firmes internationales[1] mondialisent le profit et localisent l'échec, créant des traumatismes durables par des licenciements massifs sur un site ? Peuvent-ils défendre l'emploi quand les titres d'une entreprise montent en Bourse en raison de l'ampleur des plans sociaux qu'elle décide ? Peuvent-ils défendre ce qui est commun à tous, aux riches comme aux pauvres, quand le privé élimine petit à petit le public[2] ?

1. Environ 10 % du PIB mondial, mais 30 % des actifs industriels.

2. Cette remarque de l'économiste Lester Thurow (*Les Fractures du capitalisme*, Village mondial, 1997) est corroborée par l'article de Georges Drouin, vice-président du CNPF, qui en vient à écrire que même le balisage des sentiers de randonnée peut relever du secteur marchand (*Le Monde* du 11 septembre 1997) !

*

* *

Ce rouleau compresseur libéral a un moteur puissant : les États-Unis d'Amérique. Un grand peuple inventif, brutal, ayant toujours fondé son dynamisme sur la prépondérance absolue de la liberté sur l'équité. Son économie prend appui sur un vaste territoire — dix-sept fois la France, deux fois et demie l'Union européenne de 1997 — aux climats variés et aux richesses minérales importantes. Mais cette économie a besoin de l'espace mondial pour maintenir sa croissance, d'un espace sans barrières tarifaires, favorisant donc le plus performant. Jamais un État dominant ne s'est gêné pour imposer sa loi : Rome, la Chine, la France, la Grande-Bretagne ont, à un moment de l'Histoire, agi de la sorte. Les États-Unis tendent à imposer la leur dans tous les domaines : pas de pilier européen pour l'OTAN ; pas de reconduction comme secrétaire général de l'ONU de Boutros Boutros-Ghali qui défendait trop bien les pays du Sud ; vote des lois Helms-Burton et d'Amato-Kennedy pour sanctionner les entreprises étrangères qui commercent avec Cuba et l'Iran. Quand l'Irak menaçait leur ravitaillement pétrolier, ils ont su mobiliser la moitié des pays industriels pour mener la guerre du Golfe.

En matière de politique économique, quel abîme entre les discours et la pratique ! Aux réunions du G8, les Américains prêchent le libéralisme. Mais ils se gardent bien de laisser les marchés influer sur le cours du dollar ; la gestion du change est devenue l'arme de la régulation conjoncturelle : ils ont su contrer la dépréciation du yen, fait baisser le dollar tant qu'il a fallu soutenir l'activité, puis autorisé son raffermissement pour empêcher la « surchauffe ». Les Européens qui s'apprêtent à construire un euro immuable feraient bien de s'inspirer de cette maestria à manipuler les marchés.

On pourrait citer encore l'offensive réussie à l'OMC (Organisation mondiale du commerce) pour la libéralisation des technologies de l'information qui va profiter d'abord aux États-Unis, leaders dans ce secteur. Mais à quoi bon s'indigner ? À une volonté politique, il faut opposer une autre volonté politique, ce que la Chine est déjà en mesure de faire et ce que l'Europe pourrait faire... Ou alors, il faut changer les règles du jeu, comme je vais le montrer. S'il est un livre que les hommes politiques européens devraient méditer, c'est celui de Henry Kissinger, *Diplomatie*[1]. Comparant les stratégies diplomatiques européennes, caractérisées par la recherche d'un équilibre des forces, à la stratégie américaine, Kissinger écrit : « *Les empires n'ont aucun intérêt à opérer au sein d'un système international : ils aspirent à être eux-mêmes le système international. Les empires n'ont que faire d'un équilibre des forces. C'est ainsi que les États-Unis ont mené leur politique étrangère dans les Amériques.* »

*

* *

On peut conclure en quelques formules lapidaires :

— le marché est le meilleur système pour produire davantage de biens marchands ;

— quand on passe d'un système de changes fixe à un système de changes flottant, les marchés deviennent des objets instables ;

— quand la sphère financière prédomine, la production n'est orientée ni vers la satisfaction des besoins matériels primaires de la majorité des humains, ni vers celle des

1. Fayard, 1996.

besoins d'ordre qualitatif, mais vers la recherche du profit à court terme ;

— les lois de l'économie entrent alors en conflit avec celles de la biologie et de la biosphère. La sphère économique n'étant pas régulée, la sphère humaine et la biosphère sont en danger ;

— quand les échanges internationaux ne sont soumis ni à la régulation du marché, faute d'une véritable transparence, ni à la régulation contractuelle, faute d'une reconnaissance réciproque des acteurs, mais à la loi du plus fort et du mieux informé, le monde n'est pas régi en fonction du bien commun de l'humanité ;

— la promesse d'unification du monde se change en rupture ; l'Histoire va se poursuivre de convulsions en explosions ;

— il faut donc changer de cap, puisque *« la mondialisation anarchique n'est ni inévitable, ni nécessaire, ni souhaitable »*. Ce changement est possible, comme il va être montré.

23.

Lettre à Michel Camdessus, directeur général du Fonds monétaire international

Mon cher Michel,

Nous avons l'un et l'autre consacré une quinzaine d'années aux problèmes de développement, toi au niveau mondial, moi dans les pays d'Afrique. Nous avons plus que de l'estime l'un pour l'autre, ce qui facilite le dialogue.

Pour que mon interpellation soit sans ambiguïté, je précise qu'elle ne prend son sens qu'en fonction des constats des chapitres précédents et suivants de ce livre. Par ailleurs, je sais le laxisme dans la gestion publique tout aussi condamnable que la corruption. La pression exercée par le FMI et la Banque mondiale sur certains États est souvent nécessaire et bénéfique : ainsi quand elle oblige à réintégrer dans les ressources publiques des recettes fiscales ou douanières dérivées sur le compte particulier du chef de l'État. Je sais que les dirigeants corrompus des pays du Nord sont des gagne-petit par rapport à ceux du Sud. Et j'ai raconté ailleurs[1] comment la nomenklatura algérienne a détourné 22 milliards de dollars en vingt-cinq ans.

Je sais aussi que les agents du FMI et de la Banque mondiale sont compétents, croient à ce qu'ils font, vivent pour la plupart sur une terre étrangère et gagneraient mieux leur vie à Wall Street ou dans les banques européennes.

D'où vient le malaise vis-à-vis des institutions financières mondiales d'un certain nombre de gens qui œuvrent sur le terrain loin de leur pays natal et sont eux aussi compétents et pleins d'ardeur ?

1. *Mon Algérie tendre et violente*, Plon, 1994.

Je vais le dire d'une phrase qu'il me faudra expliciter : à la fin de la guerre, à Bretton Woods, l'humanité s'est dotée d'institutions financières mondiales, mais pas d'une Constitution. L'heure n'était pas venue. Les parités de change étaient fixes. Personne n'imaginait alors que les technosciences provoqueraient une accélération foudroyante de la mondialisation.

Partons de là. Tu reconnais que l'internationalisation de l'économie a des conséquences radicalement nouvelles pour le FMI et que ses avantages sont compensés par des dangers accrus. Les économies nationales sont désormais plus vulnérables aux flux de capitaux internationaux. L'argent était jadis le moyen d'une production de richesses. Ce n'est plus le cas quand les flux de capitaux représentent soixante-sept fois la valeur des marchandises échangées (chiffre 1997). Bon serviteur et mauvais maître, l'argent est devenu une marchandise comme une autre qui s'échange en temps réel d'un bout de la Terre à l'autre. Ce qu'on appelle « les marchés » constituent un grand corps nerveux, instable, incontrôlable, qui amplifie parfois des mouvements injustifiés. Parler de leur rationalité, comme font certains économistes, est risible : en novembre, tout le monde investit au Mexique, en décembre, tout le monde retire ses capitaux. Même scénario en Corée deux ans plus tard : en quelques jours, la confiance aveugle se change en panique.

Interviennent sur le marché des capitaux deux types d'opérateurs. Compagnies d'assurances, fonds de pensions et de retraites ont à gérer sur le long terme des capitaux dont ils sont redevables. Ils ne peuvent prendre de risques dans des pays mal gérés. Mais, parallèlement, interviennent des fonds purement spéculatifs, les *hedge funds*, qui peuvent mobiliser jusqu'à 500 milliards de dollars et provoquer des mouvements irrationnels. La liberté de circulation des capitaux favorise également le placement de l'« argent sale », celui de la drogue et de la prostitution, qui atteint des montants pharaoniques.

Le FMI n'est en rien responsable de tout cela. L'instabilité des marchés ne fait que rendre sa tâche plus difficile. Sa mission est de promouvoir la mise en place d'un système monétaire international de nature à favoriser une croissance soutenue. Mais il n'a aucun pouvoir sur les marchés, les *hedge funds*, les paradis fiscaux, l'« argent sale ». Le FMI n'a ni les moyens financiers ni les moyens institutionnels d'une ambition plus haute, ce qui t'a fait dire un jour : *« Dans l'organisation de la Cité globale, il nous faudra assurer la réconciliation de la libre compétition et de la solidarité, et, à travers elle, de tout ce qu'exige le respect de tout homme et du tout de l'homme*[1]. » « Il nous faudra », car aujourd'hui cette réconciliation n'est encore qu'un vœu à réaliser.

*

* *

C'est ce déficit que je veux maintenant évoquer avec toi au travers de trois considérations sur l'universel, sur la compétition en système libéral non balisé, et sur le social, pilier manquant des institutions mondiales.

« Ce que nous trouvons au tréfonds de nos problèmes, poursuis-tu dans la même conférence, *c'est un déficit de citoyenneté mondiale... Nous sommes tous, dans nos cultures, dans nos éducations économique, civique, politique en déficit universel. »* Reprenant la formule *« Think globally, act locally »*, tu nous assignes comme devoir de planter l'universel dans le « local ».

J'en suis d'accord, à condition de planter aussi le « local » dans l'universel. Car si les deux mouvements ne se font pas

1. Ouverture de la conférence organisée à Rome, fin 1995, par l'Institut Jacques-Maritain et l'université de Fribourg.

simultanément et en liaison intime, ce qui s'imposera au « local » ne sera pas le respect de l'homme et des valeurs qu'il a su faire émerger depuis quatre ou cinq mille ans, mais une idéologie économique contestable ne pouvant s'accommoder de la singularité des cultures et des comportements.

Les plus enracinés dans leur culture ont un sens aigu de l'universel. Paradoxe ? Non. C'est par leurs racines qu'ils touchent à l'universel. Ce qui se passe au Chiapas en est une illustration. Les Indiens se sont couverts de passe-montagnes pour signifier qu'étant hors de tout circuit de production et d'échanges, ils n'avaient pas de visage pour les puissants de ce monde. La révolte de 1994 n'aurait pu être que la suite de celles qui ont ensanglanté l'Amérique latine durant un demi-siècle. Très vite, les Indiens rompent avec la vision léniniste de la prise de pouvoir par une avant-garde omnisciente, ils rejettent l'autoritarisme et l'absolution des violences commises au nom de la révolution. Ils refusent dans le même temps d'être enfermés dans leur ethnie. « Si tu affirmes le côté indien, disent les Indiens à Marcos, il faut que ce soit dans sa dimension universelle. » Leur revendication de dignité, c'est en tant qu'hommes qu'ils la manifestent. Ils font ressortir l'articulation entre l'individu, la communauté et l'universel. Qui les a fait évoluer ainsi en quelques mois ? C'est la société civile mexicaine, qui met en garde le gouvernement de ne pas écraser par la force la révolte du Chiapas[1]. Les Indiens découvrent alors que cette société n'est pas constituée seulement d'individus, mais aussi d'associations, de groupements paysans, de mouvements sociaux. En sens inverse, journalistes et sociologues découvrent la démocratie des communautés indiennes, leurs préoccupations éthiques, leur besoin de se

1. Le 12 janvier 1998, 100 000 personnes manifestèrent à Mexico pour protester contre le massacre d'Acteal qui avait fait 45 morts, le 22 décembre 1997.

brancher sur l'universel. Cette originalité n'échappe pas au sociologue Alain Touraine qui n'hésite pas à comparer le zapatisme aux mouvements antiségrégationnistes d'un Luther King et d'un Mandela. Le « local » s'est planté dans l'universel.

Je ne crois pas te choquer en évoquant ce mouvement symbolique des aspirations de milliards d'hommes. Sinon, pourquoi aurais-tu cité à la fin de ton propos ce texte de Maritain : « *La fonction prophétique devrait être intégrée à la vie normale et régulière du corps politique et émaner du peuple lui-même, comme une inspiration spontanée qui se répandrait dans le corps politique à partir de l'activité spontanée des gens dans leurs communautés locales les plus élémentaires et les plus humbles* » ?

Non, j'essaie seulement, par-delà toi, de convaincre les décideurs politiques que l'espace laissé libre par la relative contraction de l'État ne doit pas être récupéré par le marché, mais par les gens dans leur mouvement spontané, et que la défense du marché, dont je n'ignore pas les vertus, ne doit pas viser à l'atomisation de la société, à cette fluidité humaine — rien que l'individu et ses désirs, cet idéal de la théorie économique — car alors la fracture territoriale s'ajoute à la fracture sociale. Il n'y a d'accès à l'universel ni pour celui qui vit dans la misère, ni pour celui que la solitude coupe de toute communauté humaine.

L'universel n'est pas l'uniformité. L'universel est le sentiment d'appartenir à une même espèce. Il n'implique pas que les hommes se nourrissent, s'habillent, habitent, travaillent de façon identique. Si je préfère voir les Africaines en boubou et les Indiennes en sari plutôt qu'en minijupe ou en blue-jean, ce n'est pas par souci esthétique. C'est que j'ai constaté que les gestes et l'environnement de la vie quotidienne sont des repères indispensables aux hommes, les relient au sacré, à une cosmogonie ; quand ils les perdent, leur comportement s'effondre. Nous avons été quelques-uns, depuis quarante ans, à essayer de concilier développement et sauvegarde des valeurs propres aux pays du Sud. Nous nous sommes heurtés à deux choses : le mimétisme des dirigeants[1] (il fallait copier les Soviétiques ou les Américains), et l'irrésistible avancée des techniques portées par les firmes du Nord auxquelles la libéralisation croissante et l'abaissement de toute protection ouvraient largement les portes du Sud. Le marché mondialisé pousse à l'uniformité. Il aurait fallu que la Banque mondiale et le FMI mettent en place les moyens nécessaires pour compenser les effets de la discipline exigée des pays en difficulté. Était-ce hors de leur portée ? Peut-être.

*
* *

En fait, et c'est mon second point, l'effort des institutions financières mondiales a porté prioritairement sur l'organisation de la compétition au sein d'un marché libéré de toute entrave. La théorie dit que la prospérité pour tous est au bout du chemin. Je dis que ce type de compétition met le faible à la merci du fort. Et je le montre par l'exemple de l'agriculture.

Plus des trois quarts des agriculteurs d'Afrique, plus de la moitié de ceux d'Asie et d'Amérique latine travaillent avec des outils manuels, et seule une minorité d'entre eux disposent de la traction animale.

Au Nord, la motorisation et la chimie ont permis le développement d'une agriculture remarquablement performante et doublement polluante : par l'oxyde de carbone et par les engrais. Une agriculture de surcroît souvent subventionnée.

1. *Cf.* chapitre 2.

Aujourd'hui, les agriculteurs bien équipés des pays du Nord et quelques-uns des pays du Sud atteignent un niveau de productivité nette de l'ordre de cinq mille quintaux d'équivalents-céréales par travailleur. Tandis que la masse des cultivateurs des pays en développement produit toujours de l'ordre de dix quintaux[1]. Un rapport de un à cinq cents !

Voilà les deux agricultures que la mondialisation met en concurrence.

La « révolution verte », due aux généticiens, a réussi en Inde au travers de grosses propriétés aptes à s'équiper. Les petits exploitants ont émigré vers les villes. Au moment où j'écris (mars 1998), la presse fait état d'une vague de suicides chez les petits agriculteurs endettés. Les services techniques de la plupart des pays du Sud n'ont pas été aptes à encadrer le paysannat producteur de vivres, soit par manque de moyens, soit parce que la priorité était ailleurs, dans les cultures de rente.

Aucun effort n'a été fait pour encourager et protéger l'agriculture vivrière le temps nécessaire à son évolution. Bien au contraire, l'abaissement systématique des barrières douanières, en facilitant l'importation d'aliments à bas prix souvent subventionnés par les pays du Nord, a privé les agriculteurs de leur débouché urbain.

Un redoutable mécanisme s'est alors mis en marche. Pour survivre, les paysans ont dû négliger des travaux d'entretien, réduire leur cheptel, multiplier défrichement et brûlis. Les gigantesques incendies de forêt d'Indonésie de septembre 1997 sont une illustration de la dégradation de l'écosystème cultivé. D'autres paysans, de plus en plus nombreux, ont pris la route de l'exil, grossissant autour de l'ancien noyau urbain la ceinture des bidonvilles, des *favelas*

1. Chiffres cités par Marcel Mazoyer et Laurence Roudart, chercheurs à l'Institut national agronomique de Paris-Grignon. *Cf.* « L'asphyxie des économies paysannes du Sud », *Le Monde diplomatique*, octobre 1997.

et des *slums*. En trente ans, des mégapoles ingérables se sont constituées. Les nourrir à bas prix est devenu une préoccupation dominante des gouvernements, d'où une accélération des importations d'aliments. La boucle de déstructuration d'une grande partie du monde rural est ainsi bouclée.

Cependant, compte tenu de l'évolution démographique et des huit milliards d'habitants probables dans un demi-siècle, il faudra bien que le génie génétique multiplie les prouesses dans le domaine alimentaire. Ce ne sont pas les investisseurs privés qui fourniront les moyens de diffuser ce progrès technique dans les sociétés paysannes du Sud. Alors, d'où viendront ces moyens ? Peut-on imaginer que l'agriculture du Nord nourrira les deux tiers de la planète ? Non. Je l'ai montré ailleurs[1].

Certains paysans ont parfaitement assimilé deux principes du libéralisme : produire quand il y a une demande et profiter des avantages comparatifs (climat, niveau des coûts, etc.). En Côte-d'Ivoire, le kilo de cacao est payé aux environs de 3 francs au paysan, le kilo de feuilles de cannabis entre 200 et 400 francs. Pourquoi le paysan ne profiterait-il pas de la demande du marché ? Au Pérou, le riz vietnamien et le maïs brésilien coûtent 20 à 30 % moins cher sur les marchés urbains que ceux cultivés dans la vallée du Huallaga et, libéralisme oblige, le gouvernement ne peut les protéger par des taxes douanières. Les paysans ont donc délaissé ces cultures pour s'adonner à celle du cocaïer d'où ils tirent la pâte qui sert de base de la cocaïne[2]. Le même phénomène s'observe en Colombie, en Bolivie, au Mexique, en Birmanie, et il commence à s'observer dans les pays issus de l'ex-URSS. Au nom de quoi les paysans se priveraient-ils de répondre à la demande du marché en profitant de l'avantage que le climat leur confère ? Ce pour-

1. *Le tiers-monde peut se nourrir*, *op. cit.*, et chapitre 19.
2. Observatoire géopolitique des drogues, rapport de 1995-1996.

rait être au nom d'une politique de solidarité et de justice, mais où est-elle ?

Laissons l'agriculture, mais poursuivons l'analyse de la théorie libérale à propos du cas coréen. Voici un pays où, pendant quarante ans, l'implication de l'État dans la marche de l'économie est forte et qui obtient des taux de croissance flatteurs. Le succès grise les banques, les compagnies d'assurances, les entreprises, les unes s'engageant dans des opérations immobilières surdimensionnées, les autres dans des métiers qu'elles ne maîtrisent pas. Quand l'argent vient à manquer, la Bourse s'effondre. Les marchés n'ont rien vu venir.

Du coup, le FMI est conduit à intervenir — et à quel niveau ! — pour corriger non une mauvaise gestion des finances publiques, mais des opérations privées mal avisées. « C'est la Sécurité sociale mondiale au profit des possesseurs de capitaux ! » lance un commentateur humoriste à la radio. « Puisqu'on s'enrichit quand la Bourse monte, il est juste de s'appauvrir quand elle baisse. Seule cette prise de risque évite le reproche d'enrichissement sans cause. » Propos inappropriés en ce qui concerne le FMI, car, en intervenant, il a évité l'amplification d'une redoutable réaction en chaîne. Il a demandé à l'État coréen d'instituer plus de transparence et une réglementation bancaire rigoureuse.

Deux leçons peuvent être tirées de cette intervention :

— le laisser-faire n'est pas de mise. L'économie libérale ne fonctionne bien que balisée, régulée. Le FMI est tenu d'être à la fois pompier et gendarme. Dans le cas de la Corée, il a exigé que soit instituée une réglementation bancaire à même d'éviter de nouvelles dérives. L'absence d'État nuit tout autant que le trop d'État, ce que la Banque mondiale vient de reconnaître[1] ;

— si le principe d'intervention est jugé bon pour sauver le marché des capitaux, il faut l'admettre aussi dans des

1. *Cf.* chapitre 24.

domaines connexes : la circulation de l'« argent sale », les paradis fiscaux, la corruption. Le FMI vient de s'engager dans cette voie en sanctionnant le Kenya pour corruption. Bravo !

Mais, dès lors qu'on s'engage sur le terrain de l'éthique, pourquoi s'arrêter en si bonne voie ? Voilà qui me conduit à mon troisième type de remarques : l'absence d'un pilier social dans l'édifice institutionnel mondial.

*
* *

Vieux de trois mille huit cents ans, le code d'Hammourabi, je l'ai souvent rappelé, commence par ces mots : *« J'ai établi ce Code de lois pour la protection de la veuve et de l'orphelin. »* Dès qu'il y a État, il y a protection des plus faibles. Cette exigence de justice a été rappelée sans cesse par les prophètes des grandes religions monothéistes comme par les philosophes, d'Aristote à Sénèque et à Kant. Elle a été récemment réaffirmée avec force par John Rawls[1] : la justice vaut plus et mieux que le bien-être et l'efficacité, et ne saurait leur être sacrifiée.

Il appartient d'abord aux États de faire régner la justice. Mais, dès lors qu'une partie de leurs prérogatives s'exerce désormais sous la houlette d'institutions internationales, il est clair que la préoccupation de justice doit apparaître au niveau de ces institutions. *« Il n'est que trop évident qu'il manque un pilier social »*, as-tu déclaré au sommet mondial pour le développement social, à Copenhague, le 7 mars 1995.

Je te suis reconnaissant de la clarté de ton propos. Mais attention : ce pilier social doit être partie intégrante de

1. John Rawls, *Théorie de la justice*, Seuil, 1987.

chaque institution mondiale. Il n'y a rien de pire que de séparer le social de l'économique. Réparer des dégâts humains est toujours plus coûteux que les prévenir. Et il est absurde de se priver du potentiel créatif d'un grand nombre d'exclus. Prospérité et justice peuvent aller de pair[1].

Dans le cadre des programmes dits « de la facilité d'ajustement structurel » du FMI, les dépenses d'éducation et celles de santé ont crû en termes réels de 6,4 % et de 8,4 % par an, ce qui montre que l'exigence d'une croissance de qualité est prise en considération.

Le FMI n'a pas de légitimité en dehors des pouvoirs que lui confèrent ses statuts ; il lui est donc impossible d'aller bien au-delà. Mais imaginons que le pilier social figure dans ces statuts et que l'exigence de justice y soit affirmée. FMI et Banque mondiale auraient à mixer, dans leurs injonctions aux pays demandeurs, efficacité et progrès social, compétitivité et justice. Exercice difficile pour tout le monde, je ne le sais que trop bien !

Prenons le cas du Brésil. Premier producteur mondial de café, second producteur de sucre, de soja et de cacao, ce pays laisse quotidiennement affamés entre trente et quarante millions de ses citoyens. S'agirait-il de mendiants ? Non, ce sont des hommes et des femmes qui ne demandent qu'à travailler la terre de leur pays, celle, entre autres, de *fazendas* de plusieurs milliers, voire de plusieurs dizaines de milliers d'hectares inexploités. Les uns après les autres, les présidents promettent la réforme agraire... avant les élections. Alors les affrontements se multiplient. Il faut voir les superbes photos qu'en a prises Sebastião Salgado[2], comme celle de l'occupation par trois mille familles de la *fazenda* Giocometi, non exploitée. Ces affamés sont souvent accueillis à coups de fusils par la police ou des milices armées. On a compté depuis vingt ans trente-deux

1. Voir chapitre 24.
2. Sebastião Salgado, *Terra*, La Martinière, 1997.

massacres de paysans au Brésil. Pour la seule année 1995, la Commission pastorale de la terre, organisme de la Conférence épiscopale, a recensé quatre cent quarante conflits portant sur trois millions deux cent cinquante mille hectares et intéressant trois cent mille personnes, accompagnés de cent quarante et un assassinats et quarante-trois tentatives d'assassinat[1].

Le Conseil pontifical « Justice et paix » vient de dénoncer le climat de terreur imposé par les propriétaires terriens dans le tiers-monde. Une dénonciation qui eût été la bienvenue déjà dans les années 60.

Quel argument avancent les dirigeants pour retarder indéfiniment la réforme agraire[2] ? Elle coûterait trop cher. Cependant, on trouve de l'argent pour défricher des millions d'hectares en Amazonie et y faire du *ranching*. Les cultures de rente, en effet, s'exportent et il faut rembourser l'énorme dette extérieure (120 milliards de dollars pour le Brésil au début des années 80 ; 580 milliards encore en 1995 pour l'ensemble des pays d'Amérique latine).

L'action du FMI a réussi à atténuer le problème de la dette. Mais quelle force il aurait eue, doté d'autres statuts, pour amener le gouvernement brésilien à consacrer les ressources nécessaires à la réforme agraire ! En transposant ce raisonnement au cas coréen, on ne quitte pas l'actualité. La Corée a besoin du FMI : qu'elle se dote d'une loi syndicale décente, au lieu d'emprisonner ses opposants !

J'ai été un peu long, mais il me fallait justifier mon propos initial : l'humanité s'est dotée il y a un demi-siècle d'institutions financières mondiales, elle vient d'y ajouter une institution propre au commerce, l'OMC, mais elle n'a toujours pas de Constitution. Nous sommes ainsi devant des institutions montées en vue d'objectifs qui ont leur légi-

1. *Foi et Développement*, n° 247, novembre 1996, Centre Lebret éditeur.

2. 70 % des terres arables sont détenues par 5 % des propriétaires terriens. In *Choix*, revue du PNUD, avril 1997.

timité, tels la liberté du commerce ou le profit, mais qui sont seconds par rapport au respect de l'environnement au sein duquel les hommes trouvent leur équilibre et leur raison de vivre, et à cette exigence de justice qui seule conduit au bien commun de l'humanité.

Laissées à leur mouvement spontané, les sociétés se structurent dans l'inégalité. Une inégalité qui est dans la nature, mais que les circonstances ou des choix politiques accentuent. Plus elles se structurent dans l'inégalité, plus les sociétés se sacralisent : l'esclave, le serf et l'intouchable n'auraient pas accepté leur sort s'ils ne l'avaient ressenti comme étant de l'ordre du monde, un ordre que les tyrans savent évoquer à leur profit et à celui de leur caste.

La démocratie désacralise cet ordre du monde. C'est par un choix culturel, éthique ou spirituel que des sociétés corrigent les inégalités engendrées par l'état physique ou mental des personnes, leur défaut d'instruction, leur infortune au départ de l'existence.

Aujourd'hui, au niveau de la planète, le libéralisme symbolise cet ordre des choses. Ou bien nous le sacralisons, ou bien nous le balisons afin que, par ses excès, il n'en vienne pas à détruire la liberté elle-même. Ce qui devrait conduire, dans un premier temps, à changer le statut des institutions mondiales.

Le corpus juridique de l'humanité se construit lentement. La Cour internationale de justice en est un maillon. Je ne crois pas impossible d'intégrer les principes de la Déclaration internationale des droits de l'homme dans les statuts et les pratiques des institutions internationales. Déjà, le FMI se veut le promoteur de principes de bon gouvernement, ce qui inclut la lutte contre la corruption, le respect de la loi, la transparence du secteur public. Inclure dans le « bon gouvernement » la lutte contre la pauvreté, la réduction de l'excès d'inégalités, la justice, lui permettrait d'avancer plus clairement sous une bannière éthique, et conduirait à donner à la notion de développement son plein contenu.

Si la recherche de l'équité et le rappel de la destination universelle des biens figuraient dans une charte renouvelée, et si j'avais voix au chapitre, je n'hésiterais pas à voter pour une augmentation des moyens du FMI et de la Banque mondiale.

Cette ambition, je sais que tu la portes en toi, sinon pourquoi, parlant des ONG, écrirais-tu que « *leurs initiatives sont le lieu où s'engendre et s'enracine une conscience universelle qui, seule, pourra susciter ce* "saut qualitatif" *qui portera les initiatives des gouvernements et des organisations mondiales au niveau nécessaire pour doter le monde des institutions et des stratégies que la mondialisation appelle* ». C'est reconnaître honnêtement qu'elles ne sont pas à ce niveau. Aujourd'hui, ce sont, au Brésil, Herbert de Souza[1] et le Mouvement pour l'éthique dans la vie politique, au Mexique les Indiens du Chiapas, qui éveillent la conscience de millions d'hommes.

Je suis sûr, mon cher Michel, que tu n'en voudras pas à l'homme du « local » de t'avoir apostrophé, toi, l'homme du mondial ; car je te sais capable de tenir les deux bouts de la chaîne. En chacun de nous coexistent la personne et le personnage responsable d'une institution. La tension entre l'homme, avec ses convictions, et le rôle qu'il assume, est inévitable, salutaire. Les passages de tes allocutions que j'ai cités montrent où vont tes convictions. Elles rejoignent celles que j'exprime ici avec peut-être un peu d'excès. Un excès que tu me pardonneras, car l'homme du « local », trop près des hommes qui peinent, n'a pas la sérénité que confèrent le recul et la vision large.

Je t'assure de ma fidèle amitié...

1. Aussi célèbre dans son pays que l'abbé Pierre en France.

24.

Quand la Banque mondiale s'éveille

Une bombe, le rapport 1997 de la Banque mondiale sur *L'État dans un monde en évolution* ? Non. Disons une étoile au Michelin des publications internationales : « mérite le détour »...

Loin d'emboucher la trompette classique sur le libéralisme sans entrave, le rapport commence par reconnaître que le marché n'est pas à lui seul la solution. Voici ce qu'écrit Joseph E. Stiglitz, vice-président : *« L'histoire de l'Asie de l'Est, des États-Unis et de l'Europe montre que le développement a souvent exigé une forte intervention de l'État. À l'inverse, l'absence d'intervention a rarement été synonyme de succès. »*

« Auparavant, poursuit le texte, *développement était synonyme de croissance du produit intérieur brut. Aujourd'hui, il est question de promotion de la démocratie, de développement durable, de lutte contre la pauvreté. Le contenu des stratégies de développement est donc très différent. »* À croire que la Banque mondiale a médité les écrits de L. J. Lebret. Mais on aimerait que ce discours s'adresse aussi aux pays du Nord...

La Banque passe ensuite aux aveux, ce qui est méritoire : *« La Banque estimait nécessaire de développer l'initiative privée et l'esprit d'entreprise, et voyait dans le gouvernement un frein à leur expression. Le gouvernement devait donc se retirer, libéraliser le marché, restaurer la vérité des prix. Le développement suivrait. C'était ignorer une donnée fondamentale : dans les pays en développement, les marchés étaient souvent inexistants pour de nombreux produits, et rien n'autorisait à croire qu'ils apparaîtraient d'eux-mêmes... La concurrence était fort limitée et l'information très imparfaite. Curieusement, c'est précisément au moment où les théoriciens de l'économie ont pris conscience de la faiblesse du marché libre que les praticiens de l'économie se sont mis à prêcher ses vertus.* » Au piquet, ces économistes qui ont induit la Banque en erreur pendant trente ans !

« *Les États d'Asie de l'Est ont suivi une approche moins dogmatique : ils ont assuré la stabilité macro-économique tout en intervenant largement dans le marché. Ils ont contribué à créer et réguler les marchés...* »

Comment ne pas revenir ici sur le cas coréen ? En quelques années, la Corée passe d'une économie en grande partie administrée, où le financement international revêt la forme d'un crédit bancaire à l'État, à une économie financée pour l'essentiel par les instruments du marché (émissions d'obligations, investissements internationaux au travers des Bourses locales). L'argent afflue. Banques et *chaebol* (fédérations d'entreprises) se lancent dans des opérations déraisonnables. Une bulle financière gonfle. Et c'est le krach...

M. Stiglitz poursuit : « *Ce n'est donc pas la dérégulation qui est nécessaire, mais la reconfiguration des régulations... Ni la théorie économique, ni l'expérience historique ne fournissent de lignes claires sur ces sujets complexes... L'agenda de développement économique pour le siècle prochain repose sur un spectre d'objectifs plus large que les agendas antérieurs... Il ne laisse aucune place aux approches dogmatiques et doctrinaires.* »

Il serait malséant de ne pas applaudir à ce souci d'ouverture et de souplesse. Il résulte en partie d'un processus nouveau de consultation d'ONG, d'universitaires, d'entreprises et de membres de gouvernements. Mais encore un effort, messieurs de Washington ! Il ne faudrait pas que la Banque, sous prétexte de reconnaître le rôle nécessaire des États, se défausse sur eux du « mal-développement » !

Rien n'est dit, en effet, sur ce qui gêne ou paralyse les États, et qui relève d'une politique au niveau mondial. Pas un mot sur l'hypertrophie de la sphère financière qui facilite la spéculation contre les monnaies et empêche toute réforme fiscale d'ampleur. Rien sur la recherche du profit à court terme qui prime sur la production de biens utiles au plus grand nombre. Rien sur le rôle des multinationales qui mondialisent le profit et localisent l'échec — un échec qu'il appartient aux États de réparer, sans les ressources d'impôts payés ailleurs. Bien peu de choses sur un secteur public desservant riches et pauvres en matière de santé, d'éducation, de transports, d'énergie, d'eau, de télécommunications, sinon pour suggérer que le secteur privé pourrait souvent prendre la relève[1]. Qui financera les infrastructures publiques des pays du Sud alors que les investissements privés les ignorent ? D'une façon plus générale, le rapport de la Banque mondiale énonce des principes dont certains ont une portée universelle, mais il n'annonce pas une politique différenciée, collant au concret du « local » et tenant compte de la diversité du monde.

Nous entrons dans une ère de grande incertitude[2]. Les institutions étatiques et mondiales ont à gérer la complexité. C'est le moment ou jamais de procéder par essais, constats et corrections, en dehors de toute idéologie. Les erreurs dans la conduite de la planète crèvent les yeux, corrigeons-les !

Banque mondiale et FMI se lancent dans la lutte contre la corruption. Bravo ! Mais à quand l'interdiction des paradis fiscaux qui contribuent si fort au blanchiment de l'« argent sale » ? À quand l'institution d'une taxe sur les opérations de change, préconisée par le prix Nobel américain James Tobin[3] ? L'objet en serait de décourager les déplacements massifs et très courts de capitaux, motivés par les gains de changement de parité provoqués par ces mouvements spéculatifs. À quand la recherche d'une harmonisation

1. Les services d'intérêt collectif peuvent être gérés par des entreprises privées à condition que leur soient imposées des servitudes de service public garantissant un égal service sur un territoire.

2. Jacques Lesourne a publié en 1981, chez Seghers, un essai de prospective fort justement intitulé *Les Mille Sentiers de l'avenir*.

3. La proposition Tobin a été reprise par la CNUCED, sans grand succès.

fiscale dans les pays du Nord pour équilibrer l'assiette des financements entre l'homme au travail et la machine, et ceci afin de rendre neutre le choix des entreprises et de favoriser l'emploi[1] ?

Puisque l'OMC[2] est là pour réguler les échanges internationaux, ne faut-il pas lui donner pour ambition de favoriser le commerce loyal (*fair trade*), les accords, les contrats, un commerce organisé de façon à limiter les dégâts causés par de brutales fluctuations de cours ?

Vis-à-vis des populations pauvres de la planète, il faut se débarrasser du slogan simpliste : *trade no aid* (commerce plutôt qu'aide). Je préférerais : responsabilité plutôt qu'assistance. Qui a fait preuve d'initiative et de responsabilité au Sud depuis trente ans ? C'était Paulo Freire au Brésil avec sa méthode de conscientisation et d'alphabétisation. Ce sont les paysans indiens qui s'emparent des municipalités, car ils ont compris tout ce que le « local » peut faire en contrepoint du « global ». Ce sont les populations urbaines d'Afrique qui développent l'économie populaire, démontrant qu'un peuple trouve les voies de sa survie en produisant à partir de presque rien et en empruntant des canaux nouveaux. Ce sont les paysans d'Amérique latine, d'Afrique et d'Asie qui, souvent aidés par des ONG et des institutions mutualistes, organisent leur territoire et leurs activités sur des bases communautaires.

Voilà des initiatives que le FMI et la Banque mondiale devraient soutenir, plutôt que le développement de cultures de rente destinées à permettre le remboursement de la dette. Une dette qu'ils ont laissé croître inconsidérément parce qu'elle favorisait le commerce avec le Nord. « Nous sommes trop gros pour faire du travail de dentelle et soutenir les initiatives locales », répondent les institutions

1. René Passet, « Saisir le moment où tout peut basculer », *Le Monde diplomatique*, septembre 1997.

2. Organisation mondiale du commerce, qui a pris le relais du GATT. Elle est dotée de pouvoirs d'arbitrage.

mondiales. Eh bien, qu'elles se dotent de sens plus subtils, d'organes locaux afin de soutenir ceux qui se mobilisent pour changer leurs conditions d'existence ! Et qu'elles fassent participer à leurs délibérations des représentants de ces groupes sociaux ! « *Traditionnellement, la gouvernance globale a été considérée avant tout comme un ensemble de relations intergouvernementales. Aujourd'hui, elle fait entrer en jeu non seulement des gouvernements et des institutions intergouvernementales, mais également des organisations non gouvernementales, des mouvements de citoyens, des multinationales, les milieux universitaires et les moyens de communication. L'apparition d'une société civile globale, comprenant de nombreux mouvements qui renforcent le sentiment de solidarité humaine, reflète une capacité et une volonté accrues des individus de contrôler leur propre vie.* » Ainsi s'exprime un rapport de l'ONU consacré à notre voisinage global[1]. C'est reconnaître la nécessité d'une démocratie participative à côté de la démocratie représentative.

*
* *

Si tout ce qui vient d'être évoqué était mis en route, ce serait pour l'humanité un pas au moins aussi important que celui d'Armstrong sur la Lune. Un petit pas, cependant. L'essentiel resterait à faire : donner un autre contenu à la notion de développement.

Les hommes commencent à s'inquiéter de la pérennité de la société qu'ils construisent. C'est au débit et en rouge qu'apparaît le compte que la nature nous a ouvert depuis des millénaires. Il faut être hypocrite ou aveugle pour

1. *Our global neighbourhood. Report of the Commission on global Governance (1995)*, cité par Annie Fouquet et Frédéric Lemaître, « Vers une nouvelle régulation mondiale », *Partage*, octobre 1997.

prétendre que quatre milliards d'hommes pourraient atteindre en quelques décennies les standards de vie du milliard dit développé, et ceci sans détruire un écosystème accablé par un type de croissance brutal et pollueur.

Que reste-t-il de la prétention à l'universalisme d'un modèle qui exclut quatre hommes sur cinq ? Loin de se rassembler, la caravane humaine s'étire et se disloque[1]. L'homme pousse à l'extrême une aventure technicienne qui le consume : à ceci près que les acteurs sont peu nombreux, et ceux qui subissent, multitude. La puissance dont l'humanité est désormais capable, par son effet massif, se retourne contre elle, contre son avenir. Il y a impasse logique, puisque tous ou presque poussent au mouvement et tous ou presque s'en inquiètent.

Alors les peuples demandent une meilleure « gouvernance » du monde. Cette prise de conscience planétaire est heureuse. Avancer que le monde est gouvernable est un acte de foi. L'homme est cet être qui, par-delà l'instinct, est capable de construire délibérément son avenir. Mais ça ne lui a pas toujours réussi : nous sommes vaccinés contre « les lendemains qui chantent » et les « Reich de mille ans ». Parions néanmoins que nous ne nous laisserons plus embarquer par des rêves de puissance. Sur quels principes simples, sur quelles valeurs communes la communauté des peuples pourrait-elle s'entendre ?

Sans doute faut-il commencer par définir ce que devrait être le développement.

Nous n'avancerons pas tant que nous n'aurons pas tiré les conséquences des fondements de la justice dans la société des hommes et répondu à la question : quel rapport y a-t-il entre l'abondance des biens, la nature de ces biens et ce qui est bon pour l'homme ? Pour la première fois, la communauté internationale est confrontée à un problème

1. En trente ans, la disparité entre pays riches et pauvres a doublé. (Rapport du PNUD sur le développement humain, 1996.)

de répartition de biens hétérogènes n'appartenant pas tous à la sphère marchande. Quand les finalités humaines sont oubliées et que n'est prise en compte que l'utilisation maximale des moyens, la croissance globale se révèle être « mal-développement ». Le développement n'est pas seulement un concept problématique ; il n'est pas éthiquement neutre.

« *Le développement ne se réduit pas à la simple croissance économique. Pour être authentique, il doit être intégral, c'est-à-dire promouvoir tout homme et tout l'homme.* » Ainsi s'exprimait l'encyclique *Populorum progressio*, saluée il y a trente ans pour son audace, mais qui n'a guère inspiré les grands de ce monde. Il ne s'agit pas de faire de l'angélisme : l'éducation, la culture, la santé exigent une base matérielle, des hommes nourris, logés, vêtus. Mais elles n'exigent pas le « toujours plus », le luxe ostentatoire, le gaspillage éhonté de ressources rares. Sait-on que l'espérance de vie est identique en Grande-Bretagne et au Costa Rica (soixante-quinze ans en 1992), que la mortalité infantile est de vingt pour mille à la Jamaïque et de soixante pour mille en Arabie Saoudite, pays qui a l'un des plus forts PNB par habitant au monde, et que la Grèce a le taux de suicides le plus bas d'Europe ? Construisons vite ces instruments plus subtils permettant de mesurer le développement authentique, celui qui met en jeu des significations et des valeurs, lesquelles ne s'additionnent pas[1].

1. Le PNUD s'y essaie depuis 1990. Il a élaboré un indicateur du développement humain (IDH) qui, en sus des revenus, tient compte de l'état sanitaire, de l'espérance de vie, de l'éducation, de l'inégalité, de la participation des femmes à la vie sociale, etc. Ce type d'indicateur, sur le plan mondial, peut facilement être contesté : les statistiques sont quelquefois inexistantes et souvent peu fiables ; en outre, la pondération des données est forcément discutable dans un indice synthétique.

Beaucoup moins aléatoire serait la démarche dans et pour un pays donné. Elle obligerait l'appareil statistique à élaborer des indicateurs encore inexistants (la pollution, par exemple) et le débat sur les grandeurs à incorporer dans l'indice serait significatif des valeurs qui font la qualité de la vie pour la population en cause.

Reconnaissons ensuite qu'il n'y a pas de voie unique de développement. S'il n'y a « pas de voie mélanésienne pour conduire un Boeing », il y en a une pour cultiver, échanger, et pour gérer la cité. Ici, on privilégie la compétition ; là, on préfère le consensus du groupe. Le libéralisme anglo-saxon n'est pas le libéralisme tempéré des pays d'Asie. Cessons de sacraliser le modèle dominant par le langage. Ce qui signifie, dans la pratique des institutions internationales, le respect des différences, l'adaptation fine du « local » et du « global », l'abandon des règles uniformes[1]. Et aussi de la patience. Car le temps des hommes n'est pas celui des Bourses de valeurs, l'instantané de CNN et des *golden boys*.

Il faut surtout cesser de contraindre les hommes à s'adapter à la marche du monde, une marche haletante modelée par la sphère financière et poussant les firmes à conquérir sans cesse de nouvelles parts de marché. Pourtant, la Terre est finie et un arbre ne peut monter jusqu'au ciel. Le principe doit être retourné : c'est la marche du monde qui doit s'adapter au rythme d'évolution des peuples, c'est un principe politique qui doit s'imposer au niveau des institutions mondiales — ces grands régulateurs — et ce principe qui ne peut être que celui de la solidarité de l'espèce ne pourra que conduire à un contrat social au niveau de la planète.

*

* *

1. Scandaleuse et néfaste est la pression exercée par la Banque mondiale sur le Mali pour que les crédits de développement qu'elle lui consent aillent exclusivement à des producteurs individuels et ne transitent pas par les Caisses de crédit villageoises (les *kafodjiginê*) qui se sont développées dans la zone cotonnière sur le mode coopératif. On veut imposer une philosophie américaine, celle de l'homme seul se distinguant par son dynamisme, à un peuple où le groupe évolue tout entier avec souplesse et harmonie.

Deux rapports d'institutions mondiales viennent s'inscrire en faux contre les assertions les plus fortes de la Banque mondiale sur les bienfaits de la libéralisation commerciale et financière : celui de la CNUCED et celui du PNUD.

Le rapport de la CNUCED met l'accent sur les disparités qui se creusent entre pays riches et pauvres, comme entre pays en développement, et montre que le commerce de l'argent est plus lucratif que la création de richesses. On y lit : « *L'argument se répand de plus en plus selon lequel la mondialisation financière engendre des effets systémiques qui sapent la stabilité et la croissance globale... L'expérience montre que les facteurs qui encouragent l'importation de capitaux liquides peuvent par la même occasion gêner l'investissement productif.* »

Le rapport du PNUD est tout aussi sévère :

— la libéralisation financière n'a pas stimulé un apport de capitaux vers les pays qui en manquent ; les flux nets, de faible ampleur, vont plutôt vers les pays déjà bien dotés ;

— elle n'a pas rendu le crédit plus accessible : les taux d'intérêt ont atteint les niveaux les plus élevés des temps modernes, ce qui freine ceux qui souhaitent investir en capital fixe et enrichit les détenteurs de capitaux ;

— le taux d'investissement et la croissance économique ont été inférieurs à ceux que l'on connaissait avant la mondialisation financière ;

— les produits dérivés, censés améliorer la gestion des risques, ont créé leurs propres risques systémiques ;

— la libéralisation financière a imposé des politiques déflationnistes, seules à même de retenir les capitaux flottants.

Voici donc deux institutions financières, le FMI et la Banque mondiale, qui adoptent avec de légères nuances les thèses anglo-saxonnes sur la libéralisation et la mondialisation, en radicale opposition avec les thèses de deux autres institutions mondiales, la CNUCED et le PNUD, qui ont, elles, le nez sur des réalités à la fois financières et humaines. Où est la vérité ? Les premières sont installées à Washington, les secondes à New York, à une heure d'avion. Serait-ce trop demander que leurs experts se rencontrent, comparent leurs chiffres, dialoguent et élaborent en commun un rapport serein ?

Aujourd'hui, les positions du PNUD reçoivent un appui sérieux de chercheurs dont les études méticuleuses sont regroupées dans le numéro 71 de la revue *Économie internationale* sous le titre « Mondialisation, convergence et inégalités[1] ». L'écart de revenu entre pays riches et pays pauvres est aujourd'hui plus de six fois ce qu'il était en 1870. Et l'on s'interroge : le rattrapage technologique est-il possible en deçà d'un certain seuil de pauvreté ? Deux types de convergences sont constatés : d'une part, des agglomérations d'activités économiques apparaissent entre certaines zones géographiques ; d'autre part, la mondialisation fait craindre l'émergence d'une élite aisée s'affranchissant des frontières nationales, face à des populations dont le niveau de vie au mieux stagnerait. Ce qui amène à reposer la question : équité et croissance ne seraient-elles pas antagoniques, voires antinomiques ?

1. *Économie internationale*, 3ᵉ trimestre 1997, La Documentation française.

25.

Justiciae comes ubertas

En 1987, directeur des Affaires internationales de la Caisse des dépôts, je reçois à déjeuner une dizaine de présidents et directeurs de société, dont deux Anglais, un Allemand, un Suédois et un Africain, le président de la Société immobilière du Cameroun, M. Djeudjang.

Au café, je fais circuler une médaille sur laquelle on voit deux femmes face à face, l'une tenant à la main une balance et l'autre une corne d'abondance. La légende porte en latin : *Justiciae comes ubertas.*

Malicieusement, je demande à mes hôtes de traduire. La médaille passe de main en main. Grand silence. Jusqu'au moment où elle arrive au président Djeudjang qui, après quelques secondes d'examen, déclare : « *La prospérité vient de la justice.* » Hommage soit rendu à la qualité de l'enseignement des bons pères au Cameroun et à une langue aussi concise que le latin, incomparable véhicule d'échange jusqu'au XVIe siècle !

Élucider le sens de cette formule permet de trancher un débat de fond sur ce qui contribue au meilleur développement possible. « *La taille du gâteau n'est pas indépendante de la manière de le partager* », disent les économistes libéraux. Le raisonnement s'articule de la façon suivante : être bienveillant pour autrui conduit à préconiser des partages très égalitaires qui impliquent une diminution du taux d'épargne de l'économie, et donc de son taux de croissance ; du coup, les individus les plus défavorisés risquent, parce que le gâteau est plus petit, de se trouver dans une situation plus défavorable que celle à laquelle ils pourraient prétendre en acceptant une dose d'inégalité plus forte permettant un gâteau de plus grande taille.

L'organisation sociale optimale à laquelle conduisent ces prémices revient à écarter de l'activité productive un groupe d'individus devant se contenter des prestations versées grâce à ceux qui sont impliqués dans la production. C'est la porte ouverte à une société duale telle qu'on la constate dans un nombre croissant de pays[1].

Devant cet état de fait, l'économiste Jean-Claude Milleron s'interroge : « *J'ai tendance à rechercher ce qui manque dans les prémices. Fait défaut, me semble-t-il, l'idée d'appartenance à une totalité dépassant la juxtaposition des individus. Le contrat social libéral a une force qui m'impressionne. J'ai du mal, cependant, à y trouver un fondement suffisant pour un sentiment d'appartenance. Émerge alors la question : sans appartenance, peut-il y avoir confiance ? Et sans confiance, un véritable libéralisme peut-il fonctionner*[2] *?* »

Voilà de bonnes interrogations. La théorie postule une antinomie certaine entre efficacité et équité. Ses arguments ont pesé lourd dans l'élaboration des stratégies nationales et internationales, d'autant plus qu'ils correspondent aux intérêts des classes sociales au pouvoir ; aussi la redistribution y occupe-t-elle une place très limitée. Des études récentes montrent au contraire que, loin d'être antinomiques, équité et efficacité sont complémentaires[3].

Les théorèmes de l'économie de bien-être ne sont valides qu'à la condition que les marchés fonctionnent de façon parfaite, ce qui est rarement le cas. Des interventions sont donc nécessaires pour conduire l'économie à sa plus grande efficacité. Dans le cas des pays en développement, ces inter-

1. Et pas seulement en France. En 1996, les Pays-Bas, pour une population active de moins de 7 millions de personnes, comptaient 860 000 personnes placées dans un « parking social » et qualifiées d'« handicapés sociaux ».

2. J.-C. Milleron, « La bonne dose d'économie libérale », revue *Projet*, janvier-février 1986.

3. *Cf.* « Mondialisation, convergence et inégalité », *Économie internationale*, CEPII, 3e trimestre 1997, voir notamment François Bourguignon : « Pour une approche individualiste de la convergence ».

ventions, pour peser judicieusement, doivent prendre en compte les trois considérations suivantes :

— la première se fonde sur la notion de revenu d'efficience. Pour que les individus puissent « fonctionner » normalement, c'est-à-dire avoir une productivité normale, il faut que leurs besoins physiques et sociaux essentiels soient satisfaits. Dans une société où une partie de la population ne dispose pas du revenu d'efficience, toute redistribution des plus riches vers les plus pauvres augmente la production totale de l'économie ;

— la production de certains biens ne sera entreprise que si la demande pour ces biens est suffisante. À certains stades du processus de développement, une redistribution des revenus en faveur des plus pauvres peut contribuer à l'apparition de la demande nécessaire pour que soient exploités les rendements d'échelle permis par la technologie ;

— l'imperfection du marché du crédit doit être corrigée. Un minimum de richesse est exigé comme garantie de la part d'un individu qui désire emprunter afin de réaliser un projet d'investissement ou de production. Or le pauvre ne dispose ni de terrains, ni de bâtiments à nantir, ni de liquidités. Toute redistribution permettant d'assouplir cette contrainte de liquidité permet d'augmenter le nombre des projets d'investissement entrepris, et par conséquent le taux de croissance de l'économie. La réussite de la Grameen Bank, déjà évoquée, en a fourni la démonstration. Les investissements peuvent concerner les études des enfants au-delà de la scolarité obligatoire. Cet exemple montre que la redistribution à mettre en œuvre peut ne pas être directe, et passer par des opérations de crédit subventionné ajustées à certains investissements.

*

* *

J'illustrerai cette dernière considération — l'absence de garantie comme frein au développement — par des exemples pris au Sud, puis au Nord. Il est clair, en effet, que la possibilité donnée aux plus pauvres d'accumuler des actifs productifs permet de combiner croissance et efficacité.

En 1985, au sein de l'association « Éducation et Échanges[1] » que je préside, est créé sur la suggestion de Gilbert Mourre, à l'époque directeur général adjoint de la Caisse française de développement, le concours CREA (Jeune créateur d'entreprise en Afrique). Ce concours est ouvert aux adultes des deux sexes âgés de vingt à quarante ans. L'entreprise à créer ou développer peut l'être dans tous les domaines : artisanat, commerce, services, agriculture. Les candidats ont à remplir un questionnaire de sept pages où sont précisés la nature de l'activité à créer ou développer, la clientèle potentielle, le savoir-faire acquis, les appuis familiaux éventuels, etc. Le concours est présenté à la radio ou à la télévision, les projets collectés dans les chambres de commerce et d'industrie ou les agences de la Caisse française de développement ; ils sont examinés par un jury de chefs d'entreprise, à Paris pour éviter toute pression locale. De sept à douze candidats sont retenus chaque année. Ils reçoivent une aide financière modeste, de l'ordre de 25 000 francs français, et un complément de formation sur place ou en France auprès d'artisans et d'entrepreneurs. Chaque fois que possible, ils sont branchés sur un professionnel qualifié de leur pays. En dix ans, le concours CREA a permis de faire émerger du milieu dit « informel » une centaine d'entrepreneurs[2]. Des réussites spectaculaires ont eu lieu, tel cet artisan sénégalais qui n'avait qu'un compa-

1. Cette association créée en 1949 par François Bloch-Lainé, Paul Delouvrier, Michel Debré et Philippe Viannay, s'est d'abord consacrée aux échanges de jeunes à une époque où de tels échanges étaient encore embryonnaires.

2. Ce concours a été ouvert au Sénégal, en Côte-d'Ivoire, au Mali, au Burkina Faso, au Bénin, au Togo.

gnon lors du concours et qui emploie vingt ouvriers aujourd'hui.

La preuve a été ainsi faite que l'esprit d'entreprise existe au Sud autant qu'au Nord. Mais l'absence de cadastre empêche de nantir un terrain quand le candidat entrepreneur en possède. Il ne peut donc offrir une garantie à un système bancaire inadapté au contexte local. Il faut donc y suppléer par la garantie mutuelle, ce qu'a réalisé la Grameen Bank au Bangladesh et ce que commence à faire le Crédit mutuel en Afrique francophone. En 1962, j'avais conçu les budgets locaux à Madagascar de telle façon que la commune rurale puisse garantir l'emprunt de quelques agriculteurs. Il fallait pallier l'absence de crédit agricole. On l'a vu, le régime Ratsiraka, onze ans plus tard, a cassé le système.

Les mêmes considérations sont valables dans les pays du Nord. La France, pour s'en tenir à elle, ne favorise pas la création d'entreprises, à la fois par manque de « capital-risque » (fonds prêtés à un créateur[1]), par l'insuffisance de la déduction fiscale (limitée à 75 000 francs en cas de création d'entreprise), du fait aussi que l'aide aux chômeurs créateurs d'entreprise est limitée aux moins de vingt-cinq ans, et enfin par l'absence d'un statut audacieux de pluriactivité. On appelle ainsi le fait de combiner des activités de nature différente : l'agriculture et l'artisanat, par exemple. Prenons une personne à qui on propose un poste de salarié à mi-temps ; pour vivre, elle se propose de continuer une activité artisanale durant l'autre mi-temps. Elle relève alors de deux régimes de Sécurité sociale (le régime général et le régime des artisans), et paiera des cotisations sociales aux deux régimes, alors qu'il suffirait que le système collecteur

1. La Caisse des dépôts, cependant, dispose en 1998 d'un fonds de capital-risque de 500 millions de francs. Par ailleurs, les clubs CIGALE (Clubs d'investisseurs pour une gestion alternative et locale de l'épargne) ont soutenu environ 300 micro-entreprises et permis la création de 1 600 emplois en une douzaine d'années.

(l'Urssaf en France) fasse la répartition entre les régimes en fonction d'un taux forfaitaire. Comment s'étonner de la croissance du travail « au noir » ? Ou du repli découragé de certains sur le RMI (Revenu minimum d'insertion) ?

Au lieu de concéder un revenu d'assistance aux personnes démunies ayant du mal à trouver un emploi salarié, mieux vaudrait proposer à celles d'entre elles qui avancent un projet de création d'entreprise une dotation en capital (non cumulable avec une prestation sociale). Dans un système libéral, ce serait la meilleure façon de rétablir un minimum d'égalité des chances, au moins pour les inventifs et les audacieux.

*
* *

Les remarques et constats qui précèdent portent sur les inégalités au sein d'une même nation. Le chapitre précédent a rapporté un constat inquiétant pour l'équilibre mondial : les inégalités entre nations ou blocs de nations ont divergé de façon considérable en cent vingt-cinq ans, l'écart de niveau entre les plus riches et les plus pauvres passant de neuf en 1870 à plus de cinquante en 1985. Qu'en est-il de la convergence future entre les peuples ?

Selon la théorie néolibérale, l'ouverture d'une région pauvre à la concurrence dans un ensemble plus vaste doit conduire à la « convergence ». Les faits ne la corroborent pas. Le sud de l'Italie est intégré au marché italien depuis un siècle et l'écart avec le Nord, loin de diminuer, s'est accru. Aussi, tenant compte de cet exemple, l'Union européenne a-t-elle dégagé des moyens considérables pour opérer des transferts au profit des zones défavorisées[1]. Ces transferts

1. Moyens rassemblés dans les « Fonds structurels ».

permettent d'y effectuer des investissements de toutes sortes. Un constat de divergence au plan mondial devrait conduire au même type de méthode[1].

Si l'on considère l'évolution de la population en sus du taux de croissance, on a déjà une probabilité de divergence accrue : la part de la population mondiale vivant dans les pays à haut revenu de l'OCDE est passée de 19,7 % en 1960 à 14,1 % en 1993 et s'établira à 10,5 % en 2025. La croissance continuant dans ces pays, la richesse potentielle à partager continuera de croître, ce qui ne signifie pas qu'elle le sera équitablement. Dans les pays du Sud, le taux de croissance, même lorsqu'il est supérieur à celui des pays du Nord, s'applique à un niveau de départ très faible ; en outre et surtout, la croissance démographique annule les effets sur les individus du supplément de richesse produit. Et ce, d'autant plus qu'elle y est partagée très inéquitablement. Les risques de convulsions, dans nombre de pays du Sud, iront donc croissant.

Le Rwanda et le Burundi en sont un bon exemple. En 1985, en y constatant une densité de deux cent soixante-dix habitants au kilomètre carré (cent quinze en France !) et une saturation du territoire cultivable malgré des techniques de culture évoluées, j'avais demandé à SCET-International, filiale de la Caisse des dépôts, d'étudier le type d'activités à même d'absorber le supplément de population active. La mission n'eut pas de suite, mais permit d'apprendre que les Églises chrétiennes, prépondérantes dans ces deux pays, s'opposaient à la diffusion des méthodes contraceptives alors que le taux de croissance de la population était de l'ordre de 3 %. Au nom d'une morale respectable, elles ont pris là une bien lourde responsabilité ! Les querelles entre Hutus et Tutsis ne font qu'accentuer une lutte inéluctable pour la vie. Je fais cette incidente pour

1. Illustrée par une formule comme : « Un plan Marshall pour l'Afrique ».

rappeler qu'en matière de mal-développement, le marché et la Banque mondiale ne sont pas seuls responsables !

Les études sur la convergence entre nations dans les cent vingt-cinq années à venir, menées avec les méthodes les plus variées, font apparaître des résultats forts différents[1]. Dans le cas le plus optimiste, les écarts de richesse au début du XXIIe siècle seront revenus à leur niveau de 1870. Dans le cas le plus pessimiste, ils seront non pas de cinquante pour un comme aujourd'hui, mais de deux cents ou trois cents pour un. Le plus probable est un progrès de la convergence au sein de groupes de nations (Europe, Amérique latine), avec un maintien ou une aggravation des divergences au niveau mondial.

Ces perspectives ne sont satisfaisantes ni pour la paix ni pour la démocratie. Aussi François Bourguignon arrive-t-il à une préconisation sans équivoque :

« *Comment pourrait-on accélérer ce processus de convergence des revenus individuels et empêcher cette polarisation de la population mondiale ? La réponse est sans ambiguïté. Il faut redistribuer au sein des nations et entre les nations. Il faut redistribuer directement, sans nécessairement attendre les effets bénéfiques sur les plus pauvres de la croissance économique des nations, ou ceux d'une intensification des échanges. En d'autres termes, il s'agirait donc d'inverser le discours économique dominant et de faire passer l'équité avant l'efficacité, ou plus exactement d'exploiter systématiquement les complémentarités existantes entre ces deux points de vue plutôt que de s'en remettre au seul objectif de l'efficacité en espérant qu'à un moment ou un autre le surcroît de revenu permis par une économie mondiale plus efficace se diffusera à l'ensemble des sociétés et des nations, y compris les plus pauvres*[2]. »

1. Lant Pritchett (économiste « senior » à la Banque mondiale) : « La distribution passée et future du revenu mondial », *Économie internationale, op. cit.*

2. In *Économie internationale, op. cit.*

Qu'il soit clair, cependant, qu'à une bonne gestion mondiale doit correspondre une bonne gestion locale. Aucune aide n'a jamais dispensé les personnes ni les nations de s'aider elles-mêmes. Sous cette réserve, oui, équité et prospérité doivent et peuvent aller de pair.

26.

L'État légitime

Tout doit être fait pour aboutir à une régulation, à un minimum de gouvernance à l'échelle du monde. Mais c'est un long chemin. La nation va longtemps demeurer une réalité forte. Elle est le lieu où s'est noué le contrat social. L'État en est le garant. Il a le monopole de la contrainte légitime. Il gère les services publics. Dans son activité de gestionnaire, on ne lui demande pas d'éclairer le sens de la vie. Il est laïque. Mais, inévitablement, il a affaire avec la façon dont les hommes perçoivent la vie. Pas de contrat social sans référence explicite à des valeurs, sans déclaration des droits de l'homme et du citoyen. Ce rôle de gardien des valeurs fondatrices d'une démocratie sera évoqué plus loin.

Je me limiterai ici à quelques remarques banales sur la façon dont l'État, en protégeant le citoyen, protège le marché. Car l'habitude s'est prise de les opposer, ce qui est absurde.

Les interventions légitimes de l'État se lisent aisément au travers des limites du marché :

Le marché est indifférent à la propriété du capital. Une économie de marché peut fonctionner avec un mélange d'entreprises privées et d'entreprises publiques, ou encore avec des entreprises dites d'économie mixte. Le capital des entreprises privées peut être entre les mains de nationaux ou d'étrangers, en partie ou en totalité. Des nations capitalistes n'admettent pas le contrôle total par les étrangers de secteurs jugés vitaux pour elles.

Le marché est indifférent à la démocratie. Hitler s'est fort bien accommodé du marché, Pinochet aussi. Ce n'est pas en économie qu'ils ont l'un et l'autre échoué. Il ne faut pas attendre de l'économie de marché la garantie automatique de l'initiative de tous, ou de la liberté de choix des plus démunis. C'est là un domaine où la primauté du politique doit s'affirmer.

Le marché ne préjuge pas du partage des richesses. Ce partage se fait entre la rémunération du capital, celle du travail, les consommateurs et l'investissement, en fonction d'un jeu de forces et d'intérêts complexes d'où l'intérêt général ne sort pas toujours gagnant. De plus, le marché n'est efficace que pour les besoins solvables, quand un pouvoir d'achat répond à l'offre de biens. C'est pourquoi se sont développées partout des consommations socialisées, comme l'éducation et la santé, afin d'égaliser les chances en matière de savoir et de soins.

Le marché engendre de nouvelles formes de socialisation. Nous vivons depuis deux bons siècles dans une économie qui a laissé libre champ à l'évolution technologique. Celle-ci a bouleversé nos modes de production, d'échanges et de vie. Les productions primaires (agriculture et mines) ont cédé la première place aux productions industrielles dont l'importance décroît aujourd'hui face aux activités tertiaires. Les campagnes se sont vidées au profit des villes. La famille nucléaire a remplacé la famille large. Dans un nombre croissant de domaines, la machine simple, puis la machine autorégulée a remplacé l'homme. Les solidarités familiales et de voisinage se sont atténuées, voire effacées, devant d'autres formes de solidarité devenues indispensables.

Prenons trois exemples actuels :

Dans les pays développés — grâce à l'économie de marché —, le système de protection sociale a banni le spectre de la vieillesse misérable et de la maladie trop coûteuse à soigner. Mais l'inflation ayant ruiné les systèmes de capitalisation, partout le système par répartition, qui revient à redistribuer aux retraités les cotisations des actifs, forme le socle des pensions de vieillesse. Or la répartition suppose l'obligation. Les fonds de pensions, destinés à compléter les retraites de base, exigent eux aussi la protection des cotisants, donc l'intervention de la loi.

De même, en matière de soins, si le « petit risque » pourrait à la rigueur relever d'un système d'assurance volontaire, il n'en va pas de même du « gros risque » : 20 % des malades représentent 80 % de la dépense, et 3 % des malades, 50 % de cette dépense. Il s'agit des grands infirmes respiratoires, des handicapés profonds, des dialysés, des cancéreux, des grands hémophiles, des personnes en réanimation. Ici les bien-portants paient pour les grands malades... qu'ils seront peut-être un jour.

Un peu partout s'est constituée une autre branche de la protection sociale : l'assurance-chômage, non facultative elle aussi.

Ainsi, la richesse globale est en partie redistribuée sous des formes socialisées de solidarité que chaque nation bâtit en fonction de ses mœurs et de ses traditions. La puissance publique n'a fait que mettre sous forme d'assurances sociales une demande de protection rendue inéluctable par une évolution technologique non balisée et probablement non balisable.

Le marché est indifférent au domaine public. Celui-ci est fait des forêts domaniales, des cours d'eau, du littoral, des voies de communication, des places et monuments publics, des musées. Son usage est commun à tous. Il est un élément essentiel de liberté et de dignité des habitants. Mes enfants se promènent librement dans les forêts domaniales sans se heurter aux barrières de la propriété privée. Je suis fier de la beauté de la place de la Concorde, de celle de la cathédrale de Chartres, des richesses du musée du Louvre, et heureux de pouvoir profiter à ma guise de cette beauté et de ces richesses.

Ce domaine public doit être sans cesse défendu. Il a fallu une action persévérante des pouvoirs publics pour rendre à nouveau libre et accessible le littoral de la Côte d'Azur et de la Bretagne. Des deniers publics sont nécessaires pour entretenir et enrichir les musées de nouvelles œuvres, sans quoi elles se retrouveraient dans de riches collections privées, donc invisibles pour le plus grand nombre.

Le marché ne protège pas spontanément les personnes. Il est en principe bénéfique aux consommateurs, puisqu'il fait baisser les prix quand une concurrence réelle s'exerce. Cependant, comme certains produits nocifs ne sont pas décelables et qu'une publicité mensongère peut tromper le public, au vieux Service de la répression des fraudes s'est ajouté un service, voire un ministère de la Concurrence et de la Consommation.

C'est dans le domaine de la protection de l'intégrité humaine que les pouvoirs publics ont dû récemment intervenir. En Inde, des malheureux sont amenés à vendre leurs reins. Au Viêt-nam, des dizaines de milliers de personnes, pour survivre, donnent leur sang jusqu'à douze ou quinze fois par an, ce qui crée une accoutumance dangereuse. Ailleurs se développe un marché de vente et d'achat de sperme, d'ovules, de matrices. Il en résulte à la fois des problèmes éthiques redoutables et des situations juridiques génératrices de conflits. En France, à la suite du rapport Braibant, puis du rapport Lenoir, des lois de bioéthique ont été votées en 1994. Déjà, un arrêt de la Cour de cassation a interdit le prêt de matrices.

Ici encore, l'évolution technologique engendre des pratiques qui appellent une réglementation.

En matière de protection des personnes, comment ne pas évoquer l'habitat ? Les investissements urbains ne structurent pas seulement les activités, ils exercent une influence directe sur le psychisme et le comportement des hommes. L'habitat n'est pas un produit comme les autres et ne peut être abandonné aux seules lois du marché.

Nous payons cher en violence et en inadaptation la densification excessive de l'espace, l'insuffisance d'insonorisation des logements et celle de beaucoup d'équipements sociaux[1].

Certes, la ville est avant tout l'affaire des maires. Mais quand, par aveuglement ou collusion, ils édifient des cités génératrices d'inadaptations, c'est vers l'État qu'on se retourne pour réprimer et réhabiliter.

C'est l'environnement en général qui ne peut être confié au marché. Au-delà du domaine public, l'équilibre entre l'activité humaine et le sol, la flore, la faune, l'atmosphère, doit être défendu et surveillé. Mais, ici, la communauté mondiale tout entière se doit d'intervenir.

Comment, enfin, ne pas parler des médias quand ils agressent le psychisme fragile des personnes et surtout des enfants ? « Maintenant, ça suffit ! » titrait Bruno Frappat dans *Le Monde* des 8-9 septembre 1991 après l'émission d'*Antenne 2* sur le racisme. Hé oui, il y a un marché pour la pornographie, la violence, la drogue, le crime ; il n'y en a pas pour les prisons, les hôpitaux psychiatriques et toutes les souffrances qu'entraînent l'exhibitionnisme, la bassesse et la grossièreté de médias qui prétendent refléter la société alors qu'ils contribuent à la faire.

Certaines préoccupations de long terme échappent au marché. Les entreprises répondent aux besoins immédiats des consommateurs et s'adaptent au jour le jour aux conditions changeantes du marché telles que les variations du prix de l'énergie, des taux d'intérêt ou des taux de change. Les plus riches d'entre elles font de la recherche appliquée et s'efforcent d'anticiper les besoins des clients, voire de les créer. Mais la recherche fondamentale dépend surtout des deniers publics. D'abord parce qu'elle est onéreuse : plusieurs nations européennes ont dû s'associer pour construire l'accélérateur de particules du CERN (Centre européen de recherche nucléaire) à Genève.

1. Il a fallu dynamiter la barre de 400 mètres de long de La Courneuve et d'autres logements sociaux tout aussi médiocres.

Ensuite, parce que les profits potentiels de la recherche fondamentale sont aléatoires en termes financiers, même s'ils ne le sont pas au niveau de l'aventure humaine.

Il en va de même en ce qui concerne l'aménagement de l'espace et les investissements structurants. Une entreprise de transports assure une liaison rentable dans une zone prospère, c'est son rôle. Mais seule la puissance publique peut décider de créer une ligne ferroviaire à grande vitesse, une autoroute, un canal, un aéroport pour développer une région. Roosevelt avait-il fait autre chose en créant la Tennessee Valley Authority ? Ici s'affirme la primauté du politique. Le marché joue ensuite son rôle en utilisant les moyens mis à la disposition de tous.

Même le développement de l'épargne longue, gage de prospérité future, ne découle pas du marché. Le marché optimise le court terme : il propose des SICAV monétaires aux épargnants. Mais un dispositif fiscal peut favoriser, entre autres, des plans d'épargne d'entreprise gérés de façon telle qu'actions et obligations l'emportent sur les valeurs à court terme.

Le marché ne protège pas les entreprises de l'instabilité mondiale. L'économie de marché est un système d'allocation de ressources fondé sur les prix. Le prix est un informateur pour les décideurs, mais n'est pas un régulateur de l'activité. Il n'élimine ni le risque ni l'incertitude. Or, en système international ouvert, que font les États devant l'instabilité des prix de l'énergie, des taux de change, des taux d'intérêts ? Chacun s'efforce de canaliser le libre jeu de la concurrence afin de réduire les effets de ces déséquilibres extérieurs sur son économie et d'accroître la capacité et la marge de manœuvre de ses entreprises. D'où l'âpreté des négociations relatives à l'Organisation mondiale du commerce (OMC) ou des négociations entre l'Europe et les États-Unis, entre les États-Unis et le Japon. Le rôle de stratège que l'État joue pour la collectivité nationale est critiqué par certains libéraux. Il n'est qu'une façon de le réduire : bâtir un nouveau système de régulation mondiale qui évite des embardées dont seuls les spéculateurs profitent.

Le marché ne se protège pas lui-même. Il a le maximum de vertus quand la concurrence s'exerce normalement, ce qui suppose que les acteurs ne soient pas trop inégaux. Locke justifiait l'existence de l'État-gendarme de façon simple : sans lois, les gros commerçants auront tendance à faire disparaître les petits et à créer des monopoles. Deux siècles plus tard, les États-Unis, pays de la libre entreprise, édictaient le Sherman Act (1890) ou loi antitrust, confirmé en 1925 par le Trust Act.

Existe-t-il d'autres cas que celui des trusts et cartels où le marché exige protection ? Oui, celui des OPA (Offres publiques d'achats). Le principe de l'OPA n'est pas mauvais. Mais, aux États-Unis surtout, il a été détourné de son objet par des *raiders* qui ont cherché à prendre le contrôle d'entreprises saines pour les dépecer et les revendre par quartiers. Pour se défendre, ces entreprises sont conduites à racheter leurs propres actions à un cours surévalué ; c'est un détournement de richesses de l'investissement vers la défense contre le *raid*. Les personnels s'endorment le soir sans savoir qui sera le patron le lendemain, et la fidélité envers l'entreprise s'estompe. Ce « capitalisme-casino » ne peut être montré en vitrine du marché. C'est à juste titre que la COB[1] a réglementé les OPA en France.

Sur le marché international, l'argent est devenu une marchandise comme une autre qui s'échange en temps réel par milliards d'un bout à l'autre de la planète. Cet « argent facile » fait tourner bien des têtes et multiplie les scandales. À Tokyo, des intermédiaires de la Bourse protègent illégalement de gros clients. À Francfort, quarante-cinq banquiers sont impliqués dans une affaire de manipulation de cours. À New York, Salomon Brothers perd son hono-

1. Commission des opérations de Bourse.

rabilité. À Varsovie, le patron de la Banque centrale doit démissionner après une affaire de détournement de fonds. À Londres, puis un peu partout dans le monde, éclate le scandale de la BCCI, cette banque qui blanchissait l'argent de la drogue et dont la fermeture laisse des milliers de déposants privés de leur épargne... On voit bien que c'est un code international de bonne conduite qu'il faut élaborer. À finance mondiale, réglementation mondiale. Le marché ne s'en portera que mieux, car la liberté débridée ne lui convient guère.

Au milieu du siècle, nous étions quatre cents millions « entre nous », pays développés, avec des règles du jeu, celles adoptées à Bretton Woods. Aujourd'hui, la Chine, l'Inde, l'Indonésie, le Mexique, le Chili et les pays de l'Est européen, Russie, Pologne, Hongrie, sont entrés dans la sphère de l'échange libéral : nous sommes quatre milliards, mais sans règle du jeu. Or, quand les États ne produisent plus la règle, les acteurs privés les plus puissants se l'approprient. Ce n'est plus à l'État, ici, d'intervenir, mais aux États d'élaborer en commun la régulation dans les domaines de la concurrence, de la finance, de l'environnement et de la santé (microbes et virus ont réalisé la mondialisation bien avant les financiers !).

*

* *

D'avoir traité de la légitimité de l'État dans une économie de liberté me permet d'évoquer rapidement le cas particulier de la France. L'État y est hypertrophié. En royauté ou en république, de Philippe le Bel à Charles de Gaulle, la nation s'est identifiée à l'État et la société a trop attendu de lui.

Pour le comprendre, il faut remonter au baptême de Clovis et au sacre de Reims. En ontologie chrétienne, l'homme perd sa cohérence psychique en perdant de vue le Dieu créateur de l'univers. Le roi ne tire son pouvoir que du sacre qui fait de lui une image du Créateur. Dès lors, la cohérence politique tient à ce point unique, sommet de la pyramide sociale. Le sujet peut toujours en appeler au roi du mauvais usage des pouvoirs délégués aux vassaux.

La république transpose le système sans le bouleverser, en se référant cette fois à Athènes. Pour l'Athénien, en effet, l'homme ne tient que dans une communion avec ses concitoyens. Sans ce centre abstrait, la cité perd sa santé politique et se désagrège. L'État n'est plus personnifié, mais il est tout autant sacralisé. Il engendre un droit qui s'impose à tous.

Comment s'étonner que le citoyen attende beaucoup d'un État dont le bon comportement conditionne en partie son propre équilibre ? La république n'est-elle pas fondée sur les vertus ? Qu'elles viennent à faillir, le citoyen s'inquiète et s'insurge. D'où cette alternance de longues patiences et de révoltes aux lendemains douteux. Les Français tuent un roi et se donnent un empereur. Ils croient s'émanciper en 1968. Trente ans après, jamais l'emprise de l'administration sur la société n'a été aussi forte[1].

Quelques chiffres permettent de mesurer cette obésité de l'État. La fonction publique représente 24 % de l'emploi total, contre 15 % en Allemagne et en Angleterre. Malgré quelques privatisations, l'État croit devoir contrôler encore plus de deux mille entreprises publiques, ce qu'il fait fort mal. Bien plus, les agents de ces entreprises se retournent contre l'État-employeur ; les grèves dans le secteur public, en 1995, ont dépassé de beaucoup celles du secteur privé : 3 762 000 jours contre 2 120 000. À la SNCF et à la RATP, l'État se retrouve l'otage du monopole qu'il a créé.

1. On comptait à l'époque environ un fonctionnaire pour six actifs ; aujourd'hui, un fonctionnaire pour à peine plus de trois actifs.

Otage, le citoyen l'est aussi, qui n'a pas, en retour, le service qu'il est en droit d'attendre. En 1996, à la demande du président de la République, j'ai fait le tour des pays de l'Union européenne pour discuter, avec les dirigeants et les partenaires sociaux, du modèle social européen. Quand j'abordais le thème du service public, j'obtenais la réponse suivante : « Nous tenons autant que vous au service public. Mais nous avons une conception partenariale de ce service. Chez vous, l'usager, absent des conseils, est sacrifié. »

Il est temps que les Français cessent de rêver à une liberté débridée sous un État pesant, censé les protéger des aléas de l'existence. Ils sont responsables du poids de cet État par les demandes qu'ils lui adressent. Pourtant, beaucoup d'entre eux souhaitent occuper plus de place dans la vie locale et sont capables de le faire, ainsi que je vais le montrer.

*

* *

Fallait-il rappeler tout cela, qui est trivial ? Je le crois : je vais pouvoir ainsi aborder deux sujets qui ne le sont pas. Si l'État est légitime, il doit conserver les moyens de financer les fonctions collectives : Éducation, Santé, Justice, Sécurité, Recherche fondamentale, etc. Or un danger nouveau s'annonce, qui peut mettre en péril les ressources publiques traditionnelles : le commerce électronique et le déplacement de la valeur ajoutée vers les produits immatériels. Mais, dans le même temps, la société de l'information offre des possibilités nouvelles de culture et d'exercice de la citoyenneté.

Avec Internet, une globalisation de la consommation se dessine, surtout celle des produits immatériels. Le commerce électronique se développe. Mais on ne sait pas ou mal taxer un facteur aussi mobile que le capital ou le travail très qualifié incorporé dans les produits immatériels (les logiciels, entre autres).

Dans les échanges, la valeur se déplace des produits matériels vers les immatériels. Ces derniers, à base d'investissements intellectuels, incorporent un patrimoine né de l'effort des générations passées et présentes, notamment toutes les connaissances codifiées. Ils ont donc les caractéristiques de « biens publics ». Pourtant, sous l'influence des États-Unis, l'appropriation de ces produits s'est étendue (imposition du *copyright*). Or ils diffèrent radicalement des produits matériels : si je vends des voitures ou du champagne, je ne suis plus propriétaire de ce que j'ai vendu. Si je vends un logiciel, je n'en perds pas la propriété et je peux le revendre cent ou mille fois ; je réalise ainsi de considérables « économies d'échelle[1] » et de confortables profits. Ce que fait Microsoft. Ainsi se déroule sous nos yeux un transfert de rentes des produits matériels vers les immatériels.

Selon les experts de l'OCDE, le commerce électronique représentera d'ici cinq ans plus de la moitié du commerce total dans les pays avancés, pour finalement atteindre 80 %. Comment les États pourront-ils alors prélever les impôts nécessaires au financement des services publics ? Redoutable problème technique et politique !

Sans doute faudra-t-il en venir à un système entièrement nouveau de taxation des échanges internationaux. Jusqu'ici, la taxation des échanges a été assimilée au protectionnisme ; c'était une taxation nationale destinée à protéger un marché particulier. Mais taxer tous les échanges internationaux n'a rien à voir avec le protectionnisme. Dès lors que le système est international, c'est à lui d'assurer des ressources pérennes aux institutions chargées d'assumer les fonctions collectives : les États et les institutions mondiales (FMI, Banque mondiale, Unesco, OIT, FAO, Unicef, etc.).

1. L'amortissement d'une dépense initiale se fait sur une production beaucoup plus étendue que dans un marché de biens matériels.

Je prends le pari que dans les décennies à venir, nous serons collectivement amenés à taxer non seulement les transactions commerciales, mais les flux financiers, les flux d'information (cybertaxes), les flux d'énergie. Ce qui reviendrait à donner une assise logique à la mondialisation. N'en déplaise à l'OMC !... Qui lui a donné mandat de prendre position sur ce point ? L'OMC est composée d'États dont moins d'une dizaine sur cent soixante-dix ont pu commencer à réfléchir à ce problème nouveau. Et pas un seul parlement n'en a été saisi. Les États vont-ils se laisser dépouiller sans y prendre garde du droit de prélever l'impôt ? Ils croient avoir du temps devant eux. Ils n'en ont pas !

Je crois à l'économie de marché et je crois l'État plus nécessaire que jamais. Le marché sans l'État serait le marché dans tous ses états, la société plus dualisée, plus déchirée encore qu'elle ne l'est. Un jour, l'économie de marché — qui n'y peut rien — serait rejetée comme étant à l'origine de tous nos maux.

*

* *

Tout aussi importante que la relation entre l'État et le marché est la dialectique État-société civile. Le principe de subsidiarité travaillait sans doute l'esprit de la Déclaration des droits de l'homme : « Tout ce qui n'est pas défendu par la loi ne peut être empêché ; et nul ne peut être contraint à faire ce qu'elle n'ordonne pas. » Cette liberté confirmée aux personnes a été largement utilisée.

Depuis six ans, je préside l'UNIOPSS : Union nationale interfédérale des organismes privés sanitaires et sociaux. Il s'agit de ce vaste réseau d'associations qui gèrent les établissements et services pour malades, enfants en danger physique ou moral, jeunes et adultes en difficulté, mineurs et adultes handicapés, personnes âgées. L'UNIOPSS regroupe cent quarante fédérations et associations nationales[1], et vingt-deux unions régionales. Les associations du secteur sanitaire et social emploient 580 000 salariés (412 000 équivalents pleins-temps) et mobilisent à peu près autant de bénévoles.

Cette forte implication du secteur non lucratif dans la protection sociale est d'abord un legs de l'Histoire : les Églises catholique, protestante, juive, avaient jadis en charge la solidarité ; puis des parents se sont mobilisés pour leurs enfants handicapés. Aujourd'hui, l'UNIOPSS, institution laïque, regroupe toutes les sensibilités. Un demi-siècle de travail au profit de la collectivité montre que cette gestion désintéressée est une formule d'avenir. Les associations se sont constituées autour d'un projet, à partir du constat d'une lacune, d'un besoin non satisfait. Elles n'ont cessé d'innover, amenant les pouvoirs publics à légiférer après évaluation de la nouvelle formule de soins, d'accueil, d'éducation, d'insertion, d'accompagnement social.

Ainsi, les pouvoirs publics ont accepté de dialoguer avec la société civile en lui laissant le soin de la gestion, une gestion contrôlée par les directeurs départementaux de l'action sanitaire et sociale. La même démonstration peut être faite dans les domaines des activités sportives, de l'éducation populaire, de la culture. Aux salariés s'ajoutent les bénévoles, ensemble ils innovent et s'adaptent aux besoins nouveaux de la société.

En revanche, dans le domaine du travail, l'État n'a pas su confier vraiment la gestion du social aux partenaires sociaux. Il a instrumenté par la loi la gestion différenciée des entreprises, il n'a pas laissé se développer les voies souples

1. Depuis le Secours catholique, le Secours populaire, la Croix-Rouge, l'Association des paralysés de France, la Fédération des établissements hospitaliers privés, jusqu'aux Restaurants du cœur, aux Banques alimentaires, aux Petits Frères des Pauvres, à Emmaüs… pour n'en citer que quelques-unes !

de la confrontation que pratiquent Allemands, Autrichiens, Néerlandais et Suédois. Ce faisant, il a affaibli le syndicalisme dans le secteur privé[1].

Je prendrai deux autres exemples de cette complémentarité entre l'action de l'État et celle de la société. D'abord, celui de la violence latente, des incivilités, de la petite délinquance dans les cités. Le lieu du conflit social s'est en partie déplacé de l'entreprise vers la ville. Dès lors, élus locaux et associations sont en première ligne. Si les municipalités — avec l'aide de l'État si nécessaire — ne réaménagent pas un espace collectif de qualité — immeubles modestes en remplacement des « barres » et des tours, jardins, terrains d'aventures pour les jeunes, terrains de sport, lieux de réunion, transports collectifs suffisants — et si des associations n'animent pas ces espaces collectifs, il ne restera que le traitement policier et judiciaire, dont on sait les limites en coût et en résultat. Fort heureusement, beaucoup de maires se sont attelés à la réhabilitation et à l'animation des banlieues, en mobilisant quelquefois ceux-là mêmes qui pourraient être à l'origine des violences. Ainsi des « Messagers », ces grands frères médiateurs qui maintiennent le dialogue et assurent la sécurité dans les bus à Chanteloup-les-Vignes (Yvelines), témoignage de la volonté du maire, Pierre Cardo, de donner à faire à ceux qui ont le vide pour idéal, ou plus exactement comme destin[2].

Ensuite, celui de l'emploi. Dès lors que l'économie ne crée plus suffisamment d'emplois, il est bon qu'au niveau local, les gens se concertent et mettent en commun idées et

1. *« À n'avoir ni la représentativité effective dans le monde du travail, faute d'avoir les moyens de la construire par un cadre juridique approprié, ni l'exercice de responsabilités effectives dans le choix des stratégies de développement, tout en jouissant d'une forte institutionnalisation dans le système central de décision, les syndicats ouvriers ont pu apparaître aux salariés comme devenus inutiles. »* Ainsi s'exprime le rapport du Commissariat général au Plan, « Le travail dans vingt ans », élaboré sous la direction de Jean Boissonnat.

2. Thomas Robache, *Banlieues, tant que ça tient*, Denoël, 1998.

moyens pour stimuler l'activité. Les gens, c'est-à-dire les élus locaux, les chefs d'entreprise, les syndicalistes, les responsables d'associations gérant les services de proximité. Ce qu'ont commencé à faire les Irlandais avec les pactes territoriaux pour l'emploi, et les Français avec les contrats de pays ou de terroir.

Ces exemples montrent qu'il est possible d'alléger l'État en faisant de lui un partenaire de la société pour des missions où la liberté et la créativité des personnes sont requises. Dans ces cas, cependant, l'État doit conserver une fonction de régulation sociale. Si l'on considère le pluralisme social et culturel de toute société et les domaines où les gens s'impliquent — le pouvoir, l'argent, les loisirs, l'humanitaire, la culture, l'environnement, les médias, la connaissance, la religion, etc. —, on constate, dans chaque domaine, une tendance au monopole par un petit groupe. S'y ajoute une tendance à rechercher une prise de pouvoir dans un autre domaine. L'État démocratique doit donc veiller, d'une part, à ce que l'individu soit libre d'appartenir à autant de sphères qu'il le souhaite, d'autre part, à ce que les maîtres d'une sphère ne s'emparent pas des biens d'une autre : le pouvoir économique n'a pas à dominer les médias, le pouvoir politique n'a pas à diriger les entreprises, les chefs religieux n'ont pas à orienter la recherche scientifique, les scientifiques et les enseignants n'ont pas à demander le monopole de la diffusion des connaissances. Selon Michaël Walzer, l'application de tels principes réduirait sensiblement les inégalités[1]. C'est dire que la démocratie ne va pas de soi. L'État doit veiller à tout ce qui s'apparente à un excès de pouvoir de certains acteurs du jeu social ; il doit reformuler les principes déontologiques en fonction de l'évolution de la société.

1. Michaël Walzer, *Sphères et justice*, Seuil, 1997.

*
* *

Avec Internet, nous sommes passés de la galaxie Gutenberg à la galaxie McLuhan. Ce sont d'abord les entreprises qui vont utiliser la « place de marché » virtuelle qui se constitue pour échanger en temps réel produits et services, pour s'informer et répondre à des appels d'offre. Mais de formidables opportunités vont se présenter aussi pour les personnes : toutes celles qui pourront s'équiper d'un ordinateur vont pouvoir bénéficier d'informations beaucoup plus étendues, suivre par exemple le travail d'examen d'un projet de loi dans les commissions du Parlement, puis son vote, entrer en relation avec les personnes ayant les mêmes préoccupations, s'organiser en réseaux. L'exercice de la citoyenneté peut en être changé, et, par voie de conséquence, la relation avec l'État aussi.

« Et moi, et moi, et moi ! » se lamentera le pauvre qui ne peut s'équiper, ou encore celui que rebute toute recherche sur écran. Il sera bien difficile à l'État d'éviter que ne s'ajoutent de nouveaux « exclus » à ceux qui le sont déjà. Mais un vaste champ d'action s'ouvre aux citoyens groupés en associations. Ils doivent s'emparer de ces technologies de l'information, ne pas laisser la publicité occuper tous les « tuyaux », former des réseaux à l'échelle de la nation, de l'Europe et du monde.

Au plan « local », une démocratie participative voit le jour à côté de la démocratie représentative, comme en témoignent les expériences de Parthenay, de Bologne, d'Amsterdam, de Porto Alegre.

À vos ordinateurs, citoyens !

27.

Mon ami le médecin

Je viens d'évoquer l'interaction entre la puissance publique et la société civile. S'il est un domaine où ce que fait l'un se répercute aussitôt sur l'autre, c'est bien celui de la santé. Domaine sensible entre tous : réduire la souffrance et guérir, voilà la première demande de l'homme.

La société civile, ici, est faite de tous d'un côté, du corps médical de l'autre. Le jeu se joue à trois : le citoyen, le médecin, l'État. Le citoyen, comme souvent, voudrait bénéficier des techniques les plus sophistiquées, mais refuse d'en payer le prix, sans voir que son comportement est à l'origine d'une demande excessive de soins. L'État est tenu d'assurer l'équilibre des finances sociales, de veiller à ce qu'un prélèvement excessif sur l'emploi ne réduise pas la base même de ce prélèvement. Pris entre les exigences des uns et des autres, que peut faire le médecin ?

Il a la tâche ardue de tenir compte de la double nature de l'homme : animale et humaine.

Le chirurgien n'a pas le temps de se poser de questions sur cette nature quand on lui amène un être disloqué dans un accident. Il se fait artisan orfèvre, tailleur, sculpteur, trop content d'ajouter à son habileté manuelle toutes les ressources de la technologie.

Le médecin, lui, doit suivre une personne dans la durée. S'il se focalise sur la maladie, il peut obtenir un résultat ponctuel, limité dans le temps ; il n'aura pas guéri le sujet singulier qui le sollicite et avec qui il n'a pas pu ou su établir une relation de confiance.

La biologie humaine ne contredit pas la biologie générale — l'homme est un animal —, elle la dépasse, car elle est spécifique d'une espèce où le corps, l'âme et l'intellect interfèrent en permanence. Sinon, comment expliquer l'effet *placebo* guérissant près du tiers des maladies humaines ? Comment expliquer que la stérilité d'une femme qui a résisté aux thérapeutiques hormonales cède à une adoption ? Comment expliquer que la plupart des troubles accompagnant le mal d'isolement — migraine, insomnie, mauvaise digestion — s'évanouissent dès que Madeleine et ses compagnons se situent correctement dans le monde et dans la société ?

Un bel exemple d'attention à l'homme et à son histoire particulière est donné par certains médecins qui ont eu à soigner des Africains. Ainsi du docteur Collomb, dont l'expérience à l'hôpital psychiatrique de Dakar a été rapportée au chapitre 20.

Dans le même ordre d'idées, il est bon qu'au Centre Georges-Devereux de l'université Paris-VIII, des étudiants en psychologie soient conduits à prêter attention à la culture des migrants en difficulté adressés par les services sociaux.

Dans notre univers ultratechnicisé, qui enseignera à nos futurs médecins ce qu'est le sujet et l'art de nouer des relations avec lui ? Quand, au IXe siècle, le grand médecin arabe Ibn Mâsaway écrit : *« Le comportement du corps suit les dispositions de l'âme »*, il indique bien que le maintien de la santé dépend de la prise en considération de l'homme tout entier. La médecine de l'époque privilégie l'hygiène de vie, recommande le bain, le massage, l'exercice physique, des rapports sexuels modérés, et s'inquiète en outre de l'entente entre le sujet et le monde. Nous sommes loin de cette sagesse !

Bien entendu, le médecin n'est responsable ni de la pollution atmosphérique, ni des conditions de travail des gens, ni de la qualité des produits alimentaires, ni de la toxicité du tabac, de l'alcool et de la drogue. De cette mauvaise gestion de la société, il est question ailleurs. Ce qui est en cause ici, c'est le modèle biomédical dominant dont l'inefficacité est flagrante quand on rapproche ses résultats des fortes ressources collectives qu'il consomme. Les prestations techniques inutiles sont estimées aux États-Unis, au Canada et en France à 30 % des dépenses de soins[1]. Où l'espérance de vie est-elle la meilleure, le pourcentage de suicides et celui des homicides le plus faible ? En Grèce, pays qui consacrait par habitant, en 1994, environ le quart des moyens affectés aux dépenses de soins dans les pays dits développés. J'entends dire « que la Grèce s'industrialise, et elle fera comme eux ». En Suède, en Finlande, au Danemark, les dépenses de soins sont inférieures d'un tiers à celles de la France, de l'Allemagne, de l'Autriche, et les gens y sont fort bien soignés[2] ; il est vrai qu'ils acceptent quelques contraintes que nous refusons.

Dans les pays classés en tête pour leurs dépenses de soins, d'où vient cette dérive qui n'a pas que des conséquences financières ? D'abord, de la fascination qu'exercent sur les professionnels comme sur le public les progrès des sciences du vivant, à l'origine de la profusion des moyens demandés alors même que leur efficacité n'est pas reconnue. Au début des années 90, une chaîne de télévision a consacré quelques émissions au secteur sanitaire : toutes portaient sur des prouesses techniques des *French Doctors*, et il en est résulté une demande accrue de moyens sophistiqués ; aucune ne portait sur les problèmes de santé publique qui concernent la majorité de la population.

En second lieu, cette dérive tient à un modèle biomédical encore imprégné de la science réductionniste du XIXe siècle, en ce sens que, pour lui, les altérations de l'état de santé étant uniquement la conséquence de modifications biomoléculaires, il ne prend pas assez en compte les déterminants psychologiques, sociologiques et culturels de la santé. Ne méprisons pas l'effet de l'aspirine sur une migraine, d'une pastille de bicarbonate sur une aigreur d'estomac, de l'in-

1. B.A. Smith, « La réforme des systèmes de santé », OCDE, 1996 ; D. Parker, « Forum mondial de la Santé », OMS, 1994 ; C. Béraud, « Rapport CNAM », 1992.

2. OCDE, *Éco Santé*, 1996.

suline sur la teneur du sucre dans le sang. Ne sous-estimons pas l'apport de la médecine pasteurienne face aux endémies. Mais un bon tiers des gens qui se rendent chez un médecin souffrent d'un malaise existentiel, de conflits dans leur famille ou leur travail, ils sont « mal dans leur peau » et requièrent une écoute, une grande disponibilité du médecin, non de multiples examens. Loin de les guérir, examens et médicaments les confortent dans l'idée que leurs maux ne sont dus d'abord ni à leur environnement ni à leur comportement, mais à de mystérieux agents pathogènes, extérieurs à leur personne !

En calculant pour les dix principales causes de mortalité la part respective des quatre groupes de facteurs déterminants de la santé, G. E. Dever a établi un modèle d'où il ressort que 43 % des décès peuvent être différés par un style de vie ou un comportement approprié. C'est dire l'importance des accidents et de la consommation de l'alcool, du tabac et des drogues. Les 57 % de décès restants sont imputables à des causes biologiques (altération d'un organe, par exemple), à l'environnement (conditions de travail malsaines, pollution, etc.) ; 11 % seulement peuvent être évités par des soins appropriés.

Une troisième cause de dérive des dépenses sanitaires tient à notre attitude devant la mort. Puisque science et médecine progressent sans cesse, pourquoi la mort, elle, ne continuerait-elle pas de reculer ? En faisant naître ces espoirs insensés, la médecine nous rend étrangers à la plus forte réalité. La mort était jadis familière. Elle est aujourd'hui bannie de l'éducation familiale, de l'école, et même de l'enseignement dans les hôpitaux. Avoir peur d'affronter la vérité, c'est se déshabituer du courage de vivre. À quoi bon parler de responsabilité ? Des millions de gens s'imaginent pouvoir fumer, boire, conduire, travailler ou dormir à leur guise, et s'adresser ensuite à ce magicien qu'est le médecin pour conjurer les troubles résultant de leur comportement quotidien. Nous sommes passés du *droit aux soins*, parfaitement légitime, au *droit à la santé*, qui ne l'est pas du tout.

Il faut enfin évoquer le refus conscient ou inconscient d'aborder le problème du traitement intensif des personnes très âgées et condamnées dans les derniers mois ou dernières semaines de leur existence. Ici encore, que d'exploits techniques aussi inutiles que coûteux ! C'est une question d'éthique, disent les médecins qui poussent les familles dans cette voie. De fait, c'est une question éthique que l'affectation de ressources rares, qui ne peuvent infiniment croître, au traitement des maux qui touchent le plus grand nombre. Mais quand des centaines de milliers de gens ne se font pas soigner faute de pouvoir payer le ticket modérateur ou le forfait hospitalier, quand autant d'enfants manquent de soins préventifs, il est contraire à la raison et à l'éthique de concentrer tant de moyens sur les derniers moments d'une vie. Dans ces moments-là, ce dont les personnes ont besoin, ce n'est pas d'un « plateau technique », mais d'une présence chaleureuse, si possible près de leur lieu de vie, de soins palliatifs et d'accompagnement.

*

* *

Les études médicales doivent contribuer à cette réorientation de la médecine vers tous les hommes et vers le tout de l'homme.

En France, le programme de première année comporte un module de sciences humaines et sociales comptant pour 20 % dans la notation. C'est bien, mais c'est trop sur une année et pas assez sur celles qui suivront. Les « carabins » les mieux disposés n'acquerront pas en quelques mois « les outils de base de la sociologie, de la psychologie sociale, de la démographie, du droit, de l'économie, de la communication et de l'information », comme le prévoient les textes.

En revanche, au cours des six années suivantes, les études se poursuivent dans les CHU (Centres hospitaliers universitaires). Les étudiants y sont accueillis dans des services hautement spécialisés disposant de plateaux techniques toujours mieux équipés. Ils sont coupés de la médecine de ville. Qu'ils travaillent ou non plus tard à l'hôpital importe peu : ils prescriront des bilans coûteux, souvent inutiles, avant même d'entamer ce « colloque singulier » qui permet de connaître un homme ou une femme.

Chacun sait qu'en tous domaines, les connaissances se périment vite. Une fois acquises les bases en biologie, chimie et physique, les médecins auront toute la vie pour se spécialiser, s'ils le souhaitent. En revanche, c'est dès ses études terminées que le médecin rencontre un patient, un homme, un sujet unique. Il doit savoir l'écouter, le comprendre, si possible entrer « en sympathie » avec lui. Qu'il le veuille ou non, il est le premier confesseur dans une société laïque.

Serait-il illusoire de demander que, chaque mois, durant ces six années d'études, une journée soit consacrée aux sciences de l'homme ? Non pas tant sous forme de cours universitaires, mais de contacts avec les praticiens du social, ceux qui ont en charge les enfants battus et violés, les jeunes en rupture de ban avec leur famille, les isolés, les suicidaires, les handicapés physiques et mentaux, et tous ces gens déstructurés qu'on ne sait comment nommer. Alors que l'hôpital accueille des malades d'origines variées dont les conceptions de la vie et de la mort, de la parole et de la pudeur, diffèrent des nôtres, serait-il superflu d'éveiller les étudiants aux différentes civilisations ? Des médecins à l'expérience confirmée seraient invités à venir dialoguer avec des groupes de quinze à vingt élèves, comme le faisaient jadis les philosophes sous le Portique.

Dans toutes nos sociétés, parmi les plus grands humanistes, on compte des médecins. Mais, souvent, c'est à leur curiosité, à leur culture familiale, au hasard de quelques amitiés qu'ils doivent leur connaissance de la nature humaine. Mille talents semblables auraient pu éclore si les études médicales éveillaient mieux les jeunes esprits au lieu de les enfermer dans des techniques, aussi prestigieuses soient-elles.

Je voudrais que chaque personne puisse dire : « Mon ami le médecin. » Je voudrais que chaque médecin dise à celui qui frappe à sa porte : « Votre meilleur médecin, c'est vous. »

*

* *

Qu'on me comprenne bien. Nous ne connaissons qu'un pourcentage infime des bactéries et des virus de la planète. Après le HIV et le virus Ébola, de rudes surprises nous attendent encore. C'est dire l'importance que revêt la recherche médicale dans cette course engagée avec les agents pathogènes. Loin de rejeter le progrès scientifique en ce domaine, il faut l'encourager. Mais la recherche coûte cher et, dans une société où les dépenses publiques sont limitées — et le seront de plus en plus en raison de la mondialisation —, toute dépense inutile dans un domaine a des répercussions sur les domaines voisins. C'est pourquoi je dénonce une technicisation excessive de la médecine et appelle les gens — vous et moi — à plus de responsabilité dans leur comportement.

Il existe un moyen de développer cette responsabilité. L'éducation civique et morale est de nouveau à l'honneur. Si elle est dispensée de façon abstraite, elle échouera. Mais pourquoi ne pas faire visiter à chaque classe, une fois par an, une section d'hôpital, un établissement pour personnes âgées ou pour personnes handicapées ? Non pour leur montrer la misère humaine, mais la *condition* humaine et la façon dont la société s'est organisée pour bannir le spectre de la maladie trop coûteuse à soigner et de la vieillesse misérable. Belle occasion pour le maître de montrer que tout cela a un coût, est rendu possible par le prélèvement de cotisations sociales et d'impôts, et que tout gaspillage se retourne contre chacun de nous. En outre, enfants et adolescents découvriraient dans ces établissements sociaux et médicaux, à côté des professionnels qui parleraient de leur métier, des bénévoles qui montreraient que l'homme peut toujours ajouter un peu de chaleur à une institution, sans rien attendre pour lui en retour.

28.

Lettre à mes fils et à mes filles

Mes petits-enfants sont nés en plein vent, à une époque où les boussoles et le soleil n'indiquent plus le nord ni l'orient. C'est pour eux que je reproduis cette lettre écrite à leurs parents il y a vingt ans. Je la crois toujours actuelle.

« Même dans les périodes troublées, la vie est tissée avant tout d'événements personnels et familiaux, sa trame est quotidienne et concrète. Le pain et le sel partagés, le sourire ou la hargne du conjoint ou du voisin, la santé et la maladie comptent plus que les débats et combats parlementaires ou électoraux.

Vous avez soif de communion ? Vous découvrirez vite que la convivialité se vit spontanément, quelles que soient les circonstances, que la communion est authentique au niveau du petit groupe, rarement de la foule, et que les enthousiasmes grégaires ne sont pas dans le génie de notre peuple.

Mais il est des circonstances où l'environnement politique ôte son sel à la vie et rend l'air irrespirable. Ouvrez un journal : vous verrez que l'ère des tyrannies n'est pas close, que les droits élémentaires de l'homme sont bafoués, qu'on emprisonne et qu'on torture chaque jour pour délit d'opinion dans un grand nombre de pays.

En d'autres circonstances, c'est l'environnement quotidien qui se dégrade, soit par défaut d'attention prêtée à l'habitat, aux transports, aux équipements collectifs, aux conditions de travail, à l'éducation, soit parce que l'économie, mal dirigée, n'est plus en mesure de soutenir les dépenses collectives indispensables et d'offrir du travail aux gens. On peut vivre heureux sous une mauvaise république, mais il y faut plus de dispositions et plus de chance que sous une bonne.

Vous ne pouvez donc vous désintéresser de la conduite des affaires publiques, sauf à renoncer à vous plaindre le jour où les conditions matérielles ou psychologiques de la vie collective deviendraient insupportables. Comprendre la société dans laquelle on vit est une façon d'y être plus autonome, de ne pas souffrir inutilement d'une évolution délibérément ignorée ou jugée inéluctable, et donc subie passivement. Ce peut être aussi une façon d'insérer son destin dans un destin collectif : construire à plusieurs a toujours été une des grandes joies de l'homme.

Pour juger le plus sainement, le plus honnêtement possible la société dans laquelle on vit, il faut du courage et de la culture. Je ne m'étendrai pas sur le courage, cette acceptation lucide du réel, cette sortie parfois douloureuse des rêves de l'enfance que nous connaissons tous en devenant adultes. Si j'évoque la culture, c'est qu'elle vous apparaît comme un *self-service* où vous aurez toujours le temps d'aller picorer quelques miettes, alors qu'elle est la meilleure arme contre l'imposture, le meilleur moyen de démystifier la politique. Le grand ennemi de Molière, c'était le mensonge, et aussi l'excès qui est une forme de mensonge. Demandez-vous parfois : de qui se moquerait-il aujourd'hui ? Qui seraient nos petits marquis, nos précieuses, nos avares, nos tartuffes ? De Sophocle à Shakespeare et à Brecht, le théâtre a toujours évoqué les grandeurs et les servitudes du pouvoir, dénoncé ses machinations, magnifié la révolte de l'individu au nom d'une loi plus haute que nos pauvres lois. Vous voulez savoir comment vivaient et mouraient nos pères ? Mieux qu'un manuel d'histoire, c'est Tolstoï et Balzac qui vous le diront.

Certes, la culture peut aussi être une drogue, un alibi pour fuir le réel. Je crois ce danger moins grand pour vous que pour vos aînés, assiégés que vous êtes par l'événement.

La culture est un des moyens privilégiés de notre épanouissement. Elle libère en vous des forces cachées. Elle vous permet de communier avec d'autres. Elle vous habitue à comparer, aiguise votre jugement, multiplie vos possibilités de choix. Elle vous affranchit du temps. Elle a été, elle reste, au même titre que la foi, le refuge inexpugnable des prisonniers, des déportés, des torturés. C'est pourquoi le réflexe des despotes est de brûler les livres, d'interdire une chanson ou un film, de museler les créateurs indépendants : les idéologues les ont persuadés, ces fanatiques, que leur doctrine rend compte de la totalité du réel, de la totalité de l'homme, et qu'il faut par conséquent exclure tout ce qui refuse de lui être asservi.

*
* *

Vous voyant, avec vos amis, soit parfaitement adaptés, soit totalement inadaptés à notre temps, je crains que vous n'adhériez à deux visions excessives et de sens opposé : une condamnation sans appel de la société industrielle, une sacralisation du progrès technique.

Non, notre société n'est pas cette machine à écraser les gens que certains présentent. Ou alors, que dire des sociétés esclavagistes de Rome, d'Asie ou d'Afrique, que dire du servage ? Que dire de ces siècles où l'homme mourait de faim ou de froid une année sur deux, où les épidémies décimaient le quart ou le tiers de la population, où l'espérance de vie ne dépassait pas quarante ans ? Il fallait arrêter le progrès technique, dit-on, à cette époque délicieuse où le chemin de fer et l'automobile n'avaient pas supplanté la diligence. Délicieuse *pour qui* ? Lisez les enquêtes de Villermé, lisez Zola, vous verrez dans quelles conditions femmes et enfants travaillaient dans les fabriques et dans les mines ! Lisez Émile Guillaumin : vous découvrirez la condition paysanne il y a moins d'un siècle. Quand on a connu la société de la rareté — c'est le cas de beaucoup d'hommes de ma génération —, on parle avec moins de légèreté et de snobisme de la « société de consommation ».

Cette société est en crise, j'en conviens. J'ai cherché dans l'histoire de l'Occident, de l'Afrique, de l'Inde, de la Chine, une longue période de paix, de prospérité, de tolérance, de création artistique. Je n'en ai guère trouvé. Parfois, sous un monarque saint, cultivé ou débonnaire — Aśoka, Périclès, Marc Aurèle, Henri IV —, les peuples ont mieux respiré, l'espace d'une génération. Mais déjà grandissaient l'envahisseur, l'hérétique ou le révolté qui allaient détruire le bel équilibre un instant trouvé.

Du moins les gens avaient-ils une conception commune de la vie, une même foi. Ils l'avaient, de gré ou de force. Nous ne retrouverons plus cette unanimité d'adhésion spontanée ou de coercition. Il faut en prendre son parti : les seules sociétés démocratiques qui subsisteront dans l'avenir seront celles qui admettront une relative pluralité des éthiques, des comportements, des modes de vie.

Cette démocratie, aussi précieuse que fragile, permet aux gens, à défaut de pouvoir intervenir sur chacune des grandes décisions, de peser sur les orientations de la politique et de changer les hommes au pouvoir. Elle vous offre la liberté d'aller et de venir, de vous réunir, de vous associer, de vous exprimer publiquement comme bon vous semble — à la seule condition de ne pas diffamer —, d'entreprendre l'activité de votre choix. Vous utilisez largement ces libertés en oubliant qu'elles ne vont pas de soi, qu'elles ont été durement conquises et que toutes sont récentes.

Le pain bon marché, les soins et l'éducation pour tous, la démocratie, la liberté, on ne crache pas inconsidérément sur tout cela, et, qu'on le veuille ou non, tout cela est lié à la société industrielle.

Mais je serais encore plus inquiet si vous vous abandonniez à une vision béate de cette société et du progrès technique qui la porte.

Les bandes dessinées et les romans de science-fiction que vous lisez me ravissent par la beauté des images ou la richesse de l'imagination qui s'y déploie. Ils m'effraient par ce qu'ils laissent percevoir des raffinements concevables dans l'organisation et du degré possible de contrôle des activités humaines.

Sans faire de politique-fiction, je voudrais évoquer quelques-uns des vices fondamentaux de notre société :

Il n'est pas sain de commencer sa vie « active » ou de la finir avec la qualification de chômeur. Si la crise de l'emploi devait être très courte, le système assez généreux d'allocations mis sur pied suffirait. Je crains que cette crise ne soit plus durable, ne serait-ce qu'en raison d'un progrès technique dont les effets commencent tout juste à se faire sentir.

La société se structure en deux sphères : au centre, une sphère hyperactive, fébrile même ; à la périphérie, une sphère de pauvreté, de chômage, de travail intermittent, de « galère », pour utiliser une expression qui vous est chère. L'inquiétude et souvent l'angoisse sont au cœur de tous, y compris de ceux de la sphère centrale qui craignent leur expulsion vers la périphérie. Si cette tendance se perpétuait, la base même du contrat social serait ébranlée. Certes, la société n'a jamais été homogène, mais chacun y avait sa fonction, et un mouvement continu de promotion sociale s'y opérait. Il en irait tout autrement d'une société qui cantonnerait un grand nombre de gens dans une zone d'assistance.

Depuis deux siècles, la légitimité sociale vient essentiellement du travail. Il va nous falloir inventer de nouvelles formes d'activité et de reconnaissance sociale, ce que personne ne sait faire. Pourtant, la richesse de la société, mesurée en biens et services marchands, ne cesse de croître. Le partage de l'activité et de la richesse devrait en être facilité. Mais il se heurte aux droits qualifiés d'« acquis », à des modes d'activité et de consommation devenus des habitudes ; il exigera des sacrifices. Sommes-nous prêts à les faire ?

Vous et vos amis êtes prêts à donner autant qu'à recevoir. Encore faudrait-il qu'on vous en fournisse l'occasion et l'exemple. Quand j'ai appelé mes concitoyens à être actifs dans la vie sociale, à y intervenir comme bénévoles en sus de leur travail, quelques heures par semaine ou par mois, j'ai rencontré beaucoup de scepticisme. On m'a accusé de vouloir ressusciter des modes désuets de charité et de cacher les lacunes de la protection sociale. J'ai rencontré aussi beaucoup d'enthousiasme et de fraîcheur chez des dizaines de milliers de gens qui ont compris qu'ils devaient s'arracher à la torpeur de l'égoïsme, s'ouvrir aux autres, participer à la création de leur cité.

Je n'ai jamais cherché à influencer vos choix de travail et de vie. Vous entrez tous les quatre dans la sphère de l'activité intensive. Ne vivez pas avec trop de longueurs d'avance sur l'humble activité quotidienne, vous y perdriez de petites et de grandes joies. J'ai cherché à vous enseigner la domination de soi. Je plaiderai aujourd'hui pour la sobriété. Ne rien avoir, c'est ne pas être. Trop avoir, c'est être possédé par ce qu'on a. La sobriété vous permettrait peut-être de choisir l'air pur et le silence.

Ce message, vous êtes prêts à l'entendre, puisque vous êtes sensibles aux préoccupations écologiques et critiquez une société industrielle qui n'a pu éviter une dégradation de l'environnement dans certaines zones d'habitat et de vie. Dans ces zones, c'est l'homme lui-même qui est perturbé et devient marginal. Cette critique est à la fois juste et excessive. Juste dans ce qu'elle dit, excessive dans ce qu'elle ne dit pas. À savoir que, pour la majorité de la population, dans les villes comme dans les campagnes, l'environnement physique s'est beaucoup amélioré, puisqu'on lui doit, avec les progrès de l'hygiène et de l'alimentation, l'allongement de l'espérance de vie. Ce qui me gêne aussi, c'est que cette critique, certains la formulent avec ambiguïté. J'entends souvent : « Une maison rustique, quelques hectares, quelques chèvres et un transistor, voilà le bonheur. » Dans ce souhait naïf, le transistor est de trop : toute la société industrielle est postulée par lui. Sans l'énorme appareil de recherche, sans la formidable avancée de la connaissance dans les domaines de la physique et de la chimie, pas de microsillon ni de bande magnétique, pas de bloc opératoire dans les hôpitaux !

Ce que beaucoup de gens souhaitent, c'est la simplicité de vie des siècles passés avec le confort de l'époque actuelle. Ce sont deux exigences difficilement conciliables. Le choix n'est pas entre toute la société industrielle ou le retour aux temps bibliques. La planète est perdue si tous les peuples ne prennent pas en considération les préoccupations écologiques, et comme nous n'avons pas encore trouvé de planète de rechange... Mais je dis simplement que ces préoccupations nous mènent à des révisions de nos modes de vie et de consommation, révisions qui ne seront déchirantes que pour ceux qui n'auront pas compris que l'art de goûter à la vie a toujours été de jouir de quelques biens et d'en mépriser beaucoup d'autres.

Face à cette gigantesque question — l'orientation à donner à notre société —, soyez donc justes, lucides et ambitieux. On ne vous propose aucun but ? Si ! Votre générosité, votre besoin d'échange, votre sens de la liberté le dessinent, ce but. Il est, sur ce bout de terre privilégié qu'est l'Europe, d'imaginer une civilisation capable de réconcilier les modernes, conquérants de la matière, et les sages, intendants de la Création.

Cependant, ne rétrécissez pas votre horizon à l'Europe, qui est d'ailleurs elle-même sans rivages. N'oubliez pas que deux d'entre vous ont été bercés et promenés dans les bras d'une Marocaine, et les deux autres dans les bras d'une Malgache. Nous avons vécu, en harmonie avec des peuples dont les rapports au monde et à la société diffèrent des nôtres. Vous avez plus facilement que d'autres accès à l'universel, privilégiés que vous êtes par vos études et vos bibliothèques. Mais c'est dans le local que vous trouverez la variété qui force à oublier les habitudes, la joie de l'échange, la vie pulpeuse et chaude. »

29.

Le temps de la responsabilité

« Il n'y a point de vent favorable pour celui qui ne sait où il va. »

SÉNÈQUE

Les grands objectifs à réaliser par l'humanité dans le siècle qui vient découlent tous d'une prise en compte des valeurs reconnues et partagées par la majorité des hommes, même s'il subsiste un désaccord sur leur origine. Si le relativisme à leur égard continuait à se développer en Occident, la démocratie s'effondrerait dans l'espace même qui l'a promue.

La religion, quand elle imprègne une société, assure l'autorité et la supériorité du principe d'ordre collectif sur la volonté des individus. Ce type de société est rassurant pour eux, quelles que soient leur condition et les épreuves qu'ils subissent. Nous sommes passés à un modèle où l'ordre social est censé résulter de la libre expression des personnes délibérant seules en conscience. C'est une société psychiquement épuisante : l'homme n'est pas pour lui-même une donnée aisément assumable. Il veut l'inconciliable : la liberté débridée et la sécurité. Il revient avec nostalgie vers les temps de conviction et les grands récits fondateurs, mais sans pouvoir y adhérer vraiment. Il s'invente des ersatz de sacré. Il se pose le problème de la destinée humaine, mais n'a pas de solution.

Quand l'insécurité est à la fois dans le travail, dans la rue et dans les consciences, la démocratie ne peut se passer de références éthiques fortes ; sans elles, sa puissance créatrice d'idéaux s'effondrerait rapidement. Comme elle ne peut plus se référer à l'Être suprême, c'est par l'action, éclairée par le débat, c'est par la mise en œuvre des vertus inscrites aux frontons de ses édifices, qu'elle peut rassurer, mobiliser, construire et éviter le retour d'idéologies totalitaires.

N'oublions pas que le communisme comme le nazisme sont nés d'une crise mondiale sans précédent, celle de la guerre de 1914-1918, dans deux pays, la Russie et l'Allemagne, vaincus et humiliés. Une mauvaise gestion mondiale peut amener une crise globale de plus grande ampleur et conduire les peuples à accepter un pouvoir absolu pour réaliser l'utopie d'un monde sans misère et sans risque.

« Nos sociétés prétendent que l'urgence des problèmes leur interdit de réfléchir à un projet, alors que c'est en fait l'absence totale de perspective qui les rend esclaves de l'urgence », écrit Laïdi Zaki[1]. Plusieurs signes, cependant, convergent et font espérer une prise de conscience salutaire.

Il convient de poursuivre et d'amplifier le dialogue serein qui s'est instauré durant le XXe siècle entre la philosophie et la science. Il force en effet à placer l'éthique au cœur des décisions politiques. Celles-ci ne peuvent plus faire l'économie d'une vision anthropologique qui les replace dans la durée, dans le long et même le très long terme. C'est pourquoi, dans la première partie de cet ouvrage, j'ai cherché à cerner la place de l'homme dans l'univers.

On peut récapituler cette vision anthropologique en quelques propositions :

— l'homme est né de l'univers mais il pense l'univers ;

— l'homme est un sujet disposant d'autonomie, d'imagination et de créativité. Il a une dignité. Il ne peut être utilisé comme moyen ;

— l'homme tient à la fois de la biologie animale et d'une culture désormais affranchie de la biologie ; il y a gagné une certaine liberté, mais aussi une responsabilité ;

— en raison de ce double enracinement dans la biologie et la culture, l'homme a besoin du passé pour se souvenir et

1. Zaki Laïdi, *Un monde privé de sens*, Fayard, 1994.

du futur pour construire. Le temps humain n'est assimilable à aucun temps mécanique ou économique ;

— les hommes sont les mêmes par les gènes et par les archétypes de leur inconscient, mais différents par leur façon de se nourrir, de se vêtir, d'habiter, d'entretenir leurs liens de parenté et de voisinage, et par leur rapport au sacré. Ils partagent un certain nombre de valeurs fondamentales, mais ils les vivent différemment. Ils sont capables de comprendre l'universalité, mais ils ne sont pas des individus abstraits.

*

* *

De cette conception de l'homme découlent les grands objectifs à atteindre par la communauté mondiale, certains étant évidents, d'autres pas. Un bilan ferait ressortir quelques avancées, telles les conférences de Rio et de Kyoto consacrées à la biosphère, mais aussi d'immenses failles dans l'édification de la communauté humaine, notamment dans le domaine financier et dans celui des droits de l'homme. D'où la légitimité de l'énumération qui suit. Il ne faut y voir aucune hiérarchie : ces objectifs sont interdépendants ; négliger l'un conduirait à mettre en péril les autres.

L'homme ne doit pas pousser à l'extrême une aventure technicienne qui le consume en tant que personne et qui met en péril les bases mêmes de la vie sur Terre. Les lois de bioéthique et celles relatives à la sauvegarde de la biosphère doivent faire l'objet de décisions concertées à même d'évaluer leurs objectifs et leurs conséquences. Très peu de chercheurs sont capables de limiter spontanément les applications de leurs découvertes. Ils « bottent en touche » vers les politiques[1] qui doivent prendre leurs responsabilités.

1. Voir en fin de chapitre les propos éclairants d'Oppenheimer.

L'activité mondiale doit être orientée vers un développement intégral portant sur tous les hommes et sur le tout de l'homme, c'est-à-dire prenant en compte les besoins matériels, culturels et spirituels. Bon moteur de croissance, la mondialisation n'est pas aujourd'hui un instrument de répartition de ses fruits. Pour reprendre les termes de Michel Camdessus, patron du FMI, il faut bâtir le « pilier social » qui lui fait défaut, afin que son universalité se concrétise dans la vie quotidienne de chacun.

La communauté mondiale doit s'occuper d'urgence de gérer des biens collectifs et des questions en semi-déshérence. Parmi les biens : l'eau potable, les forêts, certaines portions du sol (comme les zones humides où se régénère la biosphère). Parmi les questions communes : l'« argent sale » et la corruption, la drogue, mais aussi une recherche médicale orientée prioritairement vers les fléaux qui touchent le plus grand nombre de personnes.

De ces trois premiers objectifs découlent plusieurs conséquences :

Le marché, bonne technique de production et d'échange, doit devenir transparent et être balisé. Sinon, il tend à constituer une société « holiste » où le tout prime les parties, un tout fait en réalité d'un appareil invisible aux populations et dominé par une minorité disposant à la fois de l'argent et de l'information. Ce balisage doit tendre, entre autres, à bannir l'échange inégal[1] au plan mondial, de la même façon que les lois s'efforcent de le bannir dans de nombreux États[2].

Prendre acte de la distance entre l'homme maximisateur économique, l'homme détenteur de droits et de devoirs, et l'homme porteur d'une culture, doit conduire à tenir

1. On entend par ce terme toute situation dans laquelle celui qui vend (sa production, sa force de travail) est en position de faiblesse excessive face à l'acheteur, ce qui ôte à l'échange sa valeur pacifiante.

2. Le gouvernement américain vient de citer en justice Microsoft, puis Intel pour abus de position dominante.

compte de la variété des besoins et des aspirations et à ne pas écraser le « local » au nom de règles abstraites définies au niveau mondial.

La liberté de poursuivre un but étant la même pour l'altruiste et pour l'égoïste, la théorie libérale doit se défaire de l'hypothèse d'égoïsme radical qui sous-tend la plupart de ses raisonnements. Ce changement de paradigme arrangerait bien des choses. Il éviterait notamment de grossières erreurs de diagnostic concernant les réactions de certains peuples.

Toujours dans le même ordre des significations et des symboles, abandonner le langage guerrier de la lutte économique pour parler de coopération et de solidarité serait du meilleur effet pour l'épanouissement de la paix.

Plus concrètement, des accords internationaux doivent limiter une hyperconcurrence nuisible à tous, en ce sens qu'elle aboutit à produire plus avec de moins en moins d'hommes dans chacun des pays concurrents, avec les conséquences connues sur la dualisation de la société, l'exclusion et la violence[1].

Dans l'immédiat, il est urgent de refroidir (comme on le dit d'un moteur surchauffé) les marchés financiers dont l'exubérance par rapport aux richesses créées est cause d'euphories ou de débâcles aussi excessives les unes que les autres.

Dès lors qu'émerge une conscience universelle, et à la condition expresse qu'une éthique commune à la vie économique soit définie, il faut donner aux institutions internationales des moyens d'intervention accrus, à la fois en droits et

1. Dans un livre intitulé *Winner-take-all society* (New York Free Press, 1996), deux auteurs américains, Robert Franck et Philip Cook, ont montré comment l'hyperconcurrence nuit à tous. Imaginons Russes et Américains il y a vingt ans, avec chacun 50 000 fusées nucléaires. En l'absence de traité de limitation d'armes nucléaires (SALT), l'un des deux adversaires peut être tenté de doubler son stock. L'autre suivra immédiatement. L'équilibre de la terreur coûtera deux fois plus cher aux deux rivaux. En revanche, avec un traité limitant à 10 000 le nombre de fusées, l'équilibre est atteint à moindre coût. Les auteurs continuent leur démonstration dans le secteur économique.

en ressources. Mais si l'objectif politique de ces interventions n'était pas défini au préalable, le risque de société « holiste » évoqué plus haut serait renforcé, et cette société serait vouée à des soubresauts de plus en plus violents.

Toujours dans le domaine économique, il est urgent de restreindre — à défaut d'abolir — le commerce des armes. En Afrique, la région des Grands Lacs compte plus de mitraillettes que de charrues. Aucune menace extérieure ne pèse sur les grands pays producteurs : États-Unis, Union européenne, Russie, Chine. Les risques de guerre subsistent en Afrique, au Moyen-Orient, aux confins de l'Inde. Si les grandes puissances se mettaient d'accord sur un embargo sur les armes, sur diverses pressions économiques, et sur l'application des décisions de l'ONU, les questions palestinienne, soudanaise et autres seraient réglées aussi vite que celle de l'invasion du Koweït par l'Irak en 1990. C'est au niveau des grandes puissances que le principe de responsabilité doit d'abord se manifester. Aussi faut-il se réjouir que des négociations soient en cours pour mieux contrôler le commerce international des armes.

Reste l'immense domaine du respect des droits de l'homme. Qu'il s'agisse de la liberté d'expression, de la pédophilie, de la traite des femmes, de la torture, ces droits sont violés dans deux pays sur trois. Chacun veut rester maître chez soi. L'Indonésie n'admet pas qu'on évoque Timor, ni la Chine qu'on parle du Tibet. L'idéal serait qu'un droit d'ingérence soit reconnu à certaines institutions mondiales. Mais qui votera pour une telle orientation au sein de l'ONU ? Les pays démocratiques, une vingtaine au total, disposent de moyens de pression importants. Ils ne les utilisent quasiment pas, si l'on excepte la petite phrase sur les droits de l'homme dans le discours qui clôt toute visite officielle... consacrée aux échanges commerciaux. Seuls les pays scandinaves manifestent plus de vigueur et de courage ; ils ne s'en portent pas plus mal, mais ne font pas le poids.

Comment, dans ces conditions, mettre en œuvre les principes qui viennent d'être énoncés ?

*

* *

Nous nous trouvons devant une situation inédite, aussi riche d'espoirs que lourde de menaces : l'« État-monde » n'a ni Constitution, ni gouvernement. Il dispose d'un ministère de la Concurrence et de la Consommation, l'OMC, appuyé par le FMI et la Banque mondiale. En l'absence d'une Constitution, on se réfère à l'idéologie néolibérale du secteur marchand. Mais cet État-monde n'a ni ministère de l'Éducation, ni ministère de la Culture, ni ministère des Affaires sociales, ni ministères de l'Industrie, de l'Agriculture, de l'Environnement, etc. Je prends cette comparaison non pour exprimer le souhait d'avoir de telles administrations à l'échelon mondial — le principe de subsidiarité nous invite pluôt à lutter contre le centralisme à l'intérieur même des États —, mais pour montrer qu'en regard des règles du secteur marchand, et pour les infléchir, nous n'avons rien à mettre, ou bien peu de chose.

Le monde dispose, certes, de quelques organisations intergouvernementales (OIG)[1]. Elles font œuvre utile, mais n'ont jamais pesé bien lourd dans la marche des affaires, ne serait-ce qu'en raison de leur mode de décision : le consensus, voire l'unanimité. Ce même mode de décision empêche le Conseil de sécurité de l'ONU de jouer un rôle déterminant : le veto d'un seul des cinq membres permanents le paralyse.

Du coup, les États-Unis, puissance dominante, sont conduits à jouer les gendarmes du monde. Ne pouvant se

1. Telles que l'Organisation internationale du travail (OIT), l'Unesco, l'OMS, la FAO, etc.

référer à une Constitution universelle, ils cherchent à maintenir la paix tout en défendant avec vigueur leurs intérêts — des intérêts qui ne coïncident pas toujours avec le bien commun de l'humanité. Mais comment le leur reprocher ? Il est encore heureux que la puissance dominante soit un État démocratique. Mieux vaut ne pas l'imaginer dominée par un Hitler ou un Staline !

Pour progresser vers une meilleure organisation mondiale, Kimon Valaskakis, ambassadeur du Canada auprès de l'OCDE, pense que la « gouvernance régionale » est la modalité la plus sûre[1]. Il est difficile, dit-il, d'amener les États-nations à des abandons sérieux de souveraineté dans un cadre mondial. En revanche, la chose est plus aisée dans des zones commerciales et monétaires dont l'optimum se situerait entre cent et trois cents millions d'habitants. Il est vrai que cette organisation en zones plus ou moins homogènes peut constituer une étape sur la route d'une vraie mondialisation. Encore faut-il remarquer que les zones en train d'émerger — l'Union européenne, l'Alena en Amérique du Nord, le Mercosur en Amérique latine — dépassent en importance l'optimum évoqué.

Je crois qu'il faut mener de front une autre stratégie. Elle consisterait à rassembler autour de la Charte des Nations unies tous les textes de portée universelle élaborés depuis un demi-siècle (telles les Déclarations des droits de l'homme, de la femme, de l'enfant...), et d'en tirer un corpus de lois internationales à faire respecter dans le domaine des relations marchandes. Car c'est dans ce domaine que les chocs d'un développement asymétrique mettent en péril la paix dans tant de régions. Nous sortirions alors de la *« chienlit laisser-fairiste »* dénoncée par le prix Nobel Maurice Allais, pour entrer dans une ère de libéralisme bien tempéré.

1. *Cf.* son article « Mondialisation et gouvernance », dans *Futuribles*, n° 230, avril 1998.

Dès lors que ce corpus serait établi, rien ne s'opposerait à ce que soient augmentés les moyens des gardiens du Temple, FMI et Banque mondiale : ils auraient à faire respecter une nouvelle éthique des relations commerciales et financières.

Utopique, ce processus ? Peut-être. Pourtant, à l'heure où je termine cet ouvrage, cent quarante États discutent à Rome de la création d'une Cour pénale internationale. Un tribunal ne peut exister sans un code, et un code ne peut exister sans références à la violation de règles et de valeurs unanimement reconnues. Ne sous-estimons pas ce premier pas dans la construction d'une Cité mondiale enfin civile, c'est-à-dire civilisée.

*
* *

Plaçons-nous cependant dans l'hypothèse où les États démocratiques demeureraient timorés ou feraient passer des intérêts à court terme avant le respect de valeurs universelles. Que reste-t-il pour pousser à une gestion « humaniste » de la planète ? Il reste les hommes eux-mêmes ; il reste la société civile, s'exprimant à travers les associations et les ONG ; il reste les médias et une information impossible à bloquer aux frontières de l'éther. Cela suffira-t-il à endiguer la force des intérêts, à ouvrir les yeux des puissants, à redonner du sens à la gestion de la planète ? Oui, répond Luc Ferry dans un de ses récents ouvrages[1].

C'est ce que je vais examiner pour conclure cette recherche.

1. Luc Ferry, *L'Homme-Dieu ou le sens de la vie*, Grasset, 1996.

Annexe

COMMENT FUT INVENTÉE LA BOMBE H

Le premier programme de la bombe H était techniquement irréalisable. Le physicien Teller trouve la solution. Voici comment s'exprime Oppenheimer :

« Le programme de 1947 était une chose alambiquée dont on pouvait dire qu'il n'avait pas grand sens sur le plan technique. Le programme de 1951 était *techniquement si délicieux* qu'on ne pouvait le discuter.

L'enjeu devint le problème militaire, politique, humain de ce que l'on ferait une fois qu'on l'aurait réalisé[1]. »

Ponce Pilate n'aurait pas dit mieux.

Quant à Edward Teller, père satisfait de la bombe H, il déclare : « L'homme technologique devrait réaliser tout ce qu'il a le pouvoir de faire, sans limites. »

1. Rapporté par J.-J. Salomon, « Le clonage humain », *Futuribles*, juin 1997.

30.

Des hommes en marche

La loi est faite pour l'homme, cet être de désirs et de passions, mais ce sont les hommes qui font la loi. Ce que les États sont encore incapables de réaliser au niveau de la morale publique, nationale et internationale, les individus peuvent-ils y arriver ? Peuvent-ils porter les valeurs mieux et plus haut, et infléchir l'Histoire ?

Si l'on plaçait dans le plateau d'une balance tous les maux qui accablent l'humanité, et dans l'autre les progrès de la construction mondiale, de quel côté pencherait la balance ? Pesée impossible, certes ; selon les personnes et les peuples, l'aiguille s'inclinerait dans un sens ou dans l'autre. Luc Ferry, s'appuyant sur ce qui va mieux et surtout sur le développement du sentiment humanitaire, croit à une sorte d'assomption de l'humanité « *en ce moment où l'humanisation du divin et la divinisation de l'humain se croisent* ».

Il part d'un constat : la société est entrée dans l'ère de l'individualisme. La morale ne peut plus tomber d'en haut, elle ne peut être que contractuelle. C'est ce que permet la laïcité, qui évacue toute référence à une vérité transcendante, même si sa morale n'a fait que transposer les commandements de Moïse. Toutefois, cette morale à finalité sociale, si elle règle de l'extérieur le comportement des citoyens, ne les met pas en communion ; elle ne crée pas la ferveur que suscitait la foi en Dieu, en la patrie ou dans le progrès. Elle est *close*, aurait dit Bergson.

Heureusement, l'individu, qui se sait seul, peut aimer. Par l'amour, il peut échapper à la solitude. Or, dit Luc Ferry, le sentiment d'appartenance à une espèce vulnérable émerge, il donne naissance à un élan humanitaire qui nous porte à venir en aide à ceux qui souffrent, proches ou lointains. Telle est la forme moderne de l'éthique.

Cette justification de la morale par le sentiment est moins nouvelle que nous le dit Luc Ferry. Chacun, en poursuivant son intérêt propre, sert aussi l'intérêt général, disait Adam Smith ; et Hume : la sympathie pour autrui est spontanée chez l'homme ; et Rousseau : l'homme est naturellement bon. Ce qui est nouveau, c'est l'extension de ce sentiment de compassion à un monde unifié par les médias.

En outre, attribuer cette compassion, dans la religion chrétienne, à un commandement, serait une erreur. Ni saint Martin partageant son manteau, ni Las Casas défendant les Indiens d'Amérique latine, ni Montaigne s'apitoyant sur eux en en voyant un groupe débarquer à Bordeaux, ni Vincent de Paul amenant le roi à créer les premiers grands hôpitaux de France, n'ont le sentiment d'obéir à une loi. Ils répondent à un appel. *« Comme le Père m'a aimé, moi aussi je vous ai aimés, demeurez dans mon amour »*, dit le Christ à ses disciples. *« Je vous dis ces choses afin que ma joie soit en vous et que votre joie soit parfaite... Personne n'a un plus grand amour que celui qui laisse sa vie pour ses amis. »* Certes, la référence au Père est constante, mais en passant de l'Ancien Testament à l'Évangile, on est passé de la crainte à l'amour, à l'« imitation de Jésus-Christ », pour reprendre le titre de l'un des livres les plus lus du XVe au XIXe siècle.

Luc Ferry, qui est athée mais sait faire la distinction entre Évangile et catéchisme, n'ignore pas cette grande lumière portée sur tous nos comportements. Aussi a-t-il du mal à fonder l'éthique hors du sacré. Sinon, pourquoi aurait-il choisi ce titre où Dieu est associé à l'homme, mais aussi au sens de la vie ? Pourquoi écrirait-il *« qu'il doit y avoir un mystère du mal, comme d'ailleurs du bien, pour que ces deux termes constitutifs de l'idée même de moralité puissent tout simplement recevoir un sens*[1] *»* ? Pourquoi se réfèrerait-il,

1. Luc Ferry, *op. cit.*, pages 105 et 107.

dans sa conclusion, à la reconnaissance de transcendances ? Et pourquoi, quand il évoque l'humanisation du divin, ne pas rappeler l'incarnation, le Dieu fait homme, et quand il évoque la divinisation de l'humain, ne pas citer Maître Eckart qui se situe au croisement des deux mouvements ? On sent dans ce livre — c'est son honnêteté foncière — une immense nostalgie d'un sacré dont les hommes ont besoin, mais qu'ils ne reçoivent plus sous la forme des grands récits du passé.

Quand nous disons « merci », nous oublions que la formule entière était jadis : que Dieu ait de vous merci. Quand on parcourt en Autriche les sentiers de montagne, les gens croisés vous saluent d'un *« Gruss Göt »* (Dieu vous bénisse). Le musulman qui rencontre un autre homme lui dit *« Salam Allah ik »* (le salut de Dieu soit sur toi). L'homme n'est pas laissé seul en face de l'homme : toujours un référent extérieur à lui permet de situer l'autre. On disait jadis « Béni soit celui qui vient au nom du Seigneur », car l'homme ne vient pas toujours en ami, mais parfois en loup ou en prédateur. Luc Ferry le sait et consacre quelques bonnes pages à la dialectique amoureuse où s'entrelacent altruisme et égoïsme dans l'exclusivité du face-à-face[1].

Laissons ces débats. Mon propos n'est pas de comparer la foi souvent incertaine des pères à la recherche tâtonnante des fils, mais de voir si le mouvement humanitaire suffit à assurer ici-bas le salut de la planète.

Les maîtres du soupçon : Marx, Nietzsche, Freud, ne s'interrogent pas sur l'origine de la sympathie ; ils s'en méfient. La vérité de l'homme se manifeste dans ce qu'il fait, non dans ce qu'il croit ou sent. *« Fonder la relation à autrui sur le seul sentiment apparaît donc une entreprise singulièrement audacieuse »*, écrit Maurice Blin dans une critique

1. *Idem*, pages 149 à 153.

nuancée du livre de Luc Ferry que je vais suivre un moment[1].

La bienveillance, la sympathie ou l'amour sont des leviers trop faibles pour unir durablement les hommes. Il y manque le respect, il y manque l'engagement. L'amour sans engagement, sentiment que ne fortifie plus la fidélité, exclut la responsabilité, fût-ce à l'égard des enfants, victimes innocentes. Il n'y a de morale, rappelle Kant, qu'étrangère aux mouvements de la sensibilité.

Il est vrai que les médias ont contribué à développer une sensibilité au mal d'une ampleur nouvelle. Mais l'élan qui la porte résulte d'une imitation passive, guère compatible avec l'autonomie critique dont se prévaut l'individualisme. Les médias choisissent pour nous le sujet de notre compassion : détresse ou maladie. Un conseiller en communication sait vendre la bonté aussi bien que les voitures. Pour évoquer cette charité à distance, Luc Ferry, cette fois mal inspiré, choisit l'exemple du sac de riz apporté par les enfants des écoles pour venir en aide à ceux de Somalie : il ne leur a rien coûté, ni en temps ni en argent ; fourni par les parents pour qui il représente une dépense infime, il a donné bonne conscience à tous sans rien exiger de chacun. Ainsi le bien peut-il se réaliser sans douleur, sans sacrifice. *« Cette vertu sans frais, cette générosité sans effort sont-elles vraiment l'accomplissement de la morale ? »* interroge Maurice Blin. *« Et si elles n'en étaient, tout au contraire, par leur caractère gratuit, ostentatoire et impulsif, que la séduisante caricature ? »*

Chacun de nous est témoin de bons exemples de générosité anonyme. J'en citerai un, peu connu du grand public. Qui a des ressources monétaires disponibles n'hésite plus à les investir en actions ou obligations. La technique des SICAV a réduit considérablement les risques ; et la bonne tenue des Bourses occidentales enrichit continûment les

1. Maurice Blin, « Homme-Dieu ou Dieu-Homme », *France Forum*, octobre/décembre 1996.

détenteurs de capitaux. Un certain nombre d'entre eux pensent qu'il est moral de partager cet enrichissement avec ceux qui n'ont aucun capital de départ, par exemple, au Nord comme au Sud, les jeunes créateurs d'entreprises. Ils souscrivent donc à des fonds communs de placement (FCP) spécialisés, et abandonnent une partie du produit de leur épargne, en général 50 %, en faveur de cette aide ciblée. C'est ce qu'on appelle l'« épargne solidaire ». Ces FCP sont gérés par des établissements financiers classiques[1] qui reversent à des opérateurs de terrain[2] la part des produits destinée aux exclus du développement. Ces opérateurs ont créé un label, « FINANSOL », pour promouvoir cette pratique solidaire de l'épargne qui a représenté environ 600 millions en 1997. Ici, le sacrifice est à la fois réel et efficace.

Si le sentiment est bien le moteur de tout projet, il n'est rien sans la durée. Le cœur ne suffit pas à combler l'absence de volonté ou le vide d'institutions vieillies qu'il faut remplacer si l'on veut défier le temps.

La notion de loi est l'un des fondements de la civilisation occidentale et probablement de toute civilisation. La loi est au cœur de la religion judéo-chrétienne, comme au cœur de la doctrine républicaine qui fonde la Cité sur la loi que le peuple se donne. L'individualisme récuse au nom de la liberté cette portée ontologique de la loi, sans comprendre que la loi est faite pour des êtres libres. L'expérience immémoriale de l'éducation, le passage de l'enfance à l'âge adulte, en témoignent : la règle est la condition de la liberté. Mais il est vrai que ce passage est facilité par une relation de confiance à un modèle. Le pire, c'est la loi sans l'amour ; quand il fait défaut, la loi est perçue comme contrainte, et la révolte n'est pas loin.

1. En France, le Crédit coopératif, le Crédit mutuel, les Caisses d'épargne, entre autres.

2. En France, ADIE, CIGALE, France-Active, Habitat et Humanisme, SIDI, entre autres.

Pourquoi le corps se mouvant dans une sorte de perfection dans l'exploit sportif fascine-t-il la foule ? Parce qu'il est ressenti comme le résultat d'une ascèse, du respect de règles contraignantes sous la direction d'un entraîneur. Le bouddhisme attire par l'apparente liberté qu'il laisse d'aller à la sagesse et à la perfection ; c'est pourtant l'imitation d'un modèle, Bouddha, qui y conduit. L'autonomie ne s'acquiert qu'au prix d'un dépassement de soi. *« Elle est toujours une hétéronomie acceptée et surmontée »*, écrit Maurice Blin ; *« c'est pourquoi opposer le sentiment à la règle, la liberté à la loi, l'immanence à la transcendance, n'accepter pour l'individu d'autre vérité que celle qu'il porterait en soi, c'est prendre un risque grave, celui de le vouer à la platitude et à l'insignifiance. »*

Il convient ici de revenir à la notion de « morale laïque » qui repose sur une confusion. La laïcité est un principe d'ordre public. L'État doit être laïque, protéger la liberté de chacun de croire différemment ou de ne pas croire du tout. Écrire cela, c'est reconnaître que la société civile, elle, ne peut être laïque : elle est faite de personnes qui croient ou ne croient pas, défendent des idées, trouvent un sens à leur vie par-delà l'État. La vie est choix, responsabilité, engagement. Refuser l'affrontement de la transcendance, c'est empêcher l'intériorisation de la loi et faire de l'homme une girouette tournant à tous vents. Dénier le rôle éducateur de la loi, c'est infantiliser l'homme. Contester au nom du sentiment les convictions fortes de la raison, c'est affaiblir à la fois l'individu et la démocratie. *« À défaut d'un Dieu définitivement absent, d'un État dont la loi n'est plus respectée, d'une autorité politique dont la voix n'est plus écoutée, c'est l'opinion dont les médias se veulent l'expression souveraine qui, désormais, impose la sienne. Dans cette victoire du "on" anonyme, symbolisée par les sondages, il est bien difficile, on en conviendra, de voir une assomption de l'individu »*, conclut Maurice Blin.

*

* *

Le livre de Luc Ferry est bien dans l'air du temps et souvent pertinent. Comme il est bon d'affronter une pensée riche, déliée, honnête, je vais prolonger par d'autres arguments l'axe de cette étude anthropologique commencée dans la première partie de ma recherche.

L'évolution de l'humanisation est-elle linéaire, sans régressions possibles ? Pouvons-nous espérer une ère paisible *« où l'homme sera moins dispensé de se résister à soi-même »*, pour reprendre les termes de Durkheim ? La réponse est incertaine, mais l'Histoire en fait douter, qui a vu se succéder, dans toutes les civilisations, périodes de paix et d'épanouissement et périodes de destructions et de carnages. On peut distinguer dans la culture les acquis scientifiques et techniques et la morale. Les premiers s'accumulent. Nous voyons plus loin parce que nous sommes juchés sur les épaules de géants. La chaîne des savoirs s'allonge. Mais pas d'accumulation dans le domaine moral : un apprentissage patient, une vie, une courte vie pour se découvrir, se construire et s'accomplir. Ici, la chaîne des enseignements s'interrompt parfois, aussitôt reprise par d'autres. Nous n'avons plus Sénèque, cet instituteur du genre humain, ni Kant ; nous avons Rawls, Jonas, Habermas, Ricœur.

L'homme est devenu un être double, animal et culturel, qui doit s'accepter comme tel. Qu'il se garde de rêver à l'innocence animale ! Il risquerait de repasser à l'envers l'insaisissable frontière entre culture et nature. Qui veut faire l'ange fait la bête. Le combat contre la « bête humaine », toujours renaissante, ne peut se relâcher. Il n'y a pas de contradiction à se sentir immergé dans le tout de la vie et à chercher à maîtriser ses instincts par l'éducation morale.

Diviniser l'homme ? C'est ce que la religion chrétienne s'efforce de faire en lui proposant Jésus-Christ comme modèle. Mais le diviniser avec son ego, ses vices, ses vanités ? Non. Il est déjà bien aventureux de faire de la bienveillance naturelle la seule forme du lien social. La république suppose des exigences plus rudes et des vertus plus fortes. La nostalgie d'un salut dès ici-bas hante une société qui se rêve sans contraintes, sans pesanteur et sans risque. Elle est la marque de l'utopie.

Le sacré est autre chose qu'un humanisme tiède ou un christianisme dénaturé et amolli. Il n'évacue pas le tragique de la condition humaine. Il tire l'homme hors de lui, l'oblige à se voir à distance. Il lui met les pieds dans la glaise, d'où il est sorti, et la tête dans les étoiles, pour qu'il se sache fragment d'un monde inconnu. Ce sentiment du sacré, on peut le ressentir devant un visage, ou au désert, ou sous la voûte romane de Germigny-des-Prés, ou à l'écoute d'un chant durant une liturgie. Il fait alors au fond de l'âme comme un bruissement d'ailes, un son étrange, un appel.

« Qu'à travers le dialogue entre psychanalyse et théologie, la dimension du sacré fasse son apparition dans l'ordre des sciences humaines serait du plus grand intérêt », écrit Luc Ferry. Mais alors, cette dimension, impossible de l'exclure de la recherche des origines de l'éthique !

Le comportement éthique découle tout simplement des intérêts bien compris, écrit Gilles Lipovetsky[1], rejoignant ainsi les théories utilitaristes. Voyez le cas de Perrier. Quand la firme découvre quelques bouteilles contaminées par un produit indésirable, elle retire toutes les autres de la circulation. Coût : 200 millions de francs, mais résultat positif en termes de communication. Ce n'est pas le respect des valeurs qui a inspiré la firme, mais l'intérêt. De l'utilitarisme à la socio-biologie, le lien est évident : si l'éthique ne découle

1. Gilles Lipovetsky, *Le Crépuscule du devoir. L'éthique indolore des nouveaux temps démocratiques*, Gallimard, 1992.

pas d'une exigence qui s'impose à la conscience morale — une exigence jaillie et fortifiée au cours de longs millénaires d'émergence de la culture —, elle est inhérente à la biologie. J'ai montré à quelles dérives conduit cette conception et combien elle rend peu compte de nos mouvements les plus nobles comme le sacrifice pour une cause, ou des sentiments les plus forts, comme celui de la justice qui vaut plus et mieux que le bien-être et l'efficacité[1]. Et je repose la question : pourquoi l'homme n'est-il pas resté animal avec le comportement des autres mammifères ? Quelle force ou quel appel l'a fait « décrocher » de la biologie, depuis trente-cinq mille ans, pour bâtir une culture qui est comme sa seconde nature ?

Luc Ferry a donc raison de mettre en relief cette prise de conscience planétaire qui s'étend peu à peu à toutes les nations et qui finira peut-être par faire contrepoids aux forces économiques, mais, en appelant à une divinisation de l'humanité sur cette seule base de l'intérêt commun, il la referme sur elle-même.

Quoi qu'il en soit de ce débat, le bien sans douleur, la générosité sans sacrifice ne sont pas à la hauteur des enjeux planétaires. Les brillantes démonstrations de nos essayistes sont presque toujours « occidentalo-centristes », valables donc pour un homme sur cinq. Que des mouvements humanitaires orientent des ressources du Nord vers le Sud est bon. Cette aide reste marginale, elle ne fait pas le poids face à l'aide publique au développement et aux investissements privés. Il s'agit d'organiser une planète qui tend vers le surpeuplement, dont les ressources sont limitées et dont la biosphère souffre. Le développement durable et pour tous ne se fera pas sans sacrifices importants. L'opinion soutient l'intervention tant qu'elle ne lui coûte rien. La guerre d'Algérie est devenue impopulaire à partir de l'envoi des appelés du contingent sur le terrain.

1. *Cf.* chapitre 14.

Il se trouve que je suis engagé dans les mouvements humanitaires depuis quarante ans, via le CCFD, France-Terre d'asile, Survival, Amnesty International. J'ai présidé pendant dix ans une ONG, Éducation et Échanges, qui, on l'a vu, a organisé le concours CREA (Prix du jeune créateur d'entreprise en Afrique) dans sept pays, concours qui a permis de faire émerger de vrais entrepreneurs du milieu informel. Loin de moi, donc, l'idée de décrier des mouvements qui ont le triple intérêt de collecter des ressources, de mobiliser des compétences et d'organiser des contacts humains de continent à continent. Les actions menées sur le terrain sont multiples. Les apports de petits équipements (puits, pompe, éolienne) sont utiles, mais ne changent pas fondamentalement les choses. Les actions de formation sont des investissements à long terme ; certaines participent à une prise de conscience de nature à accélérer un changement nécessaire[1]. Utile « poil à gratter », les mouvements humanitaires ne suffiront jamais à remplacer l'ordre politique. Ils ne le prétendent d'ailleurs pas. C'est quand elle contribue à faire évoluer la Banque mondiale que leur influence est la plus forte. Le dialogue avec eux doit donc être officialisé au niveau des institutions régionales et mondiales[2].

C'est bien de nous, il est vrai, et de nous seuls que dépend le salut. À supposer que Dieu existe, Il nous a donné la liberté éclairée par la raison. Il ne viendra pas nous rattraper par la peau du cou pour nous sauver de la noyade. Mais une raison irriguée seulement par l'ego de chacun ou du clan, par l'utilitaire, par la peur, est peu de chose. Par le cœur, la sensibilité ? C'est déjà mieux. Ce petit homme qui a oublié d'où il vient, qui se veut autonome dans un univers où tout se tient, saura-t-il où aller ? La liberté humaine est à la fois

1. Elles s'apparentent alors à l'entreprise de conscientisation de Paulo Freire décrite au chapitre 20.

2. C'est ce qu'on appelle à Bruxelles le « dialogue civil » ; traduisez : le dialogue avec la société civile.

personnelle et publique. « *Ubi societas, ibi jus.* » Le droit ira toujours contre certains mouvements du cœur dont la légitimité n'est pas en cause, mais qui s'opposent à d'autres mouvements du cœur. Les enfants du divorce, disputés, enlevés, rendus, en sont un bon exemple. Antigone nous est chère, mais ne peut avoir toujours raison.

Oui, des hommes se sont mis en marche vers une Cité planétaire. Ils ne se voient ni en demi-dieux, ni en petits dieux. Mais ils n'existeraient pas si leur action n'avait pas de sens. Pour bâtir le monde à venir, ils s'enracinent dans un passé et une culture millénaires. C'est cet héritage qui leur donne la force d'agir... et ils veulent des héritiers !

31.

L'aventure humaine

Je suis allongé au bord du fleuve. Le ciel est pur. L'eau frémit et scintille des étoiles qu'elle reflète. Au-dessus de moi, la forêt bruisse et retentit d'appels feutrés. Sur l'autre rive, un volet claque, un chien aboie. Je sens l'odeur d'un feu de bois. La vie est là, simple et tranquille. Je pourrais m'endormir. Mais, comme mes ancêtres, je contemple le ciel et m'interroge. Dans le voile de la Voie lactée je reconnais la Grande Ourse, Cassiopée, Orion, fleur délicate, toutes ces compagnes que, depuis des millénaires, en Chine, en Mésopotamie, en Égypte, les hommes ont appris à situer et à nommer. Dans ces gerbes d'étoiles, d'autres vies existent peut-être (le Hasard aura encore frappé !). Nous n'en saurons jamais rien. Il faut plusieurs millions d'années-lumière pour atteindre d'autres systèmes solaires dans notre galaxie, et plusieurs milliards pour atteindre d'autres galaxies : ces espaces-là sont hors du temps humain.

Nous voici ramenés à notre petite planète bleue. Nous n'en avons pas de rechange dans le vaste univers. Nous nous savons mortels individuellement — même quand nous croyons à l'immortalité. Nous savons maintenant que nous sommes mortels collectivement, et cette perspective nous répugne. Pourquoi ?

L'espèce humaine est seule capable de penser l'avenir. Alors que la peur est immédiate, présente, commune à l'homme et aux animaux, l'espoir est humain. Il force à regarder l'avenir, à prendre en considération le temps. De façon consciente ou non, celui qui espère croit à un mieux possible, appelle à un sens, à une cohérence, à une finalité de l'action.

Les garçons et les filles embarqués dans la rêverie floue du *new age* reprochent à ce monde d'être sans âme. Ils ne sont pas les seuls. Si, dans nos familles, nos cités, nos institutions internationales, nous sommes incapables de montrer un chemin, de donner couleur à l'espoir, le formidable besoin de croire, de créer et d'aimer, constaté un peu partout, prendra les dangereux sentiers des sectes ou de l'appel à l'homme providentiel. À moins qu'il ne se retourne en violences et en consommation de drogues. Contre cet espoir chevillé au cœur, les philosophies réductionnistes du hasard et du soupçon ne pèsent pas lourd. On pourrait le dire insensé, cet espoir, alors qu'il est plein de sens.

On dit les valeurs fondamentales de l'homme moderne pensées à partir de l'individu, non d'une révélation. Mais, outre le fait que ces valeurs n'ont rien de moderne, elles portent témoignage d'une transcendance indéfinissable, d'une dimension confusément sentie comme extérieure à l'individu. Les uns la diront « verticale » en se référant à un Esprit distinct de l'humanité ; les autres « horizontale », en pensant à la communauté des hommes.

La phénoménologie montre que les contenus de conscience contiennent plus que ce qu'ils montrent ; avec chaque bouchée visible, une invisible bouchée nous est tendue. La phrase musicale ne se réduit pas à une série de notes isolées, immanence qu'une machine enregistre ; elle est un tout qui transcende cette immanence. On en déduit qu'il doit être possible de penser la transcendance sans quitter la sphère de l'immanence. Était-il nécessaire de passer par Hegel et Husserl pour aboutir à ce constat ? Depuis mon enfance, je sais que le bleu de la mer que je contemplais depuis mon jardin suspendu m'apportait plus que le bleu ; que la caresse de mon chat me révélait plus que la douceur d'une fourrure. Depuis mon enfance, je m'émerveille, et c'est cet émerveillement qui a brisé et brise encore les limites de mon ego.

Oui, l'homme sait sortir de son ego, reconnaître quelque chose qui le dépasse, et peu importe le nom qu'il lui donne. La gratitude en fournit le plus bel exemple.

Partant de l'*Éthique* de Spinoza, André Comte-Sponville a écrit de superbes pages sur la gratitude, dont je reproduis ce fragment en forme de prosopopée :

« Ce que la gratitude enseigne, pourtant, c'est qu'il existe aussi une humilité joyeuse, ou une joie humble parce qu'elle sait qu'elle n'est pas sa propre cause, ni son propre principe, et qu'elle ne s'en réjouit que davantage (quel plaisir de dire merci !), parce qu'elle est amour, et non de soi d'abord ni surtout, parce qu'elle se sait débitrice si l'on veut, ou plutôt (puisqu'il n'y a rien à rembourser) parce qu'elle se sait comblée, au-delà de toute espérance et antérieurement à toute attente, par l'existence de cela même qui la suscite, qui peut être Dieu, quand on y croit, qui peut être le monde, qui peut être un ami, un inconnu, qui peut être n'importe quoi, parce qu'elle se sait l'objet d'une grâce, voilà, qui est l'existence peut-être, ou la vie, ou tout, et qu'elle rend, sans savoir à qui ni comment, parce qu'il est bon de rendre grâce, de se réjouir de sa joie et de son amour, dont les causes toujours nous dépassent, qui nous contiennent, qui nous font vivre, qui nous emportent. Humilité de Bach, humilité de Mozart, tellement différentes l'une de l'autre (le premier rend grâce avec un génie sans égal ; le second, dirait-on, est la grâce même...), mais l'une et l'autre bouleversantes de gratitude heureuse, de simplicité vraie, de puissance presque surhumaine, avec cette sérénité, même dans l'angoisse ou la souffrance, de qui se sait effet, non principe, et contenu dans cela même qu'il chante et qui le fait être et qui l'entraîne... Clara Haskil, Dinu Lipatti ou Glenn Gould ont su exprimer cela, me semble-t-il, du moins dans leurs meilleurs moments, et cette joie que nous avons à les écouter dit l'essentiel de la gratitude, qui est la joie elle-même en tant qu'elle est reçue, en tant qu'elle est imméritée (oui, même pour les meilleurs !), en tant qu'elle est grâce, et prise toujours (et partie prenante, pourtant) dans une grâce plus haute, qui est d'exister, que dis-je, qui est l'existence même, qui est l'être même,

et le principe de toute existence, et le principe de tout être, et de toute joie, et de tout amour[1]*...* »

Ah, l'heureux athée que voilà !

Nous sommes à cent lieues de l'utilitaire, de la peur, de la volonté de puissance, d'un ego qui se veut autonome dans un univers où tout se tient, où tout parle. Camus a eu raison d'écrire que l'homme est la seule créature qui refuse d'être ce qu'elle est. Je transpose : l'espèce humaine est la seule qui refuse d'être *seulement* ce qu'elle est. Si l'homme rechigne à être enfermé dans l'homme, c'est que son corps est devenu le contenant étroit d'un contenu qui ne cesse de grandir. N'enfermons pas non plus l'humanité sur elle-même !

Croyons en la Terre patrie comme nous avons cru ou croyons encore à la Nation patrie. Elle est le support concret, charnel, de toute vie. Et ce soir, comme au temps de mon enfance, je la sens vibrer sous mes doigts. Je perçois tout autant la sphère de l'esprit qui l'entoure, cette toile invisible de pensées, de prières, d'émotions, de musique et de poésie, engrangées dans les supports matériels d'hier et de demain et des milliards de mémoires vivantes qui communiquent et se parlent sans se connaître.

Le fleuve que j'entends rouler près de moi s'accomplit dans la mer. Qui peut fixer les bornes de ce que la vie manifeste, de la métamorphose qu'elle opère ? Qui peut entrevoir le rivage de l'infini depuis que la matière s'est animée en l'homme ? En quoi ou en qui s'accomplira l'humanité ? Un jour, peut-être, il lui faudra larguer les amarres non vers d'incertaines étoiles, mais vers le monde inconnu qu'elle porte en elle sans le savoir et que seules les plus sublimes musiques nous font entrevoir.

1. André Comte-Sponville, *Petit Traité des grandes vertus*, PUF, 1995.